U0522395

道德经阐幽

谢青松 著

中国社会科学出版社

图书在版编目（CIP）数据

道德经阐幽 / 谢青松著 . —— 北京：中国社会科学出版社，2023.10
ISBN 978 – 7 – 5227 – 2401 –0

Ⅰ.①道… Ⅱ.①谢… Ⅲ.①《道德经》—研究 Ⅳ.① B223.15

中国国家版本馆 CIP 数据核字（2023）第 143938 号

出 版 人	赵剑英
责任编辑	韩国茹
责任校对	谢　静
责任印制	张雪娇

出　　版	中国社会科学出版社
社　　址	北京鼓楼西大街甲 158 号
邮　　编	100720
网　　址	http://www.csspw.cn
发 行 部	010 – 84083685
门 市 部	010 – 84029450
经　　销	新华书店及其他书店
印　　刷	北京君升印刷有限公司
装　　订	廊坊市广阳区广增装订厂
版　　次	2023 年 10 月第 1 版
印　　次	2023 年 10 月第 1 次印刷
开　　本	710×1000　1/16
印　　张	17.5
插　　页	2
字　　数	243 千字
定　　价	78.00 元

凡购买中国社会科学出版社图书，如有质量问题请与本社营销中心联系调换
电话：010 – 84083683
版权所有　侵权必究

序 一

在整个中国历史上，没有谁比老子更深刻地塑造和影响了这个国家与其人民的心灵，这就是为什么曾有人把中国称作"老子的国家"。就这个国家与其人民深层的心灵品质而言，这种说法是恰当的。当我们热爱老子，我们愿意把自己视为老子的后代，那就是一个无比的福田。

老子的语言是深奥的。它的深奥在于他没有给出什么解释，他只是说了那应该被说的，他甚至不试图说服你。当他在说出的时候，就好像以一种没有听众的方式来说出，就好像是在自言自语。因为他所要说出的是那个不可被说出的，所以，只有当没有一个听者的时候，他的话语才能够被领悟。这就是为什么老子的语言是那么自然，就像行云流水、风吹叶落一般，没有丝毫矫揉造作，甚至就好像他什么都没有说一样。

整个一部《道德经》本身是一份宁静的邀请。事实上，在它里面空无一物，它并没有具体要传达的内容。最多，它是一个指向，帮助那个接近的人指出他自己里面的真理。所留下的这些文字，是出于圣人的不得已，出于圣人对天下后世、芸芸众生的无与伦比的慈悲。我们把老子的爱称为慈悲，因为这是一种不同寻常的爱。当一个人越来越深入这部经典之中，或者说当他允许这部经典来占有他，那么他将越来越能够经验到老子的爱。除非经验到老子的爱，一个人的爱的经验将始终是不完整的。

想要深入这部经典，仅靠读书是不可能的，一个人还必须按照老子所说的去做。勤而行之，日久天长，一个人就能够对自己认识得越来越深。终有一天，他将发现自己。在这旅途中，有老子的箴言做伴，是多么幸福啊——无数次的安静里，与这些古老的话语默默契合；也从无数次的躁动里，因这些古老的话语转念清凉！

老子所说的不是理论，更不是某种哲学体系；老子所说的是对真理的暗示。理论或思想体系处在头脑层面，它们属于这个生生灭灭的世界的一部分。而老子试图让你窥见"道"，遵循"道"，或成为"道"。"道"是不被产生，也不可磨灭的。它恒常遍在、无形无相，是所谓的外在世界和内在世界的源头。一切都在"道"里面，外在的山河大地与内在的思想感情都只不过是"道"的表现。在"道"里面，这些区分本不存在；或者说，一切都顺其自然，没有动机。这个没有动机的自然行为被称作"无为"。"无为"则"无己"，无生老病死等忧患。或许，"坐进此道"才是生而为人的真正使命，其他方向的成就皆不能带来真实和长远的幸福。

老子的《道德经》写成于两千五百年前，很自然地，当今普通人已经不能直接读懂老子的原文了。所幸谢青松教授精于古文，笃于亲证，在学习老子的过程中，在认识自己的实践中，在生活与工作之余，不辞辛苦，将自己的心领神会倾注笔端，形成此书，一改时庸流俗之风，能于当世作津梁，也将利益子孙后代。

王颢
2021年10月22日于云南玉溪

序 二

我学中国文化，首先读的是《周易》，沉浸于中华上万年的易学文化历史，从阳春白雪的经学，到下里巴人的术数，都有涉猎。后来学习诸子百家，是作为这些文化巨人的易学研究心得去看的，《老子》自然也是这样。

老子，在我心目中，也就没有那么老。因为早他几千年，就有黄帝问道的广成子，讲明了道文化的精髓。

据《庄子·在宥》中记载，黄帝通过斋戒三月，放弃帝王的威严，以弟子礼拜见广成子在于空同①之上，广成子才告诉他自己修道的心得："来，吾语汝至道：至道之精，窈窈冥冥；至道之极，昏昏默默。无视无听，抱神以静，行将自正。必静必清，无劳汝形，无摇汝精，乃可以长生。目无所见，耳无所闻，心无所知，汝神将守形，形乃长生。慎汝内，闭汝外，多知为败。我为汝遂于大明之上矣，至彼至阳之原也；为汝入于窈冥之门矣，至彼至阴之原也。天地有官，阴阳有藏。慎守汝身，物将自壮。我守其一以处其和。故我修身千二百岁矣，吾形未常衰。"关于广成子的这段至道妙言，道教一代宗师、东派创始人陆西星在《南华真经副墨》中作出了极其高明的诠释："至道之精，即所谓'天地之精'也，老子云：'窈窈冥冥，其中有精。'古今论道之公案，千圣一旨，故云：至道之精，窈窈冥冥。至道之极，昏昏默默。言其迥出言语色相之表，正与'窈冥'之语相为表里。此在吾儒，则

---
① 即崆峒山，在甘肃平凉。

曰'上天之载，无声无臭。'其在吾人，若何而体之？要当无视无听，丧其耳，忘其目，抱神以静而已。老子曰：'载营魄抱一，能无离乎？'意盖如此。若惟抱神以静，则天君泰然，百体从令，而形将自正矣。夫人心好静而欲牵之，人神好清而心扰之，故体道者必也其清乎，必也其静乎！劳汝形则不能静矣，摇汝精则不能清矣，故曰：无劳汝形，无摇汝精，乃可长生。总之，目多视则精摇于目，耳多听则精摇于耳，心多知则精摇于心，故目无所视，耳无所听，心无所知，则精不摇而神自宁。神，形之主也。神守其形，而长生久视之道端在是矣。大道歌云：'神一出，便收来，神返身中炁自回。如此朝朝并暮暮，自然赤子结灵胎。'古今论道，只此数语隳无遗。妙哉！妙哉！"（《南华真经副墨》）

"其实生天生地生人生物之理，故谓之道。"（黄元吉：《道德经注释》）从此以往，只有长生，才是真正的至道！后来衍生成道教，以长生久视之道为根本。在应用上，以修身养性的原理，推及治理国家。而作为当政者的黄帝，正是遵循"欲治国，先治身"的原则，用清静无为之法，顺应自然规律，实现了天下大治，成为后世政治哲学的根本法则，他也被后世尊为"人文初祖"。

其后，道文化的主流正是顺着这个源头向下发展：道文化认为，天上三宝日月星，地上三宝水火风，人有三宝精气神，人体的一切机能，能在静极状态下恢复，就像植物在静中生长一样。如果不懂得保养精气神，那么就神转化成气，气转化成精，精在九窍的应用中漏掉了：眼看、耳听、思考、说话、忧愁、淫欲……从这些窍，漏掉精气神，最后走向死亡。凡夫俗子的一生就是这样恣意妄为，散掉精气神，《黄帝内经·素问·宣明五气篇》："久视伤血，久卧伤气，久坐伤肉，久立伤骨，久行伤筋，是谓五劳所伤。""久视伤心损血，久坐伤脾损肉，久立伤肾损骨，久卧伤肺损气，久行伤肝损筋。坐处不可太明，太明则伤魂；不可太暗，太暗则伤魄。"[①] 最后，油尽灯枯，堕入死亡的

---

① 徐春甫编集：《古今医统大全》（下册）卷之九十八，人民卫生出版社1991年版，第1352页。

深渊。——修道之人与凡夫俗子相反，"反者，道之动也"（《道德经》四十章）。关闭眼耳鼻舌身意，止住精、气、神外漏，保养精气神，最后达到全神的境地。紫阳真人张平叔《金丹四百字并序》："以眼不视而魂在肝，耳不闻而精在肾，舌不声而神在心，鼻不香而魄在肺，四肢不动而意在脾，故名曰五气朝元。以精化之气，以气化之神，以神化之虚，故名曰三花聚顶。以魂在肝而不从眼漏，魄在肺而不从鼻漏，神在心而不从口漏，精在肾而不从耳漏，意在脾而不从四肢孔窍漏，故曰无漏。"促使精化气，气化神，神合虚，最后粉碎虚空，阳神独立，这就是神仙了。不只如此，清代高道黄元吉认为儒、道、佛三家的道是一个，太虚一气而已："三教之道，圣道而已。儒曰至诚，道曰金丹，释曰真空，要皆太虚一气，贯乎天地人物之中者也。惟圣人独探其原，造其极，与天地虚圆无二，是以成为圣人。"（黄元吉《道德经注释》）

就方法而言，真正打通气脉，只有一种方法，就是六根清净。六根在生理上是神经官能：眼有视觉功能，耳有听觉功能，鼻子有嗅觉功能，舌有味觉功能，身有感触功能，意有脑神经的了别功能。六根是我们的心和外界六尘（色声香味触法）沟通的工具。六根起作用，人就生起各种各样的烦恼、造下各种各样的业，六根不能清净，眼根贪色，耳根贪声，鼻根贪香，舌根贪味，身根贪细滑柔嫩、安逸舒服，意根贪喜乐享受。业生烦恼，烦恼生业，没有了期。

只有依于戒、定、慧，去掉贪、嗔、痴，才能六根清净。六根清净了，精气神自然充满，中脉冲开，全身气脉依次打开，脱胎换骨，一切开始变化。丹经所言：气满任、督自开。进一步积累精气，可以把肉身"散而为气，聚而成形"；更进一步，可以化出百千亿化身。紫阳真人曰："我金丹大道，性命兼修，是故聚则成形，散则成气，所致之地，真神现形，谓之阳神。"

什么是阳神？修行到最后上关炼神还虚阶段，炼尽元神中的阴滓，成就一纯阳无阴的元神，名为"阳神"。此时阳神可由"天门（囟门）"出入，摆脱肉体的禁锢，获得"身外之身"，进入"神游"的层次，即

"阳神出游"，老子称为"玄之又玄众妙之门"，列子称为神游，庄子称逍遥游。王沐《悟真丹法要旨》云："道教主张形神一致，留形驻世，形神相依而延长生命，出阳神可以离形，但化身千万，仍可回形骸，最高理想是肉身冲举，拔宅飞升。"

在道文化中，道是无形无状、无声无臭的；内丹家认为，真气是道用，是生天生地、生人生物的根本，是宇宙化生的本原。道文化就是认识道以及道所生的真气，将真气为我所用，转化我现有的生命。

《黄庭经》云："神仙道士非有神，积精累气以成真。"欲修神仙，必须寡欲清心，令神气相依，通过一定的方法招摄"先天真一之炁"进入体内，得此真一之炁，便可以点化肉身，使得精气神团聚，而返还于先天境界了。

精气神三者，在先天本是一体，到后天分而为三。"吾身之元精、元神，必得真一之炁，方可含而养之。含养之至，则冲和完粹，而三元德成矣。三元者，精气神也。"先天之精气神，称作元精、元气、元神，而修炼就是要将此先天之精气神凝结成一而为仙人。《悟真篇》云："三家相见结婴儿，婴儿是一含真炁，十月胎圆入圣基。"刘一明解释说："和合四象，攒簇五行，则精气神凝结，曰三家相见，名曰婴儿，又曰先天一炁，又曰圣胎，又曰金丹。"

近代著名道教学者陈撄宁先生对于"黄帝问道广成子"也曾给予很高的评价，将其视为道教产生的源头："粤自崆峒演教，轩辕执弟子之礼；柱下传经，仲尼兴犹龙之叹。道教渊源，由来久矣。"[①]

回顾这几十年来，黄帝问道于广成子的故事，以及广成子的道言，就成了我心中的道文化的根，也是我研读道家乃至道教文化的一把钥匙，几千年的道文化就是对广成子这段话的理论探讨与生命实验成果，《道德经》自然就成为阐发广成子的道言的代表性作品之一。

老子曾担任周朝守藏室之史，以博学而闻名，最后弃官归隐，骑着青牛西行，为函谷关令尹喜写完《道德经》，也许来到了甘肃，来到

---

① 陈撄宁：《中华道教会宣言书》，见《中华仙学养生全书》中册，华夏出版社2012年版，第424页。

了崆峒山，去拜见广成子。

一

道文化是中华核心文化的两大支流之一。易学"一阴一阳之谓道"为根本，一阴发挥出"内圣"之学，为道文化所敷演；一阳发挥出"外王"之学，为儒家所弘扬；一阴、一阳，相互为用，合二为一，就是"内圣外王"之学。所以，易学所秉持的"内圣外王"之学，是中华文化的根。

易学是中华民族文化的源头，从伏羲画八卦，到《连山》《归藏》《周易》，都以64卦演绎阴阳的变易、不易、交易，夏、商、周"三代之政纲本于易"[①]。变易、不易、交易首先表述天、地的运行及春夏秋冬的变化，其次是天地之间万物的变易、不易、交易，即天道、地道；在这个大背景下观察人类社会的变易、不易、交易，紧接着考察个人的变易、不易、交易，变易、不易、交易对人有利为吉，没利为凶，即人道。《周易》是中国文化形态的系统论，就系统的大小来讲，天、地是大系统，万物是中间的系统，人类社会是第三的系统，个人是第四的系统。但是，就系统的变易、不易、交易的主动性来讲，正好相反，个人是最自觉的，社会其次，万物、天地有变化但没有主动性。

这样，每一个人来到这个世界上，你就具备了一个天地、万物、社会的大系统，利用自己的主动性，充分认识这几个大系统给你的条件，找到自己最优的人生之路。

系统，使得复杂的天地万物，还有人生，不至于乱七八糟，有迹可寻。迹，在周流六虚之中，只有通过上穷碧落下黄泉，无尽的求索，才能寂然不动、感而遂通。如果用华严宗的"法界观"表述，就是理无碍、事无碍、理事无碍三个层面的求索，最后达到事事无碍的自在境地。

---

① 《杭辛斋学易笔谈》，吉林人民出版社2014年版，第10页。

但是，由于每个人在早期的成长过程中，受到所接受的观念、文化的制约，找到的人生之路只能是自己主观意义上的"最优"，在事实上也许是"最差"。64卦，64种模式，正是展现多种多样的"人生"之路、人生模式。其中，最核心的是，顶天立地，即阳极的乾卦和阴极的坤卦。这是中华文化中"内圣"的核心内容，也是道文化所秉承的核心理念。

马一浮先生在《泰和会语·论老子流失》中指出："吾谓老子出于《易》。《易》以道阴阳，故长于变。"可谓是慧眼如炬。只是需要进一步说明的是，在千变万化中找到顶天立地的乾、坤之极，持而盈之，成就内圣，才是道文化的主干。

二

老子，正是看着现实生活中无数人的成败得失，学习着理论上的各种人生模式，思考着"最优"的人生之路，结果走出了非常个性化的人生之路，平平常常，简简单单，不争名，不求利，绝不会放弃自己的人格去逐名夺利，游走在人类社会的边缘，必要时放弃外在的奢华，如水一样往下走，而不是像世人一样拼命往上爬。结果，当他白髯飘飘，跨者一头大青牛走出政治风暴的旋涡、是非中心的洛阳的时候，成了世人心目中的神仙、"内圣之学"的集大成者。

老子，彰显给我们的是"真人"人格的成就。对于老子，在红尘滚滚中的我们，只有敬仰的份，我们虽然知道功名利禄是刀头之蜜，依然会对蜜全力以赴，而对刀的存在采取了完全忽视的态度。《红楼梦》中，为了享受锦衣玉食，连石头也会动心。想想石兄，凡夫俗子的我们也就释然了。

敬仰，是没有必要形诸笔墨的；智慧，也是"描也描不成，画也画不就"的。面对着老子的副本，即他留下的五千言《道德经》，没办法写的主要原因，在于老子的见素抱朴，既然朴散则为器，那么朴是道的代名词，朴必然绝于形名，哪有什么语言可以去描述。从"万物将自宾"的无尽观中，启悟到朴才是主。认识了朴，才能"抱朴"，人生才能回归根本。

"见素抱朴"，至少包含三个层面：闻道，明道，成道。

闻道，闻于上贤。凡夫俗子，灵魂都是被功名利禄泡透了的，出言吐气都是私心散发的霉味。《西游记》中孙悟空拿风抓云，用鼻子闻一闻，是妖气还是道气，以分邪正，写得太妙。上贤，是人类的稀有品种，他们以道为归，一言一行都显露着道味。怎么见道呢？头头是道，道在一切处、一切物上显露，在日月，在天地，在百草头，甚至在屎尿，"人不知道，曷观之《诗》乎！曰：'上天之载，无声无臭'——道不可有言矣！又曰：'维天之命，於穆不已'——道不可无称矣。须知至无之内，有至有者存；至虚之中，有至实者在"（黄元吉：《道德经注释》）。"上士闻道，勤而行之"，以道观万物，是特有的认识论。观万物，不只是认识万物，这是普通人的境地；在认识万物的基础上，观万物从何处来，到何处去，怎么来，怎么去，达到"万物将自宾"的境地，才能见到朴，进入明道的层面。

明道，就是见道，万物将自化，"致虚极，守静笃，万物并作，吾以观其复。夫物芸芸，各复归其根。归根曰静，是谓复命"（《道德经》十六章）。观道化，才能让自己的心灵静下来，沉浸于虚寂的状态，见到万物的根本。不只是万物是道的表征，自己也是道的表征。道化，化掉万物，也化掉自己。道文化中专业人士是如何操作的呢？大道至简，只是至日闭关、端拱无为而已。"学人下手之初，别无他术，惟有一心端坐，万念悉捐，垂帘观照。心之下，肾之上，仿佛有个虚无窟子。神神相照，息息常归，任其一往一来，但以神气两者凝注中宫为主。不顷刻间，神气打成一片矣。于是听其混混沌沌，不起一明觉心。久之恍恍惚惚，入于无何有之乡焉。斯时也，不知神之入气，气之归神，浑然一无人无我、何地何天景象，而又非昏聩也——若使昏聩，适成枯木死灰。修士至此，当灭动心，不灭照心。惟是智而若愚，慧而不用。于无知无觉之际，忽然一觉而动，即太极开基。须知此一觉中，自自然然，不由感附，才是我本来真觉。"（黄元吉：《道德经注释》）

成道，明白了道化的法则，生活在道中，不以世间的功名利禄、蝇营狗苟为念，一尘不染，"见素抱朴，少私寡欲"，顺道而生，顺道而生而死，逍遥自在，"无怀氏之民欤？葛天氏之民欤？"许由欤？巢父欤？不可得而称，自己姓什么，不知道；自己叫什么，不知道；自己是谁，不知道。

人格的完成，以此为极。

话又说回来，在六尘中流浪的人们，怎么可能放弃声色犬马的诱惑呢？以功名利禄为成功标准的人们，一尘不染的高尚人格有什么意义呢？今朝有酒今朝醉，醉生梦死，足矣！

就像易学，先立乾、坤为两个极端，万物都是乾坤结合、交易的产物，在这两个极端之中，或者偏于这面，或者偏于那面，各得其所，落于其他62卦之中，"一阴一阳之谓道"。一尘不染，醉生梦死，是人类社会的两个极端，绝大多数人们就生活在这两个极端中间，每一个人都会找到自己的定位。

在中国文化里面，老子是一个极端的标志：完善人格。

人格的完善，对人类社会、一个民族、一个国家都具有独一无二的价值。继老子之后，道文化将具有完善人格的人称为真人。《庄子·大宗师》："古之真人，其寝不梦，其觉无忧，其食不甘，其息深深……古之真人，不知说生，不知恶死，其出不欣，其入不距；翛然而往，翛然而来而已矣。"庄子虽然有至人、天人、神人的区分，但都是真人。真人，是理想的人格，心平气和，自然无为。《黄帝内经·素问·上古天真论第一篇》："上古有真人者，提挈天地，把握阴阳，呼吸精气，独立守神，肌肉若一，故能寿敝天地，无有终时，此其道生。"认识了大道的永恒，实现了真知与大道的合一。

"隐士"文化，支撑起这种以道为归的人格。《易·蛊》曰："不事王侯，高尚其事。"《孟子·尽心上》"古之贤士何独不然"，汉赵岐注："乐道守志，若许由洗耳，可谓忘人之势矣。"《旧唐书·隐逸》云"所高者独行"，"所重者逃名"。所以"隐士"又被称作"高士"，古代的著名隐士有汉代严子陵、东晋陶渊明、唐代孟浩然、宋代林逋等，他们或过着悠闲的田园生活，或结庐于山林之中，在精神上实践着道文化。最有代表性的是许由、巢父隐逸箕山的故事，《庄子·逍遥游》、《史记·伯夷列传》、魏嵇康《高士传》、晋皇甫谧《高士传》等均有涉及。汉蔡邕《琴操·河间杂歌·箕山操》称：许由"以清节闻于尧。尧大其志，乃遣使以符玺禅为天子。于是许由喟然叹曰：'匹夫结志，固如盘石。采山饮河，所以养性，非以求禄位也；放发优游，所以安己不惧，非以贪天下也。'使者还，以状报尧，尧知由不可动，亦已矣。于是许由以使者言为不善，乃临河洗耳。樊坚见由方洗耳，问之：'耳有何垢乎？'由曰：'无垢，闻恶语耳。'坚曰：'何等语者？'由曰；'尧聘吾为天子。'坚曰：'尊位何为恶之？'由曰：'吾志在青云，何仍劣劣为九州伍长乎？'于是樊坚方且饮牛，闻其言而去，耻饮于下流。"三国西晋时期学者皇甫谧《高士传》有不同的记载："尧让天下于许由，许由不受而逃，于是遁耕于中岳，颖水之阳，箕山之下。尧又召为九州长，由不欲闻之，洗耳于颖水滨。时其友巢父牵犊欲饮之，见由洗耳，问其故。对曰：'尧欲召我为九州长，恶闻其声，是故洗耳。'巢父曰：'子若处高岸深谷，谁能见子？子故浮游，欲闻求其名声，污我犊口。'牵犊上流饮之。"说法不一，文化内涵没有差异。巢父（樊坚）、许由以六根清净的仙风道骨傲立于天地之间，被历代高人、贤哲高山仰止。

不只如此，孔子继续探讨了完美人格的另一种代表形态："夫大人者，与天地合其德，与日月合其明，与四时合其序，与鬼神合其吉凶，先天而天弗违，后天而奉天时。"（《周易·乾·文言》）孟子接着孔子的话继续讲："得志，与民由之；不得志，独行其道。富贵不能淫，贫贱不能移，威武不能屈，此之谓大丈夫。"（《孟子·滕文公下》）儒家积极入世，不太同意道家超然世外以求人格的独立、完善的观念，强调莲花出淤泥而不染，也非常赞赏独立、完善的人格。

也就是说，在其后两千多年的中华文化发展中，完善人格这一核心命题，以道家、儒家两种形态构成了什么是"中国人"。这两种人格，相互增上，正如孟子所总结的："穷则独善其身，达则兼善天下"

（《孟子·尽心上》），独善其身，侧重于"内圣"之道；兼善天下，后世改为"兼济天下"，于义更加明确，侧重于"外王"之道。

三

道文化中"道法自然"是根本法则。

道就是道，宇宙自己就是如此，宇宙有宇宙的运行之道，自己作主，没有另外的主宰。"法"，等于，就是，宇宙自己走自己的道。不止如此，宇宙自己的道规定了万物的根本运行法则。万物呢？只能遵从宇宙的运行、存在的法则，小系统遵从大系统，在此基础上，表达自己的特殊存在。人怎么建立自己的生存法则呢？人当然也要认识、效法宇宙运行的法则，作为人生存法则的前提。

道生万物，是万物的根源和母亲，虽然如此，"生而不有，为而不恃，长而不宰"（《道德经》五十一章），长养万物，从不"主宰""控制"和"干预"万物的自由。我们不像西方文化，上帝创生万物又主宰万物。

道，无形无相，天地万物就是她的相，天地万物的变化表示着道的变化。从天地万物的变与不变之中去认识道，成为中华民族的根本文化使命。这样，生命，直接面对天地万物，互相浇灌，互相润泽，"天地与我同根，万物与我一体"，人与天地万物息息相通，不至于打成知识的结，永远是那么鲜活，活生生，生命才能开出最鲜艳的花朵，洋溢着生命的芳香。

我们凡夫俗子起心动念都是以"我"为中心的，宇宙因我而存在，山河大地为了给我提供生活条件，花草树木为我装点生活，鱼、虫、鸟、兽为了我吃而存在。中心和非中心制造出无数的对立，人跟人对立，人跟事对立，人跟天地万物都对立，因而认为对立是根本，是知识之门，不和成为生活的常态。老子，之所以是老子，正是给我们揭示了道的奥秘，让我们认识生命的真谛，"万物负阴而抱阳，冲气以为和"。让我们认识到对立是病态，不要把病态的"不和"当作常态，

"和"才是生命的常态。

人们以对立为常态，问题出在以"我"为中心的身见，身见是佛教概念，但没有这个概念，这个问题不能讲清楚。执着身体为实有的邪见，萨伽耶见，译曰身见。《成唯识论》曰："萨伽耶见，谓于五取蕴执我、我所，一切见趣所依为业。"认为五蕴实有，执此为"我"；有我就有我所对立，我所是和我相对的天地万物；我、我所对立，就生出无穷无尽谬误的见解。笛卡尔的"我思故我在"，也是身见的一种。——我能跟一切法不对立？首先就要肯定一切法跟我是一体，都是道的产物，都是道的一种表达，"我"不是宇宙的中心，对立才能没有。

既然人不是宇宙的中心，人与人、与万物和谐相处就成为宇宙法则。如何和谐相处呢？"上善若水。水善利万物而不争，处众人之所恶。"（《道德经》八章）

这里的善，不是世俗理论中与恶相对的善，而是指以道为角度的善，是至善，守道之人就像水一样。

水是生命之源，常态下至善、至柔，雨露霜雪润物无声，不与万物发生矛盾，善利万物，又不望回报；水没有固定的形状，可方，可圆，可直，可曲，为雨雪、为小溪、为湖泊、为江湖，能够因物赋形，逢圆就曲，能屈能伸，变化无穷；水甘于下流，为井为渊，供人们的日常所需；如果一个人也这样不与万物发生矛盾，十分谦逊，虚怀若谷，随遇而安，时刻表现出素朴、默然的柔和状态，善利万物，自然能够成为人们的依怙，人们的向导。

水不仅有至柔的一面，又可以在最坚硬的东西中驰骋、奔流，"驰骋天下之至坚"，攻无不克：陆地、平原、丘陵、沟壑、沼泽、低谷、深潭……直归大海。"水滴石穿"的故事，更是为人们所熟知。

最重要的是，水能够自我洁净，特别是大海，不论什么东西浑浊了它，只要给它一个安静的地方，沉静足够长的时间，水质就变得澄清透明，佛教有句话"大海不宿死尸"，正是讲水的这种自我净化功能。道文化的修养也是如此，在纷扰的世间污染了人们的心灵的时候，只要静下来，无穷无尽的烦恼就会慢慢止息，意念归于澄明，达到心安体泰的健康境界。

　　大道至虚至柔、至刚至大，入于无间，无所不至，顺之者必成。人能体道而"无为"，才能不妄为，顺道而为。《庄子》庖丁解牛的故事，正是知道"不争"的道理，弱为道之用，顺着柔软的肌肉缝隙前进才能迎刃而解，复杂的问题变得简单。

　　道文化指出，弱为道之用，是全在"冲气以和"，万物之生皆赖于中和之炁。凡是乖戾不和的邪气都表现为坚强，因为其中有偏阴、偏阳的杂质，而中和的正气柔弱，是去除了阴阳的杂质，成为中性物质。人若能少私寡欲，虚怀若谷，才能养的"冲气"饱满，与自然大道合体，形体如婴儿般柔和，心性纯是一派天真，进入无对待、无差异性、无阴阳的中和至柔状态。

　　《易》曰："无思也，无为也，寂然不动，感而遂通。"人心合于道体，虚极静笃，无思无欲，浑然一炁。如果外面有阴、阳相感，自然"感而遂通"，通天下万物。圣人修身治国平天下，都是依于这个根本法则，契合天理，顺应自然之道，故能感而遂通，无为而无不为。

　　人，不能随遇而安，在于比较，在于对立，在于争夺，处于混乱之中，不能自觉，人生就是战争。如果回归到生命的真谛，人的生命源于自然虚无大道，让其在无拘无束的自然状态下运行，才是对生命真正的尊重。

四

　　在道家的另外一部经典《列子》中，比较全面地记载了列子本人的修道、成道历程，可以作为广成子"长生久视之道"的系统说明，也可以作为老子"道"文化的一个佐证："子列子学也，三年之后，心不敢念是非，口不敢言利害，始得老商一眄而已。五年之后，心更念是非，口更言利害，老商始一解颜而笑。七年之后，从心之所念，更无是非，从口之所言，更无利害，夫子始一引吾席而坐。九年之后，横心之所念，横口之所言，亦不知我之是非利害欤，亦不知彼之是非利害欤，外内进矣。而后眼如耳，耳如鼻，鼻如口，口无不同。心凝形释，骨肉都融；不觉形之所倚，足之所履，心之所念，言之所藏。如斯而已。则理无所隐矣。"（《列子·仲尼篇》）

这一段，是极其宝贵的修道案例——列子学道的历程：

第一阶段（第1—3年）能够做到心中没有是非的观念，普通的利害已经不放在心上了，这是做人做事的基本修养。"三年之后，心不敢念是非，口不敢言利害"，"不敢"，是心理上的压制，是非没有去掉，还在。

第二阶段（第5—7年）列子继续修行，"五年之后"，不同了，真正发生了心理的改变，"心更念是非，口更言利害"，因为精神越来越健旺，思想就不能停下来。《易经》的道理，阴极阳生，阳极阴生。这时候，"老商始一解颜而笑"，对他笑笑，鼓励他继续修行。"七年之后"，"从心之所念"，起心动念的时候，"更无是非"，起心动念如浮云一样不能扰动他，"从口之所言，更无利害"，念念清净。对这个成就，"夫子始一引吾席而坐"，老师开始让我在他旁边坐下来，更加客气了。

第三阶段（第8—9年），"横心"，心里随便起心动念，"亦不知我之是非利害欤，亦不知彼之是非利害欤"，已经不知道这是我的是非利害呢，还是别人的是非利害，甚至忘记了什么是是非，什么是善恶，遇事了就事论事，过去了就过去了。到了这个境界，等于说一切的外物在他的心中，"如雁过长空，风来水面"，不留痕迹。这个时候，"心凝形释，骨肉都融"，身心都融化掉了，豁然而定，没有任何障碍，身体就像不存在一样，"不觉形之所倚，足之所履"，行住坐卧，空空如也，"心之所念，言之所藏"，起心动念、言谈举止都毫无分别，就是这个样子，很轻松。到这个时候，"则理无所隐矣"，天下一切事、一切理，都明白了，天上地下无所不知，成道了。

成道之后，可以出世，像隐士一样远韬高举，遗世而独立；也可以积极入世，像张良一样解民倒悬，萧天石称之为"超世"。

五

　　成道之人，不论是出世还是入世，都是随遇而安，老子以"三宝"养之，既是尊奉"道法自然"的法则，又是因应时事的根本，是内圣转入外王的枢纽。

　　吾有三宝，曰慈，曰俭，曰不敢为天下先。慈故能勇，俭故能广，不敢为天下先故能成器长。(《道德经》六十七章)

　　"慈"，仁慈，仁爱心、同情心，是对生命的关爱之心、悲悯之情。慈者爱心充满，忘记利害，心无挂碍，无有恐怖，故能勇！慈爱，是一切圣人、一切宗教的第一要义。老子讲慈爱、孔子讲仁爱、墨子讲兼爱、释迦牟尼讲慈悲……当爱存在的时候，人是最勇敢的，无所畏惧。

　　俭，俭朴，不奢侈，适度，阴阳平衡而得一，则久！俭是顺应天道，无过无不及方可持久。过和不及都不能持久。"不知足"，是一切灾祸的根源；一个人不节俭很难有积蓄；一个家庭不节俭很难应对突发的意外事件；一个国家不节俭，就不能具备雄厚的实力。现在，是工商业为主导的时代，为了工商业巨头的利益，鼓励全社会消费，消费，再消费，走向病态的超前消费模式，极大地浪费了有限的自然资源和社会资源，使人类走上了一条不归路。反之，"俭，故能广"。"俭"，不仅是为人谋事、养生修身的法宝，也是爱国治民的法宝。

　　"不敢为天下先"，不是保守退缩，是只知无私奉献，不与人争名，不与民争利，见名利就让。这样做，必然得到天下人的真诚拥戴。不争先就是顺其自然！因此，圣人持而不有，功成身退！如果人人敢为天下先，互不相让，世界不就处于无穷的争斗之中了吗？谦和退让，才能成为万物的尊长。"江海之所以能为百谷王者，以其善下之，故能为百谷王。"(《道德经》六十六章)

推崇老子的三宝，修身养性，做个道德高尚的人，达到上善若水，是我们做人追求的极高境界。

六

内圣之学的完成，必然进入外王之学，放弃小我，以百姓的所想、所期盼为事业的起点，也是事业的终点。

"圣人无常心，以百姓心为心。"（《道德经》四十九章）"常心"，需要毅力来支撑，持续的毅力又会逐渐变为勃勃雄心，勃勃雄心产生了无穷无尽的欲望，不懈地追求知识，无止境地聚敛财富，放肆地追逐权力，人类社会变成地狱。"以百姓心为心"，就要和百姓生活在一起，体察他们的感受和需要，将群众的合理要求变为现实，这背后就是爱。反之，如果脱离群众，不知群众想些什么、需要什么，以自己的傲慢、自己的狭隘，去看待百姓，社会就变得不善、虚伪。

圣人不刚愎自用、固执己见，而是以百姓的意志去决定自己的意志，这就叫顺应自然、符合大道。这样，我与百姓之间、人与自然之间的隔阂才能打破，从而达到人我合一，让人回归到淳朴的大道之中，即"为天下浑其心"。

"善者，吾善之；不善者，吾亦善之；德善。信者，吾信之；不信者，吾亦信之；德信。"（《道德经》四十九章）对于善良的人以善相待，对于不善良的人也同样善待，这样圣人就修养成就了善良的品质。对于守信的人守信，对于不守信的人同样守信，这样圣人就修养成就了守信的品质。

圣人领导国家，使自己的常心合乎百姓的感情和需求，那么就建立起真正的"善"和"信"，使天下人的心思归于浑朴。

总之，道，无形无相，无声无臭；说者，以无说而说，听者，以无听而听；明者，以无心而入；得者，以无为而化。老子主张不言之教、无为而治，充满无穷的智慧和慈爱，是道文化中性命双修的渊薮。《道德经》是一座宝山，需要我们自己去打开这座宝藏，用无穷的智慧，把人类社会建设得更加美好！

　　好友谢青松新著《道德经阐幽》即将付梓，嘱我写一些研读《道德经》的心得，真不知道写一些什么，经常读老子以及各种注解，想了好长时间，不知道写些什么，也许是真没有什么心得，只好敷衍几句，作为序言。

谢增虎

2022 年 3 月 24 日 甘肃兰州

目　录

导读"认识你自己"
——对老子之"道"的一种解读 …………………………… 1

一　章	……………………………………………………………	1
二　章	……………………………………………………………	4
三　章	……………………………………………………………	8
四　章	……………………………………………………………	12
五　章	……………………………………………………………	15
六　章	……………………………………………………………	17
七　章	……………………………………………………………	20
八　章	……………………………………………………………	22
九　章	……………………………………………………………	26
十　章	……………………………………………………………	29
十一章	……………………………………………………………	33
十二章	……………………………………………………………	36
十三章	……………………………………………………………	39

十四章	42
十五章	45
十六章	48
十七章	51
十八章	53
十九章	55
二十章	59
二十一章	63
二十二章	66
二十三章	70
二十四章	72
二十五章	74
二十六章	78
二十七章	80
二十八章	83
二十九章	86
三十章	88
三十一章	90
三十二章	93
三十三章	95
三十四章	98
三十五章	100
三十六章	103
三十七章	106
三十八章	108
三十九章	111
四十章	114

四十一章	116
四十二章	120
四十三章	124
四十四章	126
四十五章	129
四十六章	131
四十七章	134
四十八章	136
四十九章	139
五十章	141
五十一章	144
五十二章	146
五十三章	149
五十四章	151
五十五章	154
五十六章	157
五十七章	161
五十八章	165
五十九章	168
六十章	171
六十一章	174
六十二章	177
六十三章	180
六十四章	184
六十五章	187
六十六章	189
六十七章	191

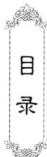

六十八章 …………………………………………………… 194

六十九章 …………………………………………………… 197

七十章 ……………………………………………………… 199

七十一章 …………………………………………………… 202

七十二章 …………………………………………………… 205

七十三章 …………………………………………………… 207

七十四章 …………………………………………………… 210

七十五章 …………………………………………………… 213

七十六章 …………………………………………………… 215

七十七章 …………………………………………………… 218

七十八章 …………………………………………………… 221

七十九章 …………………………………………………… 224

八十章 ……………………………………………………… 227

八十一章 …………………………………………………… 230

主要参考文献 ……………………………………………… 234

后　记 ……………………………………………………… 238

导读 "认识你自己"
——对老子之"道"的一种解读

作为老子思想之核心范畴,"道"在《道德经》中总共出现了七十余次。《说文解字》说:"道,所行道也",亦即具有一定方向的路就叫作"道"。从《道德经》文本来看,老子所说的"道"显然具有多重涵义。陈鼓应在《老子今注今译》中指出:有些地方,"道"是指形而上的实存者;有些地方,"道"是指一种规律;有些地方,"道"是指人生的一种准则、指标或典范。[①]刘笑敢更多地将其理解为"宇宙万物存在的根据,是人类生命和万物存在之意义的根源"[②];任法融则从道教的角度论述说,"《道德经》所谓'道',实为阴阳未判之前的混元无极,宇宙之起源,天地之本始,万物之根蒂,造化之枢机"[③];黄克剑则认为,老子之"道"乃是"从终极处对世道人心作某种诱导"[④]。综上可见,学术界对老子之"道"的解读,主要侧重于规律、存在、价值等三个维度。

本文借助苏格拉底"认识你自己"的命题[⑤],将老子之"道"理解

---

① 陈鼓应:《老子今注今译》,商务印书馆2003年版,第23页。
② 刘笑敢:《老子古今——五种对勘与析评引论》(修订版,上卷),中国社会科学出版社2006年版,第156页。
③ 任法融:《道德经释义》,东方出版中心2015年版,第12页。
④ 黄克剑:《老子之"道"义旨阐要》,《哲学动态》2018年第2期。
⑤ 希腊德尔斐神殿里有一块石碑,上面写着——"认识你自己",苏格拉底将其作为自己的精神法则。

为人类对自我的反思与探索，对"我是谁"这一问题的终极追问。在苏格拉底那里，"认识你自己"乃是对人类自身困境的一种焦虑与深省。黑格尔曾指出："认识你自己，这乃是精神的法则。苏格拉底实践了这条诫命，他使'认识你自己'成为希腊人的格言；他是提出原则来代替德尔斐的神的英雄：人自己知道什么是真理，他应当向自身中观看。"[①] 笔者认为，在老子那里，"道"主要有两层涵义：在一般意义上，指的是天、地、人，近似于宇宙、社会、人生的客观规律和基本法则，就此而言，道家乃是探寻规律亦即"求道"之学；在根本意义上，指的是"本来的自己"，也就是人的意识之本来状态（即纯净的意识），就此而言，道家乃是认识自己亦即"悟道"之学。总体而言，《道德经》五千言，就是通过对宇宙万物运行、发展、演进之客观规律的把握，从不同角度引导世人追问"我是谁"，进而"认识你自己"。

一 老子之"道"可否言说？

探讨老子之"道"可否言说，其前提在于老子之"道"可否被"理解"。言说旨在达致理解，理解往往借助言说。理解老子的最大困难在于，人们总是试图通过理智和思维去"理解"老子的文本，而老子主张"绝圣弃智"，显然他排斥理智层面的知见；理解往往借助言说，而老子宣称"道可道，非常道"，显然，真正的"道"超越了语言文字。从这个意义上说，后世关于老子的"解读"，大多乃是"盲人摸象"。一个人除非经验到与老子相同或相近的境界，真正的理解是不可能发生的。[②] 如此看来，要真正理解老子，唯有透过生命体验。

从相关史料来看，老子虽然担任过"周守藏室之史"，但他一生并

---

① ［德］黑格尔：《哲学史讲演录》第二卷，贺麟、王太庆译，商务印书馆1959年版，第96页。
② 事实上，理解与赞同是一体的，"我们不能既理解又不赞同"，"如果你理解一个人，你就会赞同他；如果你不赞同他，你就是不理解他"。参见［俄］邬斯宾斯基《人可能进化的心理学》，郭静、孙霖译，中央编译出版社2013年版，第81页。

不关心世俗的事务，甚至连"立言"的意愿也算不上强烈。在隐退之时，路过函谷关，关令尹喜再三恳求："子将隐矣，强为我著书。"（《史记·老子伯夷列传》）老子这才写下五千言，然后西出函谷关而去。即便勉强写书，也不忘在开篇时申明"道可道，非常道"。吕祖解释说："心可道其妙，而口难道其微，谓之可道。道不可须臾离，而瞻之在前，忽焉在后，这是可道底。仰之弥高，钻之弥坚，如此之玄，非空于玄，而实有玄之之妙。如此光景，岂是口可道？只可心领会而心可道。"（《道德经心传》）吕祖所说的"心"相当于现代语境下的"意识"，它主要通过"领会"也就是体悟来发挥其功能，而"口"则是指语言文字，它是理智和思维之载体。对于道家来说，"道"是唯一的"真知"[①]，它只可体悟（此为意识之功能）而不可言说（此为理智和思维之功能）。释迦牟尼佛也说过："若人言，如来有所说法，即为谤佛，不能解我所说故。须菩提，说法者，无法可说，是名说法。"（《金刚经·非说所分第二十一》）真正的佛法，是无法用语言表达的，凡是能够用文字表达的，都不是真正的佛法。所谓的经典，只不过是权宜方便之说，指月之指、指路之标而已。如果有人将手指当月亮，将指路之标当目的地，那就违背了言说者的本意。

作为"众妙之门"的"道"看上去空无所傍，玄之又玄，难以把握。从《道德经》文本来看，"道"是"无"和"有"的统一，它虽然"视之不见""听之不闻""搏之不得"，是一种"无状之状，无物之象"的惚恍境界；但如果超越日常经验，它又是"有象""有物""有精""有信"的。可以说，"无"显示了道的超越性，"有"显示了道的实存性。老子如此描述道："有物混成，先天地生，寂兮寥兮，独立不改，周行而不殆，可以为天下母。吾不知其名，字之曰'道'。"（二十五章）正是由于道具有原始、混沌、质朴、空灵、玄妙之品格，远远超越了语言的力量，故而无法用规定性的表述来指称它。古人云，书不尽言，言不尽意。老子也宣称"知者不言，言者不知"（五十六

[①] 在道家看来，唯有与道合一，方能获得真知。

章)。言语所能描述的,只是粗浅的、有形的事物之末,而非微妙玄通之"道"。真正了悟大道的人,明明知"道",但难以用语言把"道"说清楚。恰如视力正常者与盲人谈论世间美景,只能借助于语言,但其交流实际上甚为困难。盲人一旦恢复了视力,则无须再借助语言。在老子看来,世人的意识处在昏昧乃至沉睡状态,只有意识从昏昧和沉睡当中清醒过来,才有可能真正理解那个大道。①

在老子那里,大道"玄之又玄",绝非语言所能表达,唯有同样的"悟道者"方能真正知"道",如同佛教宣说的真理,"唯佛与佛,乃能究尽诸法实相"(《大乘妙法莲华经·方便品第二》)。根据佛教典籍记载:"世尊在灵山会上,拈花示众。是时众皆默然,唯迦叶尊者破颜微笑。世尊曰:'吾有正法眼藏,涅槃妙心,实相无相,微妙法门,不立文字,教外别传,付嘱摩诃迦叶。'"(《五灯会元·七佛·释迦牟尼佛》)这就意味着,真正的佛法是离开一切相(语言、文字、图像、思维、记忆等)的,唯有离开一切相,做到"心无所住",方能体悟到佛法的真谛。但这就存在一个两难的处境:如果不用语言文字表达,难以帮助世人体悟大道、"认识自己",倘若用语言文字表达,人们又容易执着于语言文字。怎么办呢?只能勉强诉诸文字。于是,老子写下了这五千言。

大道不可言说,但又不得不说。那么,误读就成为一种必然。老子早就预知自己将被世人误读,除了申明大道"不可言说",他在《道德经》中特意写下这样一段话:"上士闻道,勤而行之;中士闻道,若存若亡;下士闻道,大笑之,不笑不足以为道。"(四十一章)在他看来,"士"分上中下三等,"士"皆有可能听闻大道,但境界却千差万别,关键在于是否"信"与"行"。上士闻道,深信不疑,身

---

① 对此,纵使聪明博学的白居易也百思不得其解,赋诗云:"言者不知知者默,此语吾闻诸老君。若谓老君是知者,如何自著五千言。"确实,《道德经》五千言,说的正是"知者不言"的大"道"之理!《庄子·寓言》亦云:"言无言,终身言,未尝言;终身不言,未尝不言。"因任天理而立说,像是终身说话,却又未尝说话一样;终身不说话,却又未尝不说话。可见,"不言"(静默)也是"言"的另一形式,不言之言,是为真言,大道就在静默之中显现。

体力行，践道行道；中士闻道，且信且疑，若有若无，偶尔行道；下士闻道，以为虚无缥缈，荒诞不经，于是大加嘲笑。老子是说，大道至简，但知易行难，必须通过信任（"信"）和践行（"行"）才有可能被体悟到，如果只是通过理智去思索它，那只会离道越来越远。就此而言，老子五千言，乃是为"上士"而作，使其闻道并勤而行之，实乃不得已而言之，退而求其次之举也。可以说，《道德经》一书相当于为"上士"也就是上根利器者指明了求道悟道的基本蓝图。正如孔子所说："中人以上，可以语上也；中人以下，不可以语上也。"（《论语·雍也第六》）

总之，大道"不可言说"，是客观的事实，"强为之言"，是老子的慈悲。

二 老子之"道"究竟何义？

从《道德经》文本来看，老子之"道"，其核心要义有二：

（一）老子之"道"，在一般意义上，指的是天、地、人的客观规律和基本法则，就此而言，道家乃是探寻规律亦即"求道"之学。

宇宙万物的运行、发展和演进有其客观规律。老子所说的"一生二"，指的就是现象世界之二元性法则，亦即"一阴一阳之谓道"（《周易·系辞上》）。在《道德经》中，老子系统揭示了宇宙、社会、人生的客观规律和基本法则。除了众所周知的阴阳对立法则，"有无相生，难易相成，长短相形，高下相倾，音声相和，前后相随"（二章），阴阳转化法则，"祸兮，福之所倚；福兮，祸之所伏"（五十八章），老子还重点阐述了阴阳平衡法则。老子说："天之道，其犹张弓欤？高者抑之，下者举之，有余者损之，不足者补之。"（七十七章）天道的特征是公平，高下、有余和不足，随时都有可能调整，它通过"损有余而补不足"（七十七章），保持能量之平衡状态。

在老子看来，世间的祸福得失并非杂乱无章的，而是有规律地运动变化，祸福相依，得失相伴，悲喜交替，此消彼长。因此，凡事"持而盈之，不如其已；揣而锐之，不可长保"（九章），倘若刻意执求，其结果往往适得其反。阴阳平衡法则在自然界和生活当中的体现，就是"飘风不终朝，骤雨不终日"（二十三章），就是"跂者不立，跨者不行"（二十四章），就是"曲则全，枉则直，洼则盈，弊则新，少则得，多则惑"（二十二章），就是"为者败之，执者失之"（二十九章），就是"弱之胜强，柔之胜刚"（七十八章）。老子坚信，"知常曰明，不知常，妄作凶"（十六章），真正的智者，知道事物发展和演化的规律，洞悉生命的本质和真相，因此能够坦然地面对并接受世间的祸福吉凶、得失成败、喜怒哀乐、悲欢离合，坐看云起云落，而始终保持一颗平常之心。

（二）老子之"道"，在根本意义上，指的是"本来的自己"，也就是人的意识之本来状态，就此而言，道家乃是认识自己亦即"悟道"之学。

老子之"道"，在根本意义上，指的是"本来的自己"，也就是人的意识之本来状态，这也是人的意识发展的最大潜能。老子强调，"道生一"，所谓"一"者，道也。这个"一"乃是道之本体，它无上无下，无左无右，无大无小，无贵无贱，浑然一体，"混而为一"（十四章）。所谓"道生一"，是指"道"乃是整体的、一元性的；所谓"抱一"，就是"抱朴""抱道"；所谓"守朴"，就是"守一""守道"；所谓"返朴"，就是复归于朴（"一"），复归于道，"复归于婴儿"。推而言之，老子所说的"得一"，就是"得道"，回归于道，如此，它们将恢复自己的本性而成为自身，这就是"道法自然"，亦即大道效法它本应如此的状态。从这个意义上说，所谓"求道"，就是去发现自己；所谓"得道"，就是认识自己；所谓"成道"，就是成为自己。

在老子那里，"道"，相当于现代语境中的"意识"，但并非指思想意识，而是意识本身，它在个体生命当中体现为"知觉""注意力"或

"我在"。马哈拉吉曾说："意识本身是一切的源头。"①透过身体所显现的意识就是自我意识（个体意识），这种认同于身体的自我意识，在本质上是浑浊的意识。经过长期的修炼，人的意识将逐渐得到净化，其过程就是：自我意识的萌芽—自我意识的形成—自我意识的固化—自我意识的弱化—自我意识的消融。这实际上是"自我"（"我执"）的形成、发展、固化、弱化和消融的过程。换言之，"道"即"我"，"我"即"道"。②这个"我"（意识）——"先天地生"，"独立不改，周行而不殆"，先于这个现象世界而存在，遍及整个虚空世界。它无形无相，无所不在，不生不灭，不来不去，不增不减，不易不变。只有通过"神秘的体验"（如"致虚极，守静笃"），才有可能证悟其存在。所谓的"得道"，意味着一个人发现了自己真实所是的状态，亦即在意识层面超越了个体性，回到意识的普遍性、整体性、纯净性之本来状态，如同波浪回归于海洋，这也是人的意识发展的最终可能性。

为了引导世人体悟这个不可言说的"道"，老子使用了大量的否定性描述，通过阐述它"不是什么"（不是身体、思想、情绪、行为等"假我""小我"），进而展现其"所是为何"（"本来的自己"，也就是纯净之意识）。笔者将老子之"道"的基本特征解读为无心、无为、无用。

其一，无心：以百姓心为心。 在老子看来："圣人恒无心，以百姓心为心。"（四十九章）圣人，亦即有道之人，处在"无我"之境，他没有"自我"之心，而是以"百姓"和"众人"之心为心，显然，这是一种自我消融的状态。无自我之心，便无分别之心，"天地不仁，以万物为刍狗；圣人不仁，以百姓为刍狗"（五章）。所谓"不仁"，实乃无心之仁，它顺其自然，当为则为，当止则止。真正的智者没有自我

---

① ［印］室利·尼萨伽达塔·马哈拉吉：《我就是那》，陶张欢译，中国青年出版社2016年版，第30页。
② 在《道德经》二十五章，老子如此描述"道"："有物混成，先天地生，寂兮寥兮，独立不改，周行而不殆，可以谓为天下母，吾不知其名，字之曰'道'。"也就是说，道先天地而有，是天地万物的本源，在道家文化当中，天地与我同根，万物与我一体，宇宙万物，只是"我"的显现。

之心，没有分别之心，他在万事万物当中看到那个统一性（"一"）。老子认定，唯有去除分别妄想执着，方能保持自然质朴、与道冥合、与道玄同。总而言之，"心"即"我"，无心便无我，有心即有我，"无心"即近道，"有心"则离道。

其二，无为：无为而无不为。在老子看来，"圣人处无为之事"，有道之人处无为之事，亦即只是顺应自然规律而行，不妄作非为，不刻意而为。所谓无为，即无心而为，也就是不把自己当成"做者"。老子提倡"无为"的本质，是放下"做者"的身份，让事情自动发生。自我总是试图操控一切，然而，外在的这一切并不是由"我"来掌控的，也不是由"我"来选择的。试想，我们能够选择自己的出生地吗？我们能够选择自己的父母吗？我们能够选自己的小孩吗？这一切都是自动发生的，并没有一个做者，如果有一个做者，那也是"道"。在生活当中，人们宣称自己做了这个，做了那个，实际上，他是"被做了这个"，"被做了那个"，但给了他一种"我做了这个"或"我做了那个"的错觉。"无为"意味着，当一个人了解到，事情是自动发生的，并没有一个做者，那么，他将随顺生命的流动，自发自为地应对人生当中的所有境况，而不会去试图抗拒它，更不会刻意去改变它。"无为"，意味着只是处在那个"在"的状态，而不再寻觅任何事物，不再渴求任何事物，不再遗憾任何事物。当"心"处在此时此刻，那就是"道"之所在，如此方能体验到生命的本质和美好。老子主张通过"绝圣弃智"，"损之又损"，不断减少知识，抛弃成见，祛除心灵的遮蔽，达至"无为"之境界。当头脑越来越清明，心灵越来越纯净，那么也就与大道越来越接近，最终就是"无为而无不为"。

其三，无用：无用之妙用。《道德经》曰："三十辐共一毂，当其无，有车之用。埏埴以为器，当其无，有器之用。凿户牖以为室，当其无，有室之用。故有之以为利，无之以为用。"（十一章）正如车轮的空无令其得以运行，器皿的空无使其得以盛物，房屋的空无让其可以居住，"有"给事物提供了实利，"无"让事物发挥了作用。在老子那里，"虚"和"无"，皆有无用之义。现实生活的人事物，正因其执着于某种特定之功用，反而掩盖了其本质，相反，只有不囿于某一具体之用，方能显现其大用。老子所说的"道法自然"，就是顺应事物的本性，因循事物的内在法则，让万物各有归属，各得其性，这恰恰是道之妙用。事实上，大道并没有某种特定的功用，但它是一切功用之前提，一切事物都因它而运作。换言之，"道"本身并不体现"用"，当它作用于"器"，便能体现为"大用"。故而，大道看上去无用，实则有其妙用。然而，世人缺乏智慧，"人皆知有用之用，而莫知无用之用也"（《庄子·人间世》）。

老子的无心、无为、无用，其本质是"无我"，其目的是"无欲"。无我是"自我"的消融，无欲是"欲望"被超越。"无我"则无欲，"有我"则有欲。换言之，老子就是"以恒久之道升华人过多的欲望"①，进而澄清自己的头脑，净化自己的意识。在道家看来，欲望，既无法被满足，也无法被消除，而是只能被升华、被超越。世间种种欲望，皆可以划分为两类，世俗的欲望（亦即财、色、名、食、睡，色、声、香、味、触、法等佛教所说的"五欲六尘"）和求道（认识自己，回归意识本身之纯净状态）的欲望。对于"不知足""欲得"的世俗欲望，老子提倡知足知止，"为腹不为目，故去彼取此"②。求道的欲望，是更深更本质的欲望，对于道家来说，"唯有纯粹、素朴、清静、无为的自然之道，虽淡而无味，视而不见，听而不闻，但它的功能及作用是无与伦比的，是任何事物都达不到的"③。当然，随着求道之路的走向深入，连求道的欲望最终也会消融。在老子那里，所谓"成道者"，就是达到了"无念""无欲""无我"的境界。

---

① 林光华：《以道化欲，以朴化一——再论〈老子〉之自然及其对恶的克服》，《人文杂志》2018年第3期。
② 事实上，老子并不反对物质需求，而是提倡"甘其食，美其服，安其居，乐其俗"，但是在内心上要摒除欲望，正如马哈拉吉所说的，"为了你和你的家庭，你需要若干食物、衣服和住所，但是这不会产生问题，只要不把贪婪当作需要"。［印］室利·尼萨伽达塔·马哈拉吉：《我就是那》，陶张欢译，中国青年出版社2016年版，第258页。
③ 任法融：《道德经释义》，东方出版中心2015年版，第87页。

总而言之,"道"在一般意义上指的是天、地、人的客观规律和基本法则,在根本意义上则是对"我是谁"这一问题的终极追问。从这个意义上来说,"求道",就是找寻自己;"悟道",就是追问"我是谁"。换言之,人们对"道"的探索,在根本意义上是发现自己的本性,正如印度智者马哈拉吉所言:"求道者是在寻找他自己。"[①]事实上,老子之"道"就是通过对宇宙万物运行、发展和演进之客观规律的探寻,进而"认识你自己",也就是那个"本来的自己",这是老子之"道"的终极指向,也是老子撰写《道德经》的真正用意。

三 如何达致老子之"道"?

老子终其一生致力于"道"的探索和体悟,其著述以凝练至简的语言、玄妙空灵的风格、正言若反的方式,揭示了宇宙、社会、人生的客观规律和基本法则,旨在劝诫世人止息向外求取之妄念,转向对内在生命奥秘的探索,以期归复人之淳朴本性,"复归于婴儿"(二十八章),亦即"认识你自己",显现那个"本来的自己"。关于"我",老子如此描述:"众人熙熙,如享太牢,如春登台。我独泊兮其未兆,如婴儿之未孩。傫傫兮若无所归。众人皆有余,而我独若遗。我愚人之心也哉!沌沌兮!俗人昭昭,我独昏昏;俗人察察,我独闷闷。澹兮其若海,飂兮若无止。众人皆有以,而我独顽似鄙。我独异于人,而贵食母。"(二十章)这是老子对于理想中有道之人的描述。老子坚称,大道至简。在他看来,自己的核心教义其实很简单,他曾无限感慨地说:"吾言甚易知甚易行,天下莫能知莫能行。"(七十章)我的言论最易明晓,最易行持,然而天下人却没办法了解,也没办法行持。在老子那里,达致"道"的方法就是"无为",其主要内涵如下。

[①] [印]室利·尼萨伽达塔·马哈拉吉:《我就是那》,陶张欢译,中国青年出版社2016年版,第261页。

（一）放下执着：为学日益，为道日损

在老子看来，"吾之所以有大患者，为吾有身"（十三章），人生中几乎所有的痛苦都来自对"我"（在本质上是"我的"）的认同与执着。只有通过对宇宙、社会、人生之客观规律的探寻，逐渐放下对"我的"（包括知识、名利和身体等）的执着，才能够转迷成悟、返归本性，进而获得精神上真正的自由和超越。[①]

一是放下对知识之执着。老子有意识地区分了"知识"与"智慧"，将对知识的追求称作"为学"，将对智慧的追求称作"为道"。老子劝勉世人，不要将妄见当真知，不要将知识当智慧，而是要放下对知识的执着，以探求大道为人生之要务。在老子看来，知识是生命的栅栏。当一个人的眼睛被知识所覆盖，就看不到生命真实的状态，更不可能活出生命本有的自在。生活在知识之帘幕背后的人，是这个世界上最贫穷、最可悲的人。老子主张"为学日益，为道日损"（四十八章），为学功夫是每天在知见上求其增益，而为道功夫则是每天在知见上求其减损。对于一个缺乏意识自觉的人来说，越来越多的知识只会进一步固化"自我"，加重生命的负荷。因此，唯有放下对知识的执着，保持心胸的开阔，通过"损之又损"，减损知见和欲求，祛除心灵的遮蔽，最终达至"无为"的状态，真正的智慧才能够升起，也才有可能体悟到那个玄妙的大道，获得最终的真知。

二是放下对名利之执着。道家对于名利持一种超然的态度。庄子曾指出："众人重利，廉士重名，贤士尚志，圣人贵精。"（《庄子·刻意》）其中，"重利"和"重名"，是外在的欲望，它们最易耗散人的精神。在道家看来，贪着于名利会导致身心俱疲、人格分裂，以至于遮蔽人的质朴心灵、戕害人的自然本性，使之偏离大"道"。老子说："名与身孰亲？身与货孰多？得与亡孰病？甚爱必大费，多藏必厚亡。故知足不辱，知止不殆，可以长久。"（四十四章）老子告诫人们不要贪

[①] 赵娟、谢青松：《道家人生哲学之要义》，见谢青松主编《中国传统道家经典的现代阐释》，中国社会科学出版社2018年版，第97页。

慕外在的功名富贵，不要因小失大、因假失真。老子还主张："不尚贤，使民不争；不贵难得之货，使民不为盗；不见可欲，使民心不乱。"（三章）尽量减少可欲之物对人的刺激，杜绝引发贪欲的诱因，尽量减少对于虚名的标榜，从而熄灭百姓争名之心。总之，唯有放下对功名利禄的执着，做到知足知止、知进知退、贵精全神、抱朴守一，才能够消除内心的焦虑和恐惧，免遭屈辱或者祸殃，保持内心的宁静恬淡，进而回到意识本来的纯净状态。

三是放下对身体之执着。道家尊重生命、注重养生。但同时提倡放下对身体的执着，更为重要的是，洞察生命的真相，了解死亡的本质，坦然面对死亡。老子曾对此展开追问："何谓贵大患若身？"为何人们重视身体好像重视大患一样呢？在他看来，"吾所以有大患者，为吾有身，及吾无身，吾有何患？"（十三章）老子所说的"无身"，是指放下对身体的认同与执着，知道身体只是生命运作的载体，意识才是我们的真实本性。一旦放下对身体的认同，则宠辱荣枯，祸福得失，生死寿夭，皆不动于心。倘若"无身"，则超越自我，超越世俗，超然物外，而返于自然，凡事皆合于大道矣。

总之，在老子看来，对知识、名利和身体的认同与执着，乃是人生痛苦之根源所在。对于它们，要始终保持觉察，既不为之所惑，亦不为之所动；既不执着于其中，更不陷溺其中，倘能如此，则无论是知识、名利抑或是身体，皆可为人生所用，为求道所用。只有放下对知识、名利、身体以及头脑和情绪的认同与执着，忘却过去、智力、礼乐、仁义，甚至形骸，做到庄子所说的"无己""丧我"，才能够做到"外天下"（遗弃世故），"外物"（心不为物役），乃至"外生"（忘我），也唯有如此，才能够开启智慧，转迷成悟，进而体悟大道，回归真正的自己。

（二）安住当下：无为不争，贵柔守拙

老子主张"无为而无不为"。这里的"无为"并非指放弃行动，而是放弃刻意行动，放弃追求目的之动机，也就是"无心"而为。无心而为，就是让事情自动发生，这就意味着遵循规律，避免妄为；保持接受，安住当下；顺应本性，柔顺不争。

一是遵循规律，避免妄为。在老子看来，真正通达大道者，懂得循道而行，不会胡作妄为。老子揭示自然界的规律，"故飘风不终朝，骤雨不终日"，狂风不会持续吹一早晨，暴雨也不会持续下一整天。"孰为此者？天地。天地尚不能久，而况于人乎？"（二十三章）自然界的运动，皆有其客观规律，凡是变化激烈、施为猛烈的现象，都是暂时的，难以持久，比如飘风骤雨，都是一阵而过。人若轻举妄动，超越常规、私欲过甚、悖戾多端、胡作妄为，亦如暴风与骤雨一般不可长久。老子还指出，"跂者不立，跨者不行"（二十四章），人站立时脚跟着地，平稳中正，虽久立而不疲；人行走时步伐适中，自然而然，虽久行而不怠，这是站立和行走的自然之道。"跂者"本来想要站得高、看得远，却反而站不稳；"跨者"本来想要走得快一点、走得远一点，却反而走不远，因为他们违背了自然之道。与之相应，"自见、自是、自伐、自矜"的举动都是违反自然的，故而均难以持久。① 在老子看来，"知常曰明，不知常，妄作凶"（十六章），倘若不依循自然的规律而轻举妄动，就容易出乱子。

二是保持接受，安住当下。无为的本质是接受，接受的核心是接受当下。老子的"无为"是一种随顺生命流动而不逆流而上的简单而深刻的智慧。对于个体生命而言，唯一能够体会到生命流动的地方就是当下（此时此刻）。当下并不属于时间范畴上的过去、现在和未来，当下乃是永恒。这就意味着，"无为"就是头脑放弃对当下的抗拒，无条件、无保留地接受当下，安住当下，全心全意活在每一个片刻当中。一个人接受事实，安住当下，他的精气神（能量）就被保存下来了；一个人抗拒事实，内心纠结，他的精气神（能量）就被耗散掉了。老子说："甘其食，美其服，安其居，乐其俗。邻国相望，鸡犬之声相闻，民至老死，不相往来。"（八十章）其中"甘其食，美其服，安其居，

---

① 在儒家那里，就是"毋意、毋必、毋固、毋我"（《论语·子罕》）。

乐其俗",描述的就是"有道者"安住当下的状态,"邻国相望,鸡犬之声相闻,民至老死,不相往来",则是描述一种"相濡以沫,不若相忘于江湖"(《庄子·天运》)的境界。在老子看来,唯有"意识"处在此时此刻[①],方能体验到生命的本质和美好。

三是顺应本性,柔顺不争。老子主张柔顺、不争、处下、守雌、身退。老子所说的"上善若水""复归于婴儿",都是强调要柔软,只有保持柔软的状态,生命才有生机。在老子看来,天下最柔软的事物从来不去抗争,它只是按照自己的本性流动,这就意味着顺应并流向自己的生命本质;而天下最坚硬的事物始终会去抗拒,它意味着对生命本质的对抗,那恰恰是违背本性、趋于死亡的特征。在老子那里,"不争"乃是"天之道",它在根本意义上是不与当下抗争,不与内心抗争。在生活当中,柔顺不争意味着懂得"接受",接受生命当中的喜怒哀乐、悲欢离合、成败得失。老子还从世间万物的生存现象中得出结论:"坚强者死之徒,柔弱者生之徒。是以兵强则灭,木强则折。强大处下,柔弱处上。"(七十六章)可见,柔弱象征着生命力,与坚强相比,它是最终的胜利者。

(三)保持观照:致虚守静,涤除玄览

在老子那里,"无为"并非止于一种哲学理念,同时也是一种求道方法。无为意味着,对"道"的了解,并不需要刻意地采取行动,而是消极被动地保持观照。在老子看来,静观玄览,是窥知宇宙万物之奥妙的法宝。求道者精神内守,保持觉知。眼虽视物,而不聚焦、不分别;耳虽听声,而不沉迷、不喜厌。首先,观察身体,观察呼吸,进而观察思想,观察情绪。最终,观察那个观察者,当意识"反观"到它自身,那么,观察者和被观察者都消失了,只剩下观察之心,亦即"觉知"本身,也就意味着回到了"一",回到了普遍性和整体性当中,而那个"有物混成,先天地生"的大道本身就是浑然一体的,它

[①] 意识在个体生命当中的体现,就是注意力。

非心非物，即心即物，心物一元，故曰"混成"，这是意识本身的状态。老子强调"致虚极，守静笃"（十六章），指出求道重在身体力行的实证功夫，贵在静观玄鉴的玄妙功夫。

一是致虚守静。老子强调宁静的重要性，在他看来，"静"是主宰和根本，"动"是现象或表象。"重为轻根，静为躁君"，厚重是轻率的根本，宁静是躁动的主宰。"躁胜寒，静胜热，清静为天下正"（四十五章），疾走可以克制寒冷，安静可以化解炎热，清静无为乃是天下的正道。老子强调："致虚极，守静笃，万物并作，吾以观其复。夫物芸芸，各复归其根。归根曰静，静曰复命。复命曰常，知常曰明。"（十六章）在老子看来，虚则心无污染，玄鉴清明；静则心无躁动，渊深含蓄。虚静乃是生命万物之根柢，它是万物的本来状态，也是大道的根本所在。致虚守静必须彻底，方能让意识达到完全的虚静状态。人之所以渴望宁静，是因为人的意识之本来状态就是宁静。在现实当中，人的意识被外物所惑，其本性被遮蔽，杂念纷飞，于是不再宁静。意识一旦被遮蔽，既无法看清自身的本性，也无法看清万物的本性。只有让意识回到本来的宁静状态，才能够照鉴世间万物，进而复归于自己的本性。

二是涤除玄览。老子说："涤除玄览，能无疵乎？"（十章）所谓玄览，指的是意识觉知到意识本身，这实际上是对意识的净化过程。王弼注云："玄，物之极也。言能涤除邪饰，至于极览，能不以物介其明，疵其神乎？则终与玄同也。"（《老子道德经注》）亦即通过清除内心污垢，使之清澈如镜，毫无瑕疵，当私欲净化，妄念全消，意识必然复归于本来之纯净状态。如庄子所说："水静犹明，而况精神！圣人之心静乎！天地之鉴也，万物之镜也。"（《庄子·天道》）水平静下来尚且清澄明澈，何况是人的精神！圣人的心境是如此虚空宁静，可以作为天地的明镜，可以作为万物的明镜。在老子看来，只有保持玄览，大道方能得以显现。在静观玄览当中，觉知将越来越多，意识越来越澄明，头脑也就越来越不活跃，思想越来越少，进而慢慢地回到了宁静的状态。老子说，"不出户，知天下；不窥牖，见天道"（四十七章），大道无所不在，求道者不必盲目向外追逐，通过自省，通过内观，不必远行，不必窥牖，只要心虚静明照，即可照现天下，体现天道，让一切自行显现。

上述可见，老子并不关心世俗层面的道德规范，而是重点教导人们放下执着，安住当下，静观玄览，进而认识那个"本来的自己"。在老子那里，所谓道德，指的是循道而行，即为有德。真正的良知（道德）并非来自外在的社会规范，而是源自内在的纯净意识。刻意培养道德并不会创造真正的道德，反而会让人变得更加虚伪，变得更加"自我"。老子坚信，"上善若水"，最高的"善"如同水一般，无心而为，自然而然。从根本意义上说，道德是意识的副产品，一个真正有道德的人不会刻意维护名誉，而是时时保持警觉（觉知）。当一个人变得越来越觉知，头脑将越来越清晰，意识将越来越澄明，如此，才能够让心灵来主宰头脑，从而成为自己行为的主人。意识一旦从昏沉当中清醒过来，那么，就无须别人来告诉你什么是道德的，什么是不道德的，具有觉知的意识会自行判断，做出恰当的反映，其行为必然是符合道德的。换言之，一个有觉知的人能够根据当下的状况来行动，而非参照那个固定的道德规范。在老子看来，一个"求道者"并不担心道德，而是顾虑觉知，因为，那份觉知会引领一个人所有的行为走向道德，而一个意识处在昏沉状态的人，即便刻意为善，也是出于对"自我"的维护，并无"功德"可言。[①] 正是在此意义上，老子说："故失道而后德，失德而后仁，失仁而后义，失义而后礼。夫礼者，忠信之薄而乱之首。"（三十八章）在老子看来，失去道之后才出现德，失去德之后才出现仁，失去仁之后才出现义，失去义之后才出现礼。礼标志着忠信的不足和混乱的开端。道、德、仁、义、礼五者，逐层下降，每况愈下，离大道越来越远。所以，老子认为"绝仁弃义"，反而"民复孝慈"（十九章）。在老子那里，结束自己意识的沉睡和昏昧状态，培养和发展

---

① 菩提达摩说梁武帝建寺斋僧并无功德，正是此意。《五灯会元》载：梁武帝问达摩大师："朕即位以来，造寺写经，度僧不可胜纪，有何功德？"祖曰："并无功德。"见普济《五灯会元》（上），中华书局1984年版，第43页。

自己的纯净意识，进而发现自己的本性，最终"复归于婴儿"，这是一个人最大的美德。①

综上可见，老子所有的言说，都指向那个"自我"。老子提倡无心、无为、无用，都是旨在消融"自我"。在老子看来，"知人者智，自知者明"（三十三章），"知人者"固然有"智"，但"自知者"方为"明"，若不"自知"，即为"无明"。老子认定，最终的"知"，乃是知"道"，也就是认识自己的本性，这是唯一的也是最终的智慧。"认识自己"意味着，识别并放下"自我"，最终消融"自我"，当"自我"被彻底消融，当个体性被彻底超越，那就是"我"真实所是的状态。换言之，"有我"就离道，"无我"则近道。可以说，《道德经》五千言，就是从不同的层面引导世人追问"我是谁"，进而发现自己的本性。需要强调的是，苏格拉底强调"认识自己"，更多地将其视为一种人生智慧，在他看来，拥有这种智慧的人不仅知道自己需要什么，什么对自己合适，而且还拥有鉴别别人的能力，可以劝导他人，以获得幸福，因而获得人们的赞扬和尊敬。而"那些不知道自己做什么的人们，他们选择错误，所尝试的事尽归失败，不仅在他们自己的事务中遭受损失和责难，而且还因此名誉扫地、遭人嘲笑、过着一种受人蔑视和揶揄的生活"②。而老子则将"发现自己"视为一种生命智慧。老子坚信，一旦真正认识了自己，亦即了悟大道，将揭开整个生命的奥秘，打开"玄之又玄"的"众妙之门"（一章）。在老子看来，"道"是不生不灭、恒常不变的，它"独立不改，周行而不殆"，认识自己、融入大道（一元性、普遍性、整体性的纯净意识之海洋），也就意味着超越了生死，获得了生命的永恒。

（原载《人文杂志》2020 年第 4 期，此版本有修改）

---

① 可见，老子并不反对道德，只是他对道德的界定不同于儒家。
② ［希腊］色诺芬：《回忆苏格拉底》，吴永泉译，商务印书馆 1984 年版，第 150 页。

一 章

道可道，非常道；名可名，非常名。无名，天地之始；有名，万物之母。故常无欲，以观其妙；常有欲，以观其徼。此两者，同出而异名，同谓之玄。玄之又玄，众妙之门。

【阐幽】

本章指出道真实存在但不可言说。

"道可道，非常道；名可名，非常名。" 能够用语言表达的道，就不是恒常的道。可以用名称界定的名，就不是恒久的名。在老子看来，"道"是唯一、绝对的，也是最终、最究竟的真理，而人类的语言是相对的、充满变化的，因此，永恒之"道"不可言说，不可概念化，因为它是绝对的究竟真实，不仅不可言说，甚至不可思议，不是能用言语表达的相对之物。道不可言说但真实存在。老子说："道之为物，惟恍惟惚。惚兮恍兮，其中有象；恍兮惚兮，其中有物。窈兮冥兮，其中有精；其精甚真；其中有信。"（二十一章）在此，"其中有象""其中有物""其中有精""其中有信"，都旨在说明"道"真实存在。既然真实存在，为何不可言说？原因就在于，大道"视之不见""听之不闻""搏之不得"（十四章），它是"无状之状，无物之象"，"迎之不见其首，随之不见其后"（十四章）。大道无形无相亦无名，瞻之在前，忽焉在后，仰之弥高，钻之弥坚，玄之又玄，它无法通过感官去把握，故而，"心可道其妙，而口难道其微"（《道德经心传》）。印度智者马哈拉吉也说："语言是头脑的工具，它由头脑创造，为头脑服务"[①]，"真理无法描述，但可以体验"[②]。这意味着，大道只可心领神会而难以言说。事实上，所有的智者都在传达相同的信息：求道者不要活在语言的世界里。

"**无名，天地之始；有名，万物之母。**"大道无形无相也没有名称，但它是形成天地的本始，透过概念获得区分性的认识，乃是创生万事万物的过程。印度智者马哈拉吉曾谈及语词的重要性："思想由生命元炁中升起，并将自己表达为语词。若是没有语词，世间任何的沟通交流都不可能进行。实际上，若是没有语词，世间根本不可能有任何的行动和活动，不可能有任何的'忙碌'。世间的日常运作，必须归功于词与名。无名，无以表征各人。所以说，词与名是极其重要的。于是人们开始忙着给万物命名；一切'事物'，但凡有可能，都给它加上一个名字，甚至连神都必须有名。"[③]

"**故常无欲，以观其妙；常有欲，以观其徼。**"在老子看来，"无欲"乃是认识大道的关键。河上公曰："人常能无欲，则可以观道之要；常有欲之人，可以观世俗之所归趣也。"（《老子道德经河上公章句》）一个人意识纯净、无欲无求，就能够看到大道所蕴含的奥妙；如果意识昏沉、欲望炽盛，那就只能看到有形相有踪迹的东西。庄子曾说："其嗜欲深者，其天机浅。"[④]（《庄子·大宗师》）这意味着，沉溺于欲望会蒙蔽智慧之眼。一个人的欲望越多，智慧就越少，反之，随着智慧的增长，欲望将会逐渐降低。唯有那些内心澄明、无欲无求之人，才

[①] ［印］室利·尼萨伽达塔·马哈拉吉：《我就是那》，陶张欢译，中国青年出版社2016年版，第50页。

[②] ［印］室利·尼萨伽达塔·马哈拉吉：《我就是那》，陶张欢译，中国青年出版社2016年版，第301页。

[③] ［印］室利·尼萨伽达塔·马哈拉吉：《我在》，鹏展译，中国青年出版社2016年版，第26页。

[④] 原文为："真人之息以踵，众人之息以喉。屈服者，其嗌言若哇。其耆欲深者，其天机浅。"其中，"耆"通"嗜"。

有可能认识、领略到大道的奥妙；若是不断地被欲望所诱惑，一个人势必内心迷乱、意识昏沉，他的生活只会充斥着冲突与斗争。

"此两者，同出而异名，同谓之玄。" "有"和"无"这两者，从根本上来说是相同的，只是称呼不同罢了。这玄秘而又幽深的大道，乃是一切奥妙之门径。河上公曰："两者，谓有欲无欲也。同出者，同出人心也。而异名者，所名各异也。名无欲者长存，名有欲者亡身也。"（《老子道德经河上公章句》）"两者"是指有欲和无欲，"同出"是指有欲和无欲同出于人的内心，"异名"是指有欲和无欲名称各不相同。那个无形无相的道是永恒长存的，而世间万物有其开始，就会有结束。

"玄之又玄，众妙之门。" 那个玄之又玄、深不可测的虚空之中，蕴藏着无限的生机和变化，万事万物及其运行变化莫不由此而生出，它是打开一切玄妙和奥秘的大门。

二 章

天下皆知美之为美，斯恶已；皆知善之为善，斯不善已。故有无相生，难易相成，长短相形，高下相倾，音声相和，前后相随。是以圣人处无为之事，行不言之教；万物作焉而不辞，生而不有，为而不恃，功成而弗居。夫唯弗居，是以不去。

【阐幽】

本章强调生而不有，为而不恃，功成弗居。

"**天下皆知美之为美，斯恶已；皆知善之为善，斯不善已。**"天下人都知道美之所以为美，它就不美了；都知道善之所以为善，它就不善了。憨山大师说："天下事物之理，若以大道而观，本无美与不美，善与不善之迹。良由人不知道，而起分别取舍好尚之心，故有美恶之名耳。然天下之人，但知适己意者为美。殊不知在我以为美，自彼观之，则又为不美矣。譬如西施颦美，东施爱而效之，其丑益甚。此所谓'知美之为美，斯恶已'。恶，丑也。又如比干，天下皆知为贤善也，纣执而杀之。后世效之以为忠，杀身而不悔。此所谓'知善之为善，斯不善已'。"（《道德经解》）天下的事物，本来无所谓美与丑、善与恶，世人相信自己的念头，把事物划分为对立的两面，将那些"适己意者"认为是美的。一旦天下人都知道美之所以为美，那么问题就随之而来了，人们唯恐自己不美，于是趋之若鹜，竞相效仿，雕琢而为，刻意求之，这就违背了自然之道。对于智者而言，没有分别取舍好尚之心，在他眼中，世间万物都各有其独特的美。宋常星说："大道之妙，美者贵乎藏，善者贵乎隐。譬如天地之化工，造物之神机，循环无端，无始无终，人不能知也。皆知之美、皆知之善，是已显著于形迹，人人欲得，事事安排。不知美之为美、善之为善，惟独自然，惟独无为。以皆知之美而为美，则暴于外而未必有公物之实，焉得不谓之恶乎？以皆知之善而为善，则炫于迹而未必有真诚之念，焉得不谓之恶乎？焉得不谓之不善乎？"（《道德经讲义》）最美的事物，往往并不知道自己是美的，那是真正的美——自然之美；最高的善行，往往并没有意识到自己在行善，那是真正的善——无心之善。

"故有无相生，难易相成，长短相形，高下相倾，音声相和，前后相随。" 有与无相互化生，难与易相互成就，长与短相互比较，高与下相互倾向，音与声相互呼应，前与后相互跟随。《周易·系辞上》中说，"一阴一阳之谓道"，这意味着，尽管大道是整体性的，但现象世界是二元性的，它表现为二元对立、彼此冲突，有美有丑、有善有恶，有好有坏，有难有易，有高有低，有贵有贱。阴与阳实际上也是一种相互依存、相互补充的关系，如同一枚硬币的两个面。每种事物都和其他的事物一起存在，每种事物之间都是相互牵连的。正如"贵以贱为本，高以下为基"（三十九章），一切事物都是在相反关系当中显现其相成的作用；它们相互对立又相互依赖，相互制约又相互补充。世间万物（包括生命）就是透过对立统一而存在的。事物看上去是二元对立的，充满了矛盾，但并非真的彼此对立，而是互相依存、相互补充。① 以人际关系为例，一个人如果拒绝对立面，排斥和打击竞争者，想要称霸，独步天

---

① 在古人看来，肉体与精神之关系就是如此，所以古代中医强调"形与神俱"："上古之人，其知道者，法于阴阳，和于术数，食饮有节，起居有常，不妄作劳。故能形与神俱，而尽终其天年，度百岁乃去。"（《黄帝内经·上古天真论篇第一》）。传统道家也讲究性命双修："只修性，不修命，此是修行第一病。只修祖性不修丹，万劫阴灵难入圣。达命宗，迷祖性，怕似鉴容无宝镜。寿同天地一愚夫，权握家财无主柄。性命双修元又元，海底法波驾法船。"（吕洞宾：《敲爻歌》）

二章

下，他可能变得很强大、很完美，但这必定是一种假象，他会错过很多更重要的东西，同时难以长久，因为，阴阳之间永远处于一种消长关系当中，正所谓"孤阴不生，独阳不长"，"阳尽了就成阴，阴尽了就成阳"（《红楼梦》第三十一回）。一个人若能通晓此理，就会懂得接受，允许对立面的存在。有道之人没有分别心、对立心，他不与自然规律作对，而是懂得顺道而行、保持接受，允许一切如其所是。王阳明曾说："天地生意，花草一般，何曾有善恶之分？子欲观花，则以花为善，以草为恶；如欲用草时，复以草为善矣。此等善恶，皆由汝心好恶所生，故知是错。"（《传习录》）世间万事万物，自然存在，本无善恶之分，是人的头脑区分善恶并将其对立起来。有道之人超越了头脑的限制，故而能够看到事物的统一性。总之，愚者强化对立，智者看到统一。

"是以圣人处无为之事，行不言之教；万物作焉而不辞，生而不有，为而不恃，功成而弗居。夫唯弗居，是以不去。" 有道的圣人像天地那样，以无为之心来处理世事，实行不言的教化；让万物兴起而不加干涉，让万物生成而不加占有，有所施为但不自恃其能，成就事业但不居功自傲。有道之人明晓天地万物之理，深知自然运化之机，从而超越主观的执着，以无为之心处世，以静默不言行教。在日常交往中，一些人对于其施有恩惠之人，口口表白，念念不忘，希望对方感恩戴德。恰恰相反，"道所施为，不恃望其报也"（《老子道德经河上公章句》），"德与天齐，不求其报"（《道德真经广圣义》），大道对万物有所施予，但无施恩之心，也不图回报。有道之人不居功自傲，反而他的功劳不会被泯没。

老子主张"生而不有，为而不恃，功成而弗居"。人为何会想要"有""恃""居"？因为人有贪欲、有执念。不有、不恃、不居，意味着，只是去爱，而非占有。爱孩子，但不要占有他们，爱妻子或者丈夫，但不要占有他们。老子说："为者败之，执者失之"（二十九章），佛家也讲有求皆苦，有执皆妄。通常的情况是，刻意为之，往往弄巧成拙，所求不遂，容易心生烦恼。事实上，有为、有执、有求，俱属人为造作，有道之人保持清静无为，不有、不恃、不居，最终反而能有、能恃、能居。倘若一个人只是保持无为，他没有索求过任何东西，也没有试图以任何方式获得成功，更没有为实现任何野心而奋斗，但在生命的某个时刻，会突然发现一切都被实现了——生命本身会来到他的身边，分享它的秘密与财富。这意味着，当一个人保持空然无己，生命将为其注入源源活水。

二章

三　章

不尚贤，使民不争；不贵难得之货，使民不为盗；不见可欲，使民心不乱。是以圣人之治，虚其心，实其腹，弱其志，强其骨。常使民无知无欲，使夫智者不敢为也。为无为，则无不治。

【阐幽】

本章讲述圣人无为之治。

"不尚贤，使民不争；不贵难得之货，使民不为盗；不见可欲，使民心不乱。" 不标榜世俗的贤能，人们就不会热衷于争夺功名；不推崇难得之物品，人们就不会产生偷盗之心；不显耀可勾起欲望的事物，人心就不会陷入迷乱。老子主张有道者秉持"三不主义"：不尚、不贵、不见，于贤能之人"不尚"，于难得之货"不贵"，于可欲之物"不见"，从而使民"不争""不为盗""心不乱"。唯有如此，方能不失本性，不迷本真，不为情牵，不随物转，面对纷乱复杂的外在世界而保持内心的宁静。

庄子尝言："以道观之，物无贵贱；以物观之，自贵而相贱。"（《庄子·秋水》）文子也讲："天下之物，无贵无贱。因其所贵而贵之，物无不贵，因其所贱而贱之，物无不贱。"（《文子·自然》）在智者眼中，世间万物本无贵贱好恶之别，一切皆自然而然、是其所是。老子指出，正是对于某种价值的推崇和标榜，导致社会中的"争""盗""乱"。贤名、货利、贪欲，此三者乃是惑乱人心的祸根，是伐性之斧，乱世之端，不断引发人们的争、盗、乱。《荀子·君道》中讲："楚庄王好细腰，故朝有饿人。"《淮南子·主术训》也讲："（楚）灵王好细腰，而民有杀食自饥也；越王好勇，而民处危争死。"历史与现实已反复证明，若有意标榜贤能，必涌现投机之人，人们于是争名逐利而不务实际，最终流于虚名，浪费生命，危害社会；若推崇难得之货，必引发人们的贪欲，促使一部分人铤而走险，以至于道德失范，社会混乱；若热衷选美活动，必定诱惑人心，促使一些人浓妆艳抹，卖弄媚姿，以至于触人邪念，诱人妄行。总之，"为政者若彰荣华、显富贵、扬盛名、倡奢靡，亦会惑乱民心，上行下效，弊病四起，紊乱纲纪，国政腐败"[1]。

"是以圣人之治，虚其心，实其腹，弱其志，强其骨。" 圣人关于治理的主张是：减少百姓的欲望，使其避免深陷欲望的泥潭；填饱百姓的肚腹，使其免于忍饥挨饿；削弱百姓的执念，使其远离利益的争纷；强化民众的筋骨，使其保持身强体壮。河上公解释说，所谓"虚其心"就是"除嗜欲，去烦乱"，亦即清心寡欲，心外无慕，保持内心的纯净；所谓"实其腹"，就是"怀道抱一，守五神也"，亦即安于腹中温饱，养护精气神，保持身心的和谐；所谓"弱其志"，就是"和柔谦让，不处权也"，亦即去除世俗的争斗之志，保持意志的柔和；所谓"强其骨"，就是"爱精重施，髓满骨坚"（《老子道德经河上公章句》），亦即爱精惜气，筋骨强盛，保持能量的充盈。

"常使民无知无欲。" 圣人常使民众没有狡知，没有贪欲。所谓无知，并非漠视和反对一切真知灼见，而是去除世俗的妄知谬见，消解巧伪的心智。在老子看来，无知易治，偏见难医；从迷转悟难，执悟成迷，病最难医。萧天石说："世间人无论圣凡，名利欲三关，尚较易打破，惟知见一关，最难打破。自少至老，无不在知见上用，亦无不为知见所惑，

---

[1] 任法融：《道德经释义》，东方出版社2012年版，第17页。

为知见所役。"[①] 在老子看来，唯有认识自己，与道合一，方为真知。老子说"知常曰明"，亦即明于天之道、地之道、人之道，而最根本的，就是认识自己。可见，老子所说的无知乃是知见的消除。所谓无欲，是指知足知止，无有贪欲，保持淳朴的自然之性。《庄子·逍遥游》讲"鹪鹩巢于深林，不过一枝；偃鼠饮河，不过满腹"，这是一种不占有的、合于自然的生存状态。"常使民无知无欲"意味着，知见和欲望是修行的根本障碍，去除可欲之欲，摒弃妄知妄见，乃是釜底抽薪之法。倘能如此，则返于自然，合于大道矣。

"**使夫智者不敢为也。**"圣人使那些自作聪明者不敢妄为。老子所说的"智者"非真正的智者，而是那些掌握奇技淫巧、看上去聪明的人，他们活在头脑当中、被头脑所主宰，这种人自恃聪明，实则毫无智慧。真正的智者是有道之人，他们保持自然无为，但并非消极无为、无所事事、无所作为，而是尊重客观规律，遵循自然法则，以无为之心应对世间之事。有道之人"虚其心""实其腹""弱其志""强其骨"，其结果就是：无知、无欲、无为，这是心灵主宰头脑的状态。有道之人看上去蒙昧无知，实则大智若愚。修道就是意味着成为头脑机制的主人，保持不被头脑所欺骗，"使夫智者不敢为也"。

"**为无为，则无不治。**"只要遵循无为之道，放下"做者"身份，那么所有的事情都将自然而然地运行，没有不能应对的。"无为"意味着，允许一切自然而然地发生，你不需要做任何事情，但也不要去阻碍它。在老子看来，世俗之人都想要有为，但最终的结果往往是"为者败之，执者失之"（二十九章）；有道之人保持无为，但最终的结果往往是，"无为而无不为"（四十八章）。"为无为"就是顺应天道，让事情自动发生，那么，一切都将运行完美。具体而言，就是不争、不积、不辩，那么，最终的结果就是"夫唯不争，故天下莫能与之争"（二十二章），"圣人不积，既以为人己愈有，既以与人己愈多"（八十一章），"不争而善胜，不言而善应，不召而自来，繟然而善谋"

[①] 萧天石：《道德经圣解》，华夏出版 2007 年版，第 88 页。

（七十三章）。

　　总之，老子反对世俗的狡知、贪欲、妄为，提倡合于大道的无知、无欲、无为。

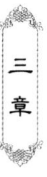

四章

道，冲而用之，或不盈。渊兮，似万物之宗。挫其锐，解其纷，和其光，同其尘。湛兮，似或存。吾不知谁之子，象帝之先。

【阐幽】

本章阐发大道之体用微妙，不可测度。

"道，冲而用之，或不盈。" 大道无形无相、无边无际，它不断更新、不断展现，故而其功用也无有穷尽，可以说取之不尽、用之不竭。"冲"的本义是指水流涌动或交通要道，在此指中虚、空虚。关于"不盈"，《周易·坎卦·象传》中说："水流而不盈。"在老子看来，大道冲而不盈，它虽然充满于万物当中，但不会溢出。世间万物皆由道而生、由道而成，万事万物都在表达道、指示道，宇宙万有全部入于道、归于道。大道之所以能够"用之不足既"（三十五章），恰恰是由于其中虚、空虚之本质。一个事物如果能够被填满，那就说明它是有形的、有限的存在，然而，天下万物皆在道中，也不可能将道填满，正因如此，才显示出大道无限的存在与无穷的功用。"道，冲而用之，或不盈"，也意味着，大道乃是万物之本体，以万物为其功用，并没有舍弃万物而独存的道。

"渊兮，似万物之宗。" 大道如同巨渊那样，是如此幽深，如此深厚，遥不见底，不可测度，似乎是万事万物的宗主、造化万物的根本！每一个人都生于道、死于道，却难以认识道的全部。人只能认识万物之间的关系，但不能认识物与道的关系。对于人而言，道是一切的源头，也是无穷的奥秘。老子说"似"，而非"是"，意味着，"道可道，非常道"（一章），用语言来描述大道，难以做到精准明晰，故而，不必执着于名相，不必拘泥于概念。更为重要的是，透过这些文字的描述，去体悟大道、亲证大道。

"挫其锐，解其纷，和其光，同其尘。"塞住嗜欲的孔窍，关闭心灵的门扉；锉钝外露的锋芒，消解可能的纷争；融和内在的光芒，混同于尘俗之中。应为错简，详见五十六章解读。

"湛兮，似或存。"大道幽深无边、湛然安静，宛如清澈的水底深处，似无又似有，若隐又若现。正如老子所描述的那样："绳绳不可名，复归于无物。是谓无状之状，无物之象，是谓惚恍。"（十四章）道并非某个实际可见的东西，它的体是空虚的，"绳绳不可名，复归于无物"，所以老子说它"湛兮"；大道恍惚窈冥，若隐若现，但"其中有象""其中有物""其中有精""其中有信"（二十一章），所以老子说它"似或存"。

"吾不知谁之子，象帝之先。"我不知道它来自何处，生于何时，但它必定存在于天帝出现之前。在老子看来，"有物混成，先天地生"（二十五章），道是万事万物的始源，它先于天帝的存在。河上公说："道自在天帝之前，此言道乃先天地之生也。至今在者，以能安静湛然，不劳烦欲使人修身法道。"（《老子道德经河上公章句》）在天帝之前，大道就已经存在了，至今依然存在，安然寂静而又幽远，它看上去如此不辞烦劳，旨在让人修身养性、效法大道。正如镜面与影像之间的关系，影像在镜面当中显现，影像来来去去，镜面保持不变；又如天空与乌云之间的关系，乌云在天空当中浮现，乌云来来往往，而天空独立长存。道和世间万物之间的关系就是如此，在大道的背景下，世间万物才得以显现和运作，倘若没有大道，一切都没有可能。尽管大道是万物之源头，但二者并非一般所谓先后、产生与被产生的关系。

它是一种了解，道就在事物之中。大道虽是万物之源头，却是事物背后的基础，是事物背后的共同性。守住源头，就是守住大道；记住背景，就是处在道中。对于有道之人而言，尽管情绪起起伏伏，思想来来去去，但意识的天空始终保持不变，它如如不动。

五 章

天地不仁，以万物为刍狗；圣人不仁，以百姓为刍狗。天地之间，其犹橐龠乎？虚而不屈，动而愈出。多言数穷，不如守中。

【阐幽】

本章"言天地之道，以无心而成物；圣人之道，以忘言而体玄"（《道德经解》）。

老子曾说："人法地，地法天，天法道，道法自然。"（二十五章）道究竟如何效法自然？在此章，老子给出了答案。

"天地不仁，以万物为刍狗；圣人不仁，以百姓为刍狗。" 天地无所偏爱，任凭万物自然生长；圣人无所偏爱，任凭百姓自己发展。在老子看来，万物皆是因道而生，因道而灭，生而称"有"，灭而称"无"。天地间万物就像祭祀中的"刍狗"一样，都是自然的、偶然的、暂时的存在，并非天地有意为之。某物之生并非出于天地之喜爱，某物之亡亦非出于天地之厌恶。春生夏长、秋收冬藏、寒来暑往、温凉交替，天地不以春生为喜，不以秋杀为忧，一切皆自然而然，这就叫做"道法自然"。同理，社会中的三教九流、士农工商也是应时而生，应时而亡，并非圣人执意为之。事实上，天地自然而无为，让万物自生自灭，圣人"虽爱而无心"（《道德经解》），让百姓自在自为。可见，"天地不仁"，就是天地"无为"，万物得以含育化生;"圣人不仁",就是圣人"无为",百姓得以安居乐业。正因如此,庄子说:"大仁不仁"(《庄子·齐物论》),"至仁无亲"(《庄子·天运》)。换言之,天地和圣人看上去"不仁",实则是"大仁""至仁"。

"天地之间,其犹橐龠乎?虚而不屈,动而愈出。"天地之间,难道不像一个巨大的风箱吗?它空虚而不枯竭,如同风箱那样,一推一拉,一呼一吸,循环运动,生生不息,这就是天地之间空虚的作用。在老子看来,就像拉风箱那样,愈是不断推拉,风量就愈大,人越是保持虚静自然,能量就越充盈。河上公曰:"天地之间空虚,和气流行,故万物自生。人能除情欲,节滋味,清五藏,则神明居之也。"(《老子道德经河上公章句》)天地之间中和之气流行,万物得以生生不息。修道者若能消除情欲的干扰,调和食物之五味,不断地清理身体的五脏,心灵也将自然而然地趋于宁静。

"多言数穷,不如守中。"老子指出,多言属于有为,容易导致心神外驰,因为它违反了自然之道。言语一旦过多,容易耗气劳神,还不如持守虚静。河上公曰:"多事害神,多言害身,口开舌举,必有祸患",因此,"不如守德于中,养育精神,爱气希言"(《老子道德经河上公章句》)。在古代智者看来,很多的交谈是多余的,很多的事情是不必要做的,很多的东西是可有可无的。事实上,我们一直在为琐事操心,正是那些并不必要的言谈,无关紧要的事情,可有可无的东西,占用了我们大量的时间,分散了我们太多的注意力。人的心灵如同行囊,一旦被无关轻重的事物所占据,就会错过那些更为重要的东西。老子主张,不如清静无为,默默离言,保持觉知,记住"我在"[①],进而归于自己的中心。

[①] 在老子那里,"道",相当于现代语境中的"意识",但并非指思想意识,而是意识本身,它在个体生命当中体现为"知觉""注意力"或"我在"。

六　章

谷神不死，是谓玄牝。玄牝之门，是谓天地根。绵绵若存，用之不勤。

【阐幽】

本章讲述修道的问题。

大道"先天地生""象帝之先"，它深藏若谷，神妙莫测。大道本身是不可见和不可言说的，山谷和玄牝则是可见和可言说的。老子以山谷和玄牝为喻来描述大道，使不可见的变成可见的，使不可言说的变成可言说的。

"谷神不死。" 谷神就是意识[①]，道家称之为元神、元性。意识如同山谷幽泉那样，汩汩涌出，源源不断。李涵虚在《东来正义》一书中说："谷神者，元性也，谷以喻虚，神以喻灵，性体虚灵则不昧，不昧者即不死也。"人若能常处在虚静当中，性体虚灵不昧，则元神不死。河上公解释说："谷，养也，人能养神则不死也。神，谓五脏之神也。肝藏魂，肺藏魄，心藏神，肾藏精，脾藏志，五脏尽伤则五神去矣。"（《老子道德经河上公章句》）在他看来，谷是养育的意思，人若能养护

[①] 指的是意识本身，而非身体意识或思想意识，在道教文献中，又称之为"元神""元性""真性"。

自己的元神，就可以长生不死。神是指五脏中的神。魂藏于肝中，魄藏于肺中，神藏于心中，精藏于肾中，志藏于脾中，如果人的五脏都受伤，那么五脏之神就会离开。这意味着，人若能养护内在的精神，也就是恒常记住"我在"，就不会经历真正意义上的死亡。尽管身体终将消亡，但是，作为背景和基石的意识（元神），并不会随之而消亡，它是长存不灭、永恒不变的，正如马哈拉吉所言："无论身体在或不在，你总是在的；你的存在是永恒的。"[①]

"是谓玄牝。" 所谓玄牝，就是玄虚神秘的雌性之物。严遵在《老子旨归》中说："牝以慈柔而能生，玄犹幽远而不见，虽子物如母，莫睹其形。"[②] 母性由于雌下柔弱而能生育，玄门仿佛幽深辽远而不可见，虽然养育万物如同母亲，却没有人看见她的形体。河上公解释说："玄，天也，于人为鼻。牝，地也，于人为口。天食人以五气，从鼻入藏于心。五气轻微，为精、神、聪、明、音声五性。其鬼曰魂，魂者雄也，主出入人鼻，与天通，故鼻为玄也。地食人以五味，从口入藏于胃。五味浊辱，为形、骸、骨、肉、血、脉六情。其鬼曰魄，魄者雌也，主出入人口，与地通，故口为牝也。"（《老子道德经河上公章句》）在他看来，所谓"玄"，就是指天，在人则代表鼻。"牝"是指地，在人则代表口。上天赐予人五行之气，先从鼻孔进入，然后藏于心中。五行之气清灵微妙，化为精、神、聪、明、音声五种特性。其精灵为魂，魂为雄性，主要是从鼻孔出入人体，与上天之能量相通，故而将鼻称作为"玄关"。大地赐予人五味之食，从人的口进入胃脏，五味在本质上是污浊的，形成人体的形、骸、骨、肉、血、脉六种情形。大地的精灵为魄，魄为雌性，主要通过人的口腔出入人体，与大地之能量相通，故而将口称作为"牝"。

"玄牝之门，是谓天地根。" "牝"是指雌性、阴性或母性。《说文解字》曰："牝，畜母也。"所谓"玄牝之门"，就是玄虚神秘的雌性之

---

① ［印］室利·尼萨伽达塔·马哈拉吉：《我在》，鹏展译，中国青年出版社2016年版，第77页。
② 此句出自唐强思其《道德真经玄德纂疏》引。

物或者说阴性能量，它是天地万物的母亲或者说总根源。一切生命都是通过这道玄妙的母性之门而来。玄牝乃是我们的生命之门、生命之源，天地万物的生化绵延皆赖于此。河上公将其解释为口鼻："根，元也。言鼻口之门，是乃通天地之元气所从往来也。"（《老子道德经河上公章句》）在他看来，我们用来吐纳呼吸的口鼻，乃是天地间的元气与玄妙的母性之门相沟通交流的关键之处。

"绵绵若存，用之不勤。" 意识绵绵不绝，似有若无，但其作用无穷无尽。老子用"绵绵"来描述"道"生万物的变幻莫测、生生不已，其变化永不停歇。河上公解释说："绵绵若存"是指"鼻口呼噏喘息，当绵绵微妙，若可存，复若无有。"（《老子道德经河上公章句》）修道者静坐之后，呼吸逐渐平静，绵长细微，将呼吸之气调整到匀、细、深、长，绵绵不断、若存若忘、若有若无的状态。"用之不勤"是指"用气当宽舒，不当急疾勤劳也"（《老子道德经河上公章句》）。呼吸若处在舒缓自然的状态，则无须任何的刻意和努力。倘若用之太勤，亦即多用、常用、久用，便违反了"绵绵若存"之绵密妙用，必使利刃变为钝铁，既耗费精神，又损害健康。"绵绵若存，用之不勤"意味着，随着呼吸的绵密细长，思想逐渐减少，内心趋于宁静。

六章

七 章

天长地久。天地之所以能长且久者,以其不自生也,故能长生。是以圣人退其身而身先,外其身而身存。非以其无私欤?故能成其私。

【阐幽】

本章论述"天长地久"。

"**天长地久。天地之所以能长且久者,以其不自生也,故能长生。**"天能长生,地能长久,是指人的本性(意识)不生不灭,永恒不变。天地何以既长且久呢?乃是因为它的一切运作都不为自己,它没有追求自身永存这样的念头,所以能够长久。正是由于"地法天,天法道,道法自然"(二十五章),天地无私、天地不仁、天地自然,它自然而然,没有私欲,无心于自己的生存延续,而是自然地运转,因此能够长存。就个体生命而言,"以其不求生,故能长生不终也"(《老子道德经河上公章句》),一个人求生欲越强,恐惧就越深,越是过分地追求生,越是容易走向衰败乃至毁灭之路。相反,一个人不刻意去求生,只是与大道融为一体,将整个身心托付于自然的流动当中,反而能够保持健康甚至长生久视。

"**是以圣人退其身而身先,外其身而身存。**"故而圣人总是退居他人之后,遇事谦退无争,反而能够领导众人;他从不考虑自身安危,凡事薄己而厚人，反而能够保全自身。换言之，退其身、外其身，反而能够身先、身存。原因在于，圣人效法天地，没有私欲，不为自己，唯有不争、不贪，方能知退、能退，如水之"处众人之所恶"（八章），"欲先民，必以身后之""天下乐推而不厌"（六十六章）。正因如此，老子将"不敢为天下先"（六十七章）视为"三宝"之一。实际上，有道之人并不是真不敢为天下先，而是通达宇宙人生的奥秘之后，懂得不必为天下先，也不屑于为天下先。

"非以其无私欤？故能成其私。" 不正是由于他无私吗？这反而能够成就自我。张载曰："乾称父，坤称母。予兹藐焉，乃混然中处。故天地之塞，吾其体；天地之帅，吾其性。民，吾同胞；物，吾与也。"（《西铭》）既然如此，何"私"之有？在老子看来，只有无私，才能成其私。唯其无私，方能不仁，而以万物、百姓为刍狗，且亦以功名利禄、声色犬马以及自身为刍狗；唯其无私，方能不自生，而天长地久；唯其无私，方能退身外身，而身先身存，以成其私。"老子无私之教，是修真成圣的不二法门，是修炼大道的无上心法，是开启众妙之门的金钥匙，是至为玄妙深奥的心灵辩证法。"①

老子在此章揭示了一个"悖论"："无己"（无我）才"有己"（有我）。只有顺应自然之道，不执着于"小我"，方能复归于"大我"，倘若违背自然之道，时时有我，处处为我，那个"大我"反而被遮蔽起来了。在老子看来，求道修道之关键，在于无私无为，私心不见，道心方明，只有无为不争，则天下莫能与之争。然而，遗憾的是，"吾言甚易知，甚易行，而天下莫能知，莫能行"（七十章）。

---

① 黄友敬：《老子传真》，（香港）儒商出版社2003年版，第59页。

八　章

上善若水。水善利万物而不争，处众人之所恶，故几于道。居善地，心善渊，与善仁，言善信，正善治，事善能，动善时。夫唯不争，故无尤。

【阐幽】

此章以水喻道，强调不争之德。

"上善若水。水善利万物而不争，处众人之所恶，故几于道。" 最高的善如同水那样。水善于滋养万物而不跟它们争功，流淌于人们所厌恶的地方，因此，在世间万物当中，水的特性和品质，与大道最为接近。

其一，无处不在，极为寻常。在自然界，水是最为常见之物，几乎无处不在，它普普通通，极为寻常，又至为重要。水是生命之源，如若离开水的滋养，人类将无法生存。大道亦然，道无处不在，至朴至简，但须臾不可离，可离则非道。

其二，禀性柔弱，随物赋形。水禀性柔弱，习惯于流向低处，甘于卑下，它没有特定的形状，遇方则方，遇圆则圆，不会固执于某一种形状。意识如同自然界的水那样，不具有任何自己的形式，但是，无论它经验到什么，就变得和那个相同，并且相信自己是那个形式。

意识处在任何形体当中，就立即与其发生认同，诸如，意识在人的身体里面，就认同自己是人，意识在猫的身体里面，就认同自己是只猫。

其三，无心无为，保持接受。水无心无为，自然而然，它滋养万物而无所取，无心无为亦无争，这与大道的性质是极为相似的，所以老子说它"几于道"。真正的智者如同水一般，无心无为，不贪不争，保持接受，安住当下。

老子之所以将大道比喻为水，还有一个重要原因，那就是水具有变化和提升的可能性。水在常温下是液态的，这是它的常态，但是，水在特定的低温条件下，可能成为固体亦即冰的形态，水在特定的高温条件下，可能变为气态，甚至消失不见。同样，意识（体现为心灵品质）在特定的条件下，也具有变化和提升的可能性，这恰恰使求道修道得以可能。经过恰当的训练，凡夫俗子也具有成圣成贤的可能性。正因如此，老子提倡，求道者要善于向水学习，并将它贯穿到自己的生活、思想和言说中去，如此，才能善行、善思、善言。

老子阐述了有道之人（上善之人）具备的七种品质：

"**居善地**。"居住要善于选择佳地。何为"善地"？"众人之所恶"也。在此，老子以众恶为善地，正所谓"反者道之动"（四十章）。众人好高而恶下，水独处之；众人好洁而恶污，水独居之。水，不趋众人所好，不避众人所恶，存真守己，特立独行，不失其所。正如《中庸》所言"君子素其位而行，不愿乎其外"，君子懂得顺乎自己的本性，不企慕本然之性以外的东西。

"**心善渊**。"心神要善于保持沉静。人心易受外境所惑，往往躁动不安，水则清澈湛然，可鉴万物。上善之人，懂得顺从自己的本性，不以众人之好恶为行为的根据，虚其心，弱其志，不向外驰求，尤其不心猿意马，不汲汲于功名利禄，不耿耿于进退得失，故而，其心境总是虚静深沉。陶渊明在《饮酒诗》中写道："结庐在人境，而无车马喧；问君何能尔，心远地自偏。"

"**与善仁**。"待人要善于秉持仁爱。上善之人懂得择善而交，同时施恩无图报之念，也无邀誉之心。当我们的能量处在某种状态的时候，就会感召到相近能量状态的人，当我们的心灵品质处在某种阶段的时候，才能够理解那些处在相近心灵品质的人，否则，人与人之间，冲突、斗争和分歧永远是主流，真正的理解是很难发生的，正所谓"朝菌不知晦朔，蟪蛄不知春秋"（《庄子·逍遥游》）。

"言善信。" 言说要善于恪守诚信。上善之人"言有宗，事有君"（七十章），"善言者无瑕谪"（二十七章），他的言论有根有据，无有瑕疵。实际上，儒家也提倡："多闻阙疑，慎言其余，则寡尤；多见阙殆，慎行其余，则寡悔。言寡尤，行寡悔，禄在其中矣。"（《论语·为政》）

"正善治。" 为政要善于治理。上善之人，清静无为，公正无私，"清静为天下正"（四十五章）。所谓善治，就是"圣人之治"，亦即"虚其心，实其腹，弱其志，强其骨。常使民无知无欲，使夫智者不敢为也。为无为，则无不治"（三章）。所谓善治，就是"无为之治"，亦即"我无为而民自化，我好静而民自正，我无事而民自富，我无欲而民自朴"（五十七章）。

"事善能。" 做事要善于发挥长处。水之品质，随方就圆，随物赋形，不执于一，与物无争。老子说："夫唯道善贷且成"（四十一章），上善之人，唯道是从，知常御变，知和御偏，知己自胜，知人善任，应变得当，进退有据，攻无不克，最终"功成事遂，百姓皆谓：我自然"（十七章），故曰"事善能"。

"动善时。" 行动要善于把握时机。顺自然而行则适时，不顺自然而行则违时。不当行而行是强行，当行而不行是强止，强行强止都是"执"，都是"争"，都违反了自然，因此皆有过失。王阳明说："不当行而行，与当行而不行，其为取辱一也。"（《答毛宪副〈戊辰〉》）[①]之所以取辱，就是因为行止不合于时，不能顺应自然。水既不强行其所不行，也不强止其所不止，"时止则止，时行则行，动静不失其时，其道光明"（《周易·艮·彖传》）。

上述七者，皆取法于水，所谓"七善"：一居，二心，三与，四

[①] 见《王阳明全集》（中册）卷二十一，上海古籍出版社2012年版，第660页。

言，五治，六事，七动，而以"善"字贯彻始终，实为对"上善若水"全面而深刻的揭示。

"夫唯不争，故无尤。" 正是因其无为不争的美德，故而不会招致任何的怨咎。就个体生命而言，每个人都有自己的人生剧本，成败得失，祸福荣辱，有它自己的节奏，在本质上与他人无关（只是看上去有关）。"夫唯不争，故无尤"，一个人没有争贪之心，自然也就没有烦恼。

总之，"上善若水"的核心在于无为不争。在现代社会，一些人坚持用错误的理念来指导自己的人生，诸如，一个人越是努力就越有可能成功；成功是通过与他人竞争获得的；牺牲今天能够换取明天的幸福。这就导致很多人尤其是年轻人陷入盲目的攀比当中，陷入盲目的努力当中，陷入盲目的焦虑当中。事实上，成功取决于多方面的因素，它并不完全取决于主观意愿和努力程度。人们不得不面对这样一个残酷的事实：在这一生当中，很多的努力实际上毫无价值，很多的抗争注定了会以失败告终。人生的成败得失，有自己的节奏，有自己的韵律，它会如期而至，也将如期离去。所以，它会来，它会走，这是人生的常态；让它来，让它走，这是智者的心态。

九 章

持而盈之，不如其已。揣而锐之，不可长保。金玉满堂，莫之能守。富贵而骄，自遗其咎。功遂身退，天之道也！

【阐幽】

本章讲述知足知止、功成身退的人生智慧。

"持而盈之，不如其已。揣而锐之，不可长保。" 与其执持盈满，不如适时停止；如果显露锋芒，锐势难保长久。世间一切事物，都处在运动变化之中，物极必反、否极泰来，是事物发展的必然规律，凡事刻意执求盈满极致，其结果往往适得其反。老子所说的"持而盈之，不如其已。揣而锐之，不可长保"就是阐述此平衡法则。《周易·乾卦》从"初九"之"潜龙勿用"，到"九五"之"飞龙在天"，渐至"佳"境，如果不知持满，继续上进，到了"上九"，便成为"亢龙"。《周易·乾·文言》："亢之为言也，知进而不知退，知存而不知亡，知得而不知丧。""亢"已到达极点，若进而不止，则会导致"凶"，所以说"亢龙有悔"。唯有知止，方能"无咎"；唯有知足，方为富足。正因如此，"知进退存亡而不失其正者，其唯圣人乎"（《周易·乾·文言》）。[①]

[①] 憨山大师在《醒世歌》中也说过，"从来硬弩弦先断，每见刚刀口易伤"。

"金玉满堂，莫之能守。富贵而骄，自遗其咎。" 金玉满堂，无法守藏；富贵而骄，自取祸患。关于"金玉满堂，莫之能守"，《红楼梦》中有精彩的论述："陋室空堂，当年笏满床；衰草枯杨，曾为歌舞场。蛛丝儿结满雕梁，绿纱今又糊在蓬窗上。说什么脂正浓、粉正香，如何两鬓又成霜？昨日黄土垅头送白骨，今宵红绡帐底卧鸳鸯。金满箱，银满箱，转眼乞丐人皆谤。正叹他人命不长，哪知自己归来丧！训有方，保不定日后做强梁；择膏粱，谁承望流落在烟花巷！因嫌纱帽小，致使锁枷扛；昨怜破袄寒，今嫌紫蟒长。乱烘烘你方唱罢我登场，反认他乡是故乡。甚荒唐，到头来都是为他人作嫁衣裳。"（《红楼梦》第一回）

老子尝言："祸莫大于不知足，咎莫大于欲得。"（四十六章）世人被永无止境的欲望所惑，知进而不知退、善争而不善让，其结果就是招致祸害。历史已反复证明，富贵而骄，往往自取祸患，如秦朝宰相李斯，集富贵功名于一身，显赫不可一世，然而最终却沦为阶下囚。在刑场，他与儿子相遇，父子抱头痛哭，李斯对儿子说："吾欲与若复牵黄犬，俱出上蔡东门逐狡兔，岂可得乎？"①（《史记·李斯列传》）事实上，唯有智者知止知退。庄子就深知贪慕功名富贵的后果，当楚国的国王要聘请他去做宰相的时候，他如此回答使者："千金，重利；卿相，尊位也。子独不见郊祭之牺牛乎？养食之数岁，衣以文绣，以入大庙。当是之时，虽欲为孤豚，岂可得乎？子亟去，无污我。我宁游戏污渎之中自快，无为有国者所羁，终身不仕，以快吾志焉。"（《史记·老子伯夷列传》）

"功遂身退，天之道也！" 功成名就之后，含藏收敛，谦逊而退，方合于自然之道。既然万事万物都是过犹不及，那么，有道之人自然要懂得守持中道，功遂身退，避免咎祸。老子所说的"身退"，指的是事情完成之后，不会居功自傲、自伐自矜，而是保持谦逊、知止知退。真正的智者，内心深知，事情是自动发生的，因此不会以"做者"自

---

① 《太平御览》卷九百二十六引《史记》作："李斯临刑，思牵黄犬、臂苍鹰，出上蔡东门，不可得矣。"

居，更不会锋芒毕露、咄咄逼人，而是懂得收敛意欲，含藏力量。在自然界，"飘风不终朝，骤雨不终日"（二十三章），对于个人来说，"君子终日乾乾，夕惕若厉，无咎"（《周易·乾·文言》）。正因如此，老子断言："功遂身退，天之道也！"

十 章

载营魄抱一，能无离乎？抟①气致柔，能婴儿乎？涤除玄览②，能无疵乎？爱民治国，能无为③乎？天门开阖，能为雌乎？明白四达，能无知④乎？生之畜之，生而不有，为而不恃，长而不宰，是谓玄德。⑤

【阐释】

本章论述修道的六个要求。

"载营魄抱一，能无离乎？" 意识与身体，能否互不分离？"营魄"即魂魄。《云笈七签》卷七十三载："魂为阳，魄为阴"；王逸注《楚辞·大招》曰："魂者阳之精也，魄者阴之形也"；《黄帝内经·灵枢·本神》曰："故生之来谓之精，两精相搏谓之神，随神往来者谓之魂，并精而出入者谓之魄。"在道家看来，魂魄是指人身中的元神与元精。"元神属阳，轻清易飞而上行，元精属阴，重浊易凝而下行。二者相

---

① 王弼本、河上公本均作"专"，现据帛书本作"抟"。
② 王弼本、河上公本均作"览"，帛书本作"鉴"。
③ 王弼本作"无知"，河上公本作"无为"。
④ 王弼本作"无为"，河上公本作"无知"。
⑤ "生之畜之，生而不有，为而不恃，长而不宰，是谓玄德"恐为错简，又见于五十一章。

反而互补。先天元神本为清静,因后天欲念所扰而散乱不安。若祛除妄念,清心寡欲,则神自清静,元精也会自安。"①道家的修炼就是要使魂魄和合抱一,聚结成丹。所谓"抱一",即是抱道,指的是形不妄劳,神不外驰,则身心合一,抱一无离。在老子那里,道是指纯净的意识,"道生一"意味着,意识本身是一元性的、整体性的,求道者若能够将注意力从纷繁复杂的外在事物当中抽离出来,回到自身,记住"我在",那就是跟神秘的大道待在一起,也就是跟自己的本性待在一起。

"抟气致柔,能婴儿乎?"随顺气息,达致柔和,能否像婴儿那样的天真纯洁?河上公说:"专守精气使不乱,则形体能应之而柔顺。能如婴儿内无思虑,外无政事,则精神不去也。"(《老子道德经河上公章句》)老子贵柔,认为"柔弱者生之徒"(七十六章)。在道家看来,通过长期的修炼,法于阴阳,和于术数,调和呼吸,炼气化精,炼精化神,精气神由亏致盈,则阴阳之气柔和,周流遍身,浊气自然祛除,清气自然上升,长此以往,则如同初生之婴儿,柔而不刚,冲气以为和,精气神充沛,意识清明,心思单纯。

"涤除玄览,能无疵乎?"通过涤除杂念,深入观照,让心灵毫无瑕疵。所谓"涤除玄览",河上公解释说,"常洗其心使洁净也,心居玄冥之处,览知万事,故谓之玄览也"(《老子道德经河上公章句》),也就是说,通过清除内心污垢,使自己的意识逐渐纯净,甚至清澈如镜,没有瑕疵。在道家看来,当私欲净化,妄念全消,意识将复归于本来之纯净状态。正是心灵的染污,使得我们看不到生命的真相,也看不清世间的道理。为此,要不断洗涤心灵,使其纯洁无染。庄子曾说:"水静犹明,而况精神!圣人之心静乎!天地之鉴也,万物之镜也。"(《庄子·天道》)实际上,心灵(意识)本身是不垢不净的,它无须清洗,也无法清洗。意识之所以看上去被染污,是由于思绪的纷杂,情绪的起伏所导致的,故而,涤除玄览的本质,就是清理头脑、

---

① 任法融:《道德经释义》,东方出版社2012年版,第28页。

疏导情绪，达到"无心于事，于事无心"（白玉蟾：《道德宝章》）的境界。意识如同天空，头脑如同乌云，当乌云密布时，天空被遮蔽了，一旦乌云散开，天空就显露出它本来的面目。通过长期的静心，头脑的垃圾被清理了，通过恰当的宣泄，负面的情绪被清空了，那么，一个人的心慢慢地就趋于平静了。宁静、开放、无染，那是心的本来面目。

"**爱民治国，能无为乎？**"爱护人民，治理国家，能否保持自然无为？在老子那里，"国"比喻的是身体，"民"比喻的是气。人之生也，气聚则生，气散则死。庄子在《知北游》中说："人之生，气之聚也；聚则为生，散则为死。若死生之徒，吾又何患！故万物一也，是其所美者为神奇，其所恶者为臭腐；臭腐复化为神奇，神奇复化为臭腐。故曰：'通天下一气耳。'"庄子用"气"来解释生命的奥秘，生是由"气"变化而来，死后又化作了"气"，进入了另一个循环，故而，以"气"为媒介，生与死相互连接、相互转化。既然如此，生而为人，就应当爱惜身体，护养精气，不可滥耗。在老子看来，一个人保持自然无为，能量得以自然储存，这就是"爱民治国"的途径。

"**天门开阖，能为雌乎？**"天门自动开启闭合之际，能否保持宁静与柔软的状态？在道家看来，"天门"，乃是元神出入之门户，位于头顶正中，其下为泥丸宫，乃是元神所在之处。修道到了一定的层次，天门将自动启阖，元神从此自动出入，"寂然不动，感而遂通。神化无方，妙用无穷"[①]。

"**明白四达，能无知乎？**"有道之人具有知道的能力，辨认的能力，犹如皓月当空，幽微皆烛，无处不照，无处不明。尽管智者有着知晓和洞察一切的能力，却能够安处在"不知道"的状态，既不执着于知识，也不使用智巧，而是保持大智若愚，静以待变。如同镜子，照见外物，物来则应，物去则虚。王阳明说："圣人之心如明镜。只是一个明，则随感而应，无物不照。"（《传习录》）

---

① 黄友敬：《老子传真》，（香港）儒商出版社2003年版，第84页。

"生之畜之，生而不有，为而不恃，长而不宰，是谓玄德。""道"化生万物，"德"畜养万物，生育万物却不据为己有，兴作万物却不自恃己能，长养万物却不加以控制，这就是玄妙精微之德。详见五十一章解读。

十一章

三十辐共一毂，当其无，有车之用。埏埴以为器，当其无，有器之用。凿户牖以为室，当其无，有室之用。故有之以为利，无之以为用。

【阐幽】

本章探讨"有"与"无"的关系，指出中空虚无之妙用。

在现实生活中，人们大都只是关注那些看得见摸得着、有形有相的实物，忽略看不见摸不着、无形无相的虚空。尽管虚空看上去毫无用处，但它是实物存在的基础。老子曾说，"天下万物生于有，有生于无"（四十章），天下万物化生于有形之物中，而其"有"又是从"无"（"道"）之中孕育出来的。有与无之间乃是互相生成的关系。① 老子以车轮、器皿、房屋这三样事物为例来说明"有"与"无"互相依存、互相为用的关系。老子指出，空无是一切存有的基础，一个事物正是因为有空虚的部分，才能够凸显其作用和价值。

"三十辐共一毂，当其无，有车之用。"将三十根辐条聚集到一个车毂的孔洞当中，由于轮子虚处和实处的结合，成为一个完整的车轮，进而起到车轮转动的作用。正是因为有了车毂的中空，车轴有安放之

---

① 老子说："有无相生，难易相成，长短相形，高下相倾，音声相和，前后相随。"（二章）

处，车轮才能够转动起来，发挥它的作用。若无此轴心空虚之处，整个车子只是无用之物。

"埏埴以为器，当其无，有器之用。"糅合黏土做成各种器皿，由于器皿虚处和实处的结合，才起到器皿盛物的作用。倘若器皿没有中间空虚的部分，就无法发挥它的用途。宋常星说："器之形，外实而内虚，外有而内无，工虽施于人，妙实合于道，妙在以空为用，以无为中也。"（《道德经讲义》）

"凿户牖以为室，当其无，有室之用。"开凿门窗建造房屋，由于有了四壁所围合而成的空虚之处，才起到房屋住人的作用。正是门窗四壁当中的空间，起到了遮风避雨、生活起居的作用。倘若没有室内空虚之处，也就无法实现它作为房屋的功能。

"故有之以为利，无之以为用。"世间之物，无论车轮、器皿还是房屋，都是因其有空虚之处，才能够给人们带来便利。王弼说："有之所以为利，皆赖无以为用也。"（《老子道德经注》）在老子看来，有无之间的关系乃是有无相生、有无相资——"无"中生"有"，"有"带给人便利，"无"才是事物得以发挥其作用之根本。

有用和无用也是相对而言的。庄子在《人间世》中曾感慨："人皆知有用之用，而莫知无用之用也。"现代社会崇尚实用主义，有用则宠之，无用则弃之。而实际上，无用乃是有用的基础，无用之事有它内在的价值。周国平说："世上有味之事，包括诗，酒，哲学，爱情，往往无用。吟无用之诗，醉无用之酒，读无用之书，钟无用之情，终于成一无用之人，却因此活得有滋有味。"[①]在生活当中，"无用"意味着只是喜欢某个事物，但无法从中得到实际的利益。然而，正是那些看似无用的事情（诸如游戏、旅游、玩耍、阅读），让生命充满乐趣。当一个人只是有用的时候，他只是一件机械的东西，一个可供利用的工具，看上去还活着，实际上已经死了。所以，做无用之事，方能感受生命的自在与放松，做无用之人，于世无用但于己有大用，正如庄子

---

① 周国平：《闲适》，见《风中的纸屑》，浙江人民出版社2017年版，第4页。

所言："巧者劳而知者忧，无能者无所求，饱食而遨游，泛若不系之舟，虚而遨游者也。"(《庄子·列御寇》)追求物质的巧智之人往往多烦忧，不为物累的"无用"之人往往最快乐。无用之人因为无所希求，故而饱食终日，心境虚无，逍遥自在，闲散洒脱，无所羁绊，如一艘不系之舟，遨游于四海，这是何等的惬意。

关于此章，憨山大师解释说："人人皆知车毂有用，而不知用在毂中一窍。人人皆知器之有用，而不知用在器中之虚。人人皆知室之有用，而不知用在室中之空。以此为譬，譬如天地有形也，人皆知天地有用，而不知用在虚无大道。亦似人之有形，而人皆知人有用，而不知用在虚灵无相之心。"(《道德经解》)事实上，"道"看上去没有什么用，当它作用于"器"，便体现其"大用"。就人而言，身体如同车轮、器皿、房屋，意识（心）则如同虚空，倘若没有无形无相的意识，血肉之躯根本无法运作，可见，虚灵不昧的意识才是我们真正的主人公。身体仅仅是载体，意识才是根本，身体带给人便利，意识则发挥了它的作用。故而，护养身体，固然重要，净化心灵，尤为可贵。

十二章

五色令人目盲；五音令人耳聋；五味令人口爽；驰骋畋猎，令人心发狂；难得之货，令人行妨。是以圣人为腹不为目，故去彼取此。

【阐幽】

本章强调摒弃过度的欲望，提倡"为腹不为目"。

《尚书·洪范》曰："五行：一曰水，二曰火，三曰木，四曰金，五曰土。水曰润下，火曰炎上，木曰曲直，金曰从革，土曰稼穑。润下作咸，炎上作苦，曲直作酸，从革作辛，稼穑作甘。"在中国古人看来，金、木、水、火、土五大元素及其相生相克，乃是构成宇宙万事万物的基础。五行在现象世界中的具体表现，就是五色、五音、五味、五脏等。五行为阴阳的流行生化，源之于气，本之于道，其相生相克，亦遵循一定之法则。五行运行有序则于身心有益，反之，则有损害。在此章，老子阐述了五色（黄、白、青、赤、黑）、五味（甘、辛、酸、苦、咸）、五音（宫、商、角、徵、羽）与身心健康之间的关系。五色、五味、五音，皆出自道，运用恰当，能够为生命提供滋养，一旦过度，则会导致目盲、口爽、心发狂、行妨，反而对生命造成伤害。

"五色令人目盲。"青、黄、赤、白、黑五色构成世间种种美景，能够令人心旷神怡，但是，过度执着于五彩缤纷、绚丽多姿的现象世界，就会让人眼花缭乱，目不暇接，以至于看不到自己的本心，那就与目盲之人相差不远了。

"**五音令人耳聋**。"宫、商、角、徵、羽五音组成世间种种妙乐，能够使人陶冶情操，但是，过度沉迷于那些看似悦耳实则嘈杂的靡靡之音①，就会让人放逸精神，听觉失灵，以至于听不到自己内心的声音，那就与耳聋之人相差不远了。

"**五味令人口爽**。"辛、酸、苦、甘、咸五味调配出种种美味佳肴，能够促进身体健康，但是，过度贪恋那些鲜腥之味、油腻食品，就会导致脾胃不调、五脏失和，最终百病缠身。在道家看来，恰当的素食和节制的饮食不仅有利于身体的健康，同时有助于心灵的修持。

"**驰骋畋猎，令人心发狂**。"恰当的运动能够促进身心健康，但是，过度热衷于追求刺激的运动，诸如纵情狩猎、今日之极限运动等②，则会令人精神散乱，失去理智，甚至内心发狂，最终身心俱伤。

"**难得之货，令人行妨**。"适当的物品能够满足日常生活的需求，但是，过度追逐那些稀有难得的奇珍异宝、奇禽异兽，难免使人心生贪欲，内心迷乱，最终行为失范，得不偿失，所以，有道之人"不贵难得之货"（六十四章）。

总之，欲望是祸乱之源。乱之于内，则目盲、耳聋、口爽、心发狂，心身俱受其害；乱之于外，则行为失范。正因如此，抱朴子曰："目之所好，不可从也；耳之所乐，不可顺也；鼻之所喜，不可任也；口之所嗜，不可随也；心之所欲，不可恣也。故惑目者，必逸容鲜藻也；惑耳者，必妍音婬声也；惑鼻者，必芷蕙芬馥也；惑口者，必珍羞嘉旨也；惑心者，必势利功名也。五者毕惑，则或承之祸为身患者，不亦信哉！是以智者严檃括于性理，不肆神以逐物，检之以恬愉，增之以长算。其抑情也，剧乎堤防之备决；其御性也，过乎腐辔之乘奔。故能内保永年，外免虿累也。"（《抱朴子·外篇·酒诫》）

---

① 好的音乐能够净化人的心灵，坏的音乐则会染污人的心灵。
② 总体而言，西方的体育运动方式强调竞争，鼓励挑战身体的极限，东方的体育运动注重过程，强调顺应身体的自然规律。

"是以圣人为腹不为目，故去彼取此。" 因此，圣人但求填饱肚腹而不追求声色犬马，不被外在的物欲所诱惑，保持安定知足的生活方式。"腹"是指满足必要的生存需求，"为腹"就是"实其腹"（三章）；"目"是指永无止境的欲望，"为目"就是"可欲""不知足""欲得"（四十六章）。所谓"为腹不为目"，就是"去甚，去奢，去泰"（二十九章），摒弃过度的欲望，也就是令人目盲的五色，令人耳聋的五音，令人口爽的五味，令人心发狂的驰骋畋猎，令人行妨的难得之货，这是一种返璞归真的生活状态。所谓"去彼取此"，就是"去彼目之妄视，取此腹之养性"（《老子道德经河上公章句》），通过舍弃诸般贪欲，养护内在的精气神。正如马哈拉吉所言："保持你的头脑清净，每时每刻如其所是以充分的觉知生活，一旦个人欲望和恐惧升起就检视并消融它们。"[1]

---

[1] ［印］室利·尼萨伽达塔·马哈拉吉：《我就是那》，陶张欢译，中国青年出版社2016年版，第429页。

十三章

宠辱若惊，贵大患若身。何谓宠辱若惊？宠为下，得之若惊，失之若惊，是谓宠辱若惊。何谓贵大患若身？吾所以有大患者，为吾有身，及吾无身，吾有何患？故贵以身为天下，若可寄天下；爱以身为天下，若可托天下。

【阐幽】

老子教导人们宠辱不惊。

"宠辱若惊，贵大患若身。" 宠辱即得失。世俗之人，未得时患其不得，已得则患其失去。老子于此章给我们当头棒喝："宠辱若惊！"无论是获得荣宠还是遭受耻辱，都会让人惊恐不安。世人终其一生都活在欲望和恐惧之中，生活当中的任何一点风吹草动，都足以让他惊慌失措，可谓风声鹤唳、草木皆兵。其原因究竟何在？"贵大患若身"也，世人把荣辱得失等外在之物看得与其自身生命一样重要，倾注大量的精力（甚至耗费一生的精力）来关注它们，心心念念惦记着这些东西，通过各种方式来占有和维护它们，由此带来了各种各样的忧患和恐惧。

"何谓宠辱若惊？宠为下，得之若惊，失之若惊，是谓宠辱若惊。" 何谓宠辱若惊？得到他人的认可或恩惠，内心感到惶恐不安，失去他人的认可或恩惠，内心更是惊慌失措，这就叫做宠辱若惊。在世人看来，得到别人认可越多就越成功，占有外在之物越多就越幸福。实际情况并非如此简单，一个人如果缺乏智慧，无论得到多少他人认可或占有多少外在之物，迎来的都只是烦恼的人生。在老子看来，"宠为下"，得宠乃是下等的，因为，"祸兮，福之所倚；福兮，祸之所伏"。祸福相倚，宠辱相因，孰知其极？实际上，"正复为奇，善复为妖。人之迷，其日固久"（五十八章）。无论是社会认可，还是外在之物，都没有固定不变的标准。世间万事万物，有其客观规律，阴中有阳，阳中有阴，阳极必阴，物极必反，然而世人不知此理，以祸为祸，以福为福，求宠惧辱，争荣畏患，故而患得患失，宠辱皆惊。

"何谓贵大患若身？吾所以有大患者，为吾有身，及吾无身，吾有何患？"为何人们重视外在之物好像重视自身生命那样呢？在老子看来，一个人之所以看重外在之物，并因此而患得患失，乃是因为有了这个身体。当一个人认同于自己是这个身体，那么，已经或即将发生在这个身体层面的一切，都会让他心生恐惧。然而，凡有形有相的东西皆有生有灭，这个有形有相的身体也不例外。一旦这个血肉之躯毁灭，"我"感觉到自己也进入了死亡之境。一个人不断累积外在之物，就是为延续这个身体而作出的努力，那在本质上是对死亡的抗拒。可见，对于死亡的恐惧，乃是每一个人最深也是最根本的恐惧；对于身体的认同，可以说是整个人生当中最大的祸患。河上公说："有身则忧其勤劳，念其饥寒，触情纵欲，则遇祸患也。使吾无有身体，得道自然，轻举升云，出入无间，与道神通，当有何患？"（《老子道德经河上公章句》）倘若切断与这个身体的联系，不认同于这个身体，知道它只是一个载体，供我使用的工具，那么，还会有什么可担忧的呢？倘能如此，则宠辱荣枯，祸福得失，乃至生死寿夭，皆不动于心矣。总之，愚者认同身体，执着于个体性的"我"，智者认同于意识，"以天地万物为一体"（《大学问》）。唯有放下对身体的认同，方能超越个体，超越世俗，超然物外，进而返于自然，合于大道。

"故贵以身为天下，若可寄天下；爱以身为天下，若可托天下。"①

故而，能够以重视自身生命那样的态度去面对天下，才可以把天下托付给他；能够以爱惜自身生命那样的态度去面对天下，才可以把天下委托给他。天下者，神器也②，唯有道者能寄天下、托天下。人若能不看重外在的宠辱，不贪恋外在的财物，而是以贵身和爱身的态度去面对天下，将人生的宠辱荣枯、祸福得失乃至生死寿夭，统统交给大道，与天下人为一体，以百姓之心为心，倘能如此，才可以把天下交付给他。所谓"贵以身为天下"，"爱以身为天下"，也就是孟子所说的"万物皆备于我"，张载所说的"视天下无一物非我"（《正蒙·大心篇》），王阳明所说的"以天地万物为一体"（《大学问》）。有道之人不仅要像对待自身那样对待天下万物，而且要像对待天下万物那样对待自身生命。这意味着，"我"即天下，天下即"我"，如此，方能寄身于天下，藏身于天下，进而"几于道"。正因如此，老子说，"受国之垢，是谓社稷主，受国不祥，是为天下王"（七十八章），只有那个能够承受一国之垢的人，才可以成为社稷之主，只有那个能够承受国家不祥的人，才可以成为天下之王。③

---

① 庄子中也有这一句话："故贵以身于为天下，则可以托天下；爱以身于为天下，则可以寄天下。"（《庄子·在宥》）
② 《道德经》二十八章："天下神器，不可为也。"
③ 庄子也说，"唯无以天下为者，可以托天下也"（《庄子·让王》），只有不把治理天下当作一回事的人，才可以把天下托付给他。

十四章

视之不见,名曰夷;听之不闻,名曰希;搏之不得,名曰微。此三者,不可致诘,故混而为一。其上不皦,其下不昧。绳绳不可名,复归于无物。是谓无状之状,无物之象,是谓惚恍。迎之不见其首,随之不见其后。执古之道,以御今之有。能知古始,是谓道纪。

【阐幽】

本章揭示大道幽玄之特征。

道究竟为何物?它能否被感知?老子在此章做出了回答。

"视之不见,名曰夷;听之不闻,名曰希;搏之不得,名曰微。此三者,不可致诘,故混而为一。"睁大眼睛去看它但看不见,因此将其称为"夷";竖起耳朵去听它但听不到,因此将其称为"希";用手去摸它但摸不着,因此将其称为"微"。我们无从追究此三者的现状和源头,因为它原本就是浑然一体的。正是由于大道无形无相、无声无臭,因此视之不见、听之不闻、搏之不得。尽管如此,它却是我们感知(能视、能听、能搏)的前提。这意味着,大道不是人的感官所能够知道的客体和对象,而是人的感官想要知道、能够知道的基础,尽管它看上去没有形状,也没有实物,却是万事万物的根本源头,是一切现象的永恒背景。换言之,大道不是知道的对象,而是知道本身,或者说，道就是知道性。正因如此，所谓求道，就是去看那个不可见的无物之象，聆听那个不可闻的无声之声，触摸那个不可得的无状之状，也就是去发现有形背后的无形，运动背后的不动，喧闹背后的宁静，暂存背后的永恒。

老子进一步揭示了大道在上、下、前、后四方的非空间性。

"**其上不皦，其下不昧。绳绳不可名，复归于无物。是谓无状之状，无物之象，是谓惚恍。迎之不见其首，随之不见其后。**"于此，老子揭示了大道的四个特性：第一，在其之上并不会变得光彩四射；第二，在其之下也不会显得阴暗晦涩；第三，如果正面与其相迎，看不到它的头；第四，如果跟在大道之后，也看不见它的尾。老子进而指出，道之所以不可感知，乃是因为它并非有形有相之实物，而是无色之色、无声之声、无形之相，正因如此，它无法被我们的感官所认知。换言之，凡是能够被人的感官所知道的对象，都不是道；任何有形有名、拥有属性之物，都不可能恒久。大道不仅"视之不见""听之不闻""搏之不得"，而且"迎之不见其首""随之不见其后"，但它是真实存在、恒常不变的。在老子看来，大道是没有形状的形状，不见实物的形象，它朦胧不清，若隐若现，延绵不绝，却又不可命名。求道者通过致虚守静的功夫，最终就是要回到那无边无际、无形无相，迎之不见其首，随之不见其后的"惚恍"之境。

"**执古之道，以御今之有。能知古始，是谓道纪。**"通过执守自古以来就存在的"道"，可以驾驭当前的一切。一旦回到古老的源头，也就触及大道的边界了。河上公解释说："圣人执守古道，生一以御物，知今当有一也。人能知上古本始有一，是谓知道纲纪也。"(《老子道德经河上公章句》)"道"就是纯净的意识、纯粹的知道性（"在"），它寂然不动、亘古长存，因此被称之为"古道"。老子说"道生一"（四十二章），"天下万物生于有，有生于无"（四十章）。正是这个纯净的意识、纯粹的"在"（"无"），产生出了"一"也就是"我在"（"有"）的经验。道乃是万事万物的源头，天地万物都包含在"道"（"我在"）里面，都是在此基础上发生的。所谓"执守古道"，就是记住"我在",记住我是这个纯净的意识、纯粹的知道性。通过退回到"我在"的状态,一个人就返回到了古老的源头,进而知道此时此刻所经验到的一切都是"我在"的产物。正是由于"我在",所有关于这个世界的经验也开始发生了。根据这个"我在"的经验,一个人才能够看清楚这个世界的真相,也就是知道了万事万物都包含在"我在"里面,知道这个现象世界实际上是一个整体("一合相"[①]),它是非二分性的,所谓二元的世界是由于我们头脑的分析所造成的。倘能如此,也就触及大道的边界了。

[①] 《金刚经·一合相理分第三十》:"若世界实有,则是一合相。如来说一合相,则非一合相,是名一合相。须菩提,一合相者,即是不可说。但凡夫之人,贪著其事。"

十五章

古之善为士者，微妙玄通，深不可识。夫唯不可识，故强为之容：豫兮若冬涉川；犹兮若畏四邻；俨兮其若客；涣兮若冰之将释；敦兮其若朴；旷兮其若谷；浑兮其若浊。孰能浊以静之徐清？孰能安以久动之徐生？保此道者不欲盈。夫唯不盈，故能蔽不新成。[①]

【阐幽】

本章指出"古之善为士者"的基本特征。

大道虽不可被感官所把握、不可被言说，但老子仍在反复谈论，他深知大道难以用语言来表达，但是，通过反复的言说，能够引导人们去体道悟道，最终与道合一。

"古之善为士者，微妙玄通，深不可识。" 古时候那些善于修道之人，意识纯净，幽微精妙，玄奥通达，难以被世俗之人所认识、所理解。有道之士是智慧的化身，他们微妙玄通，深不可识。唯有智者能够认识智者，当一个人有了足够的智慧，才有可能了解另一位智者。故而，除非我们不断提升自己的智慧，达到与智者相同或接近的程度，否

---

① 易顺鼎说："疑当作'故能敝而新成'。'蔽'者，'敝'之借字；不者，'而'字之误也。'敝'与'新'对。'能敝而新成'者，即二十二章所云'敝则新'。"此说可以参考。（参见黄友敬：《老子传真》，（香港）儒商出版社2003年版，第125页。）

则，不可能真正理解他们。通常而言，智慧程度高的人能够理解比他智慧低的人，但是，智慧程度低的人却很难理解比他智慧高的人。正因如此，面对孔子，颜回曾发出感慨："仰之弥高，钻之弥坚。瞻之在前，忽焉在后。夫子循循然善诱人，博我以文，约我以礼，欲罢不能。既竭吾才，如有所立卓尔，虽欲从之，末由也已。"（《论语·子罕》）而面对老子，孔子感慨万分："鸟，吾知其能飞；鱼，吾知其能游；兽，吾知其能走。走者可以为罔，游者可以为纶，飞者可以为矰。至于龙，吾不能知，其乘风云而上天。吾今日见老子，其犹龙邪！"（《史记·老子伯夷列传》）

"**夫唯不可识，故强为之容。**"正是由于有道之人难以被认识、被理解，所以只能勉强来形容他的状态。接下来，老子连用了七个"兮"字来形容善为士者的道心、道性、道风、道骨、道境，力图进入其"微妙玄通，深不可识"的境界，打开那个"玄之又玄"的"众妙之门"（一章）。

"**豫兮若冬涉川；犹兮若畏四邻；俨兮其若客；涣兮若冰之将释；敦兮其若朴；旷兮其若谷；浑兮其若浊。**"有道之人行事小心谨慎，如同冬天涉足江河；他们处世警觉戒惕，如同提防四周的围攻；他们虑事拘谨严肃，如同谦逊有礼的宾客；他们神情融和可亲，如同春日冰雪消融；他们气质淳厚朴质，如同未经雕琢的木材；他们胸怀空豁开广，如同深山的幽谷；他们举止浑朴纯厚，如同自然浑浊的水源。

其一、豫：迟疑犹豫，谋而后定，举无不当，行不躁进，择善而从。
其二、犹：戒慎恐惧，自省慎独，深藏若虚，慎终若始，常不放肆。
其三、俨：庄敬如宾，无稍懈怠，虚心谦退，必信必诚，客而不主。
其四、涣：去私除妄，层缚皆融，涣然冰释，无有疑惑，无所障碍。
其五、敦：敦厚纯朴，不假雕琢，不受污染，天生妙成，咸其自然。
其六、旷：旷达虚空，虚怀若谷，宽容万物，立足于无，以为道用。
其七、浑：浑然一体，玄同一切，超凡脱俗，与道合真，天人合一。

这七个字在客观上描述了有道之士慎重、戒惕、威仪、融和、敦厚、空豁、浑朴、恬静、飘逸等精神面貌，可视为判断修道者品质的基本依据，亦可视为老子的"七字修心妙法"。①

"**孰能浊以静之徐清？孰能安以久动之徐生？保此道者不欲盈。夫唯不盈，故能蔽不新成。**"究竟是谁能使浑浊静止下来，慢慢归于澄澈清透？谁能使安定的一切运转起来，慢慢显出生机？老子是说，究竟是谁能够让我们心灵的波涛逐渐平息，如同通过宁静使浑浊之水慢慢变得清明？显然，唯有大道啊。"保此道者不欲盈。夫唯不盈，故能蔽不新成。"那些有道之人，不会期望盈满，所以"能守蔽不为新成"（《老子道德经河上公章句》），不喜新厌旧，但新的自然到来，不刻意求新，但自然有所创新。② 真正的智者，其心如同明镜，即时应对当下的各种境遇，不带任何陈见，不为外境牵引，他永远保持着"苟日新，日日新，又日新"（《礼记·大学》）的鲜活状态。

---

① 以上参见黄友敬《老子传真》，（香港）儒商出版社2003年版，第132—133页。
② 老子说"敝则新"（二十二章）。关于蔽与敝，学者俞樾说："蔽、敝二字古可通假。"

十六章

　　致虚极，守静笃。万物并作，吾以观其复。夫物芸芸，各复归其根。归根曰静，是曰复命。^①复命曰常，知常曰明。不知常，妄作凶。知常容，容乃公，公乃王，王乃天，天乃道，道乃久，没身不殆。

【阐幽】

　　本章强调致虚守静的功夫。

　　"**致虚极，守静笃。万物并作，吾以观其复。夫物芸芸，各复归其根。**"求道者要善于通过致虚和守静的工夫，深蓄厚养，储藏能量，尽可能达到极笃的境地。世间万物都在蓬勃生长，有道之人只是静观生命运行的往返循环。尽管天下万物纷纷芸芸，但它们都将返回各自的本根。老子看来，虚则心无染污，玄鉴清明；静则心无躁动，渊深含蓄。为此，求道者要保持觉知、放松精神，时常处在虚静自然、深湛无物的状态。若能长久处在这种禅定状态，则虚静功夫日深日厚。事实上，静乃是万物的本来状态，也是大道的根本特点。人的心灵之所以渴望宁静，是因为心灵的本性就是宁静。但在现实当中，人的心灵

---

① 王弼本作"静曰复命"，现据河上公本。

被外物所惑，其本性被遮蔽，妄念纷飞，于是不再虚静。心灵一旦被遮蔽，既无法看清自身的本性，也无法看清万物的本质。只有让心灵回到自身，回归那个本来状态，才能够照鉴世间万物。清代学者唐彪尝言："灯动则不能照物，水动则不能鉴物。"人的心也是如此，"动则万理皆昏，静则万理皆澈"（《读书作文谱》），这意味着，只有当一个人的心足够纯净之时，才有可能真正理解圣人之言。

"**归根曰静，是曰复命。复命曰常，知常曰明。不知常，妄作凶。**"返回本根的过程就叫做静，亦即复归于它的生命之根。复归于它的生命之根就是永恒之道，认识这个永恒之道才是真正的明智。倘若不了解大道运行的规律而轻举妄动，就容易引起无妄之灾。

老子进而阐述了为道者的六个状态：

"**知常容。**"常即道，知常就是知道。老子说"上德若谷"（四十一章），唯有明了大道，循道而行，方能虚怀若谷，于万物无所不容。

"**容乃公。**"唯有无所不容，方能心无偏狭，廓然至公，"以百姓之心为心"（四十九章），其心不为亲疏、利害、贵贱所惑，亦不为祸福、得失、寿夭所动。

"**公乃王。**"唯有心无偏狭，廓然至公，受国之垢，受国之不祥，方能"为天下王"（七十八章）。老子将"心"比喻为"王"，这意味着，通过持续的静心，摆脱头脑的控制，让心来主宰生命，而非成为头脑的奴隶。

"**王乃天。**"唯有让心来主宰生命，方能体会到天人合一的境界，个体生命的喜怒哀乐、起心动念，皆自然而然、合之于天。

"**天乃道。**"只有与天合一，方能与道合真，因为，"故道大，天大，地大，王亦大。域中有四大，而王居其一焉"（二十五章）。

"**道乃久。**"当求道者与道合一，我在道中，道在我中，换言之，我即道，道即我，它持久而不失，亘古而长存，亦即"不失其所者久"（三十三章）。

"**没身不殆。**"对于求道者而言，唯有认识自己，回归本性，才能够长生久视，死而不亡。身体终将消亡，意识恒长存在，这是真正的永恒。

总之，求道者通过致虚守静的功夫，去蔽存真，让心灵达到完全的虚静状态，进而发现自己的真实本性。唯有致虚守静，方能回归本性，唯有与道合一，方能实现永恒。反之，"不知常，妄作凶"，如果不去探索真理、体悟大道，而是刻意有为、肆意妄为，就会迎来无休无止的烦恼。一旦证悟到永恒之道，即便身体毁坏了、消亡了，真正的"我"也没有任何危殆，岿然不动，那才是求道者苦苦追寻的大道，唯有它是不变的、永恒的。

十七章

太上，下知有之；其次，亲而誉之；其次，畏之；其次，侮之。信不足焉，有不信焉。悠兮其贵言。功成事遂，百姓皆谓：我自然。

【阐幽】

本章强调自然无为，反对恣意妄为。

老子将执政者分为四种，他们采取不同的治理方略。

"太上，下知有之。"最优秀的君王，无心无为，循道而治，那么，一切自然而然，百姓顶多只是知道有他的存在。在老子看来，最好的执政者对社会不作任何人为的干预，百姓顺其自然而生活，这就叫做"无为而自化"。在《帝王世纪》中记载了一首据传为尧时的歌谣："日出而作，日入而息，凿井而饮，耕田而食。帝何力于我哉？"百姓只是知道有君主的存在，他处于百姓之"上"而民不知沉重，处于百姓之"前"而民不觉妨碍。陶渊明在《桃花源记》中所描述的当地居民，全然处在当下，甚至忘记了时间的存在，"不知有汉，无论魏晋"。当一切合乎于道，事情便如其所是、自然而然。当鞋子合脚时，鞋子就被遗忘了；假如鞋子被刻意关注，说明鞋子并不合脚。可见，无为乃是最佳的治理方式，无为也是最佳的存在方式。

"其次，亲而誉之。"差一点的君王，实施仁政，"其德可见，恩惠可称"（《老子道德经河上公章句》），因此百姓亲近而颂扬他。孟子说："以力服人者，非心服也，力不赡也；以德服人者，中心悦而心诚服也。"（《孟子·公孙丑上》）执政者以力服人，百姓在表面上畏惧，但内心并不顺服；执政者有意地对百姓进行礼乐教化，为百姓谋取实际利益，那么，百姓也许会对其感到亲切，会称赞这样的执政者，但同时也会感到有所制约，受到些许束缚，毕竟那是有心为之。比起"太上，下知有之"，儒家式治理下的"亲而誉之"已是逊色不少。

"其次，畏之。"更差劲的君王，强调以法治国，通过严刑峻法来镇压人民，动辄刑罚加身，使万民怵然而惧，这是法家式的治理。比起"亲而誉之"，"畏之"已经埋下了祸根，表面上畏惧于他，内心已有不满。故而，严刑峻法只适合于某个特定的历史阶段，并不能行之长久。

"其次，侮之。"最糟糕的君王，实施苛政暴政，其结果便是，民怨沸腾，他们在百姓心目中完全失去了威信。古人有言："水能载舟，亦能覆舟。"[①]老子也说，"民不畏威，则大威至"（七十二章），执政者一旦背逆民心，终将换来老百姓的反抗和轻蔑，这也是长期"畏之"的必然结果。

"**信不足焉，有不信焉。悠兮其贵言。功成事遂，百姓皆谓：我自然。**"在老子看来，教化过多，政令繁多，易生弊端，引起反感。因此，执政者要懂得"行不言之教"（二章），尽量减少政令教化，如此，才能够做到"治大国若烹小鲜"（六十章）。执政者若是诚信不足，在执政过程中要小聪明，是无法得到人民的信赖的。最高明的执政者通常是悠然自得的，他珍惜其言教，从不乱发号施令。正因如此，天下安定太平，人民安居乐业，百姓都会发自内心地说："我们本来就是这样的，没有你的什么功劳。"这恰恰是自然而然、合于大道的体现。

[①] 原作"水则载舟，水则覆舟"（《荀子·哀公》）。

十八章

大道废，有仁义；智慧出，有大伪；六亲不和，有孝慈；国家昏乱，有忠臣。

【阐幽】

本章论及世道衰微的根源，强调尊崇大道。

"大道废，有仁义；智慧出，有大伪。" 当大道开始废弛，人们就会提倡作为规范的仁义；当世间的聪明智巧出现，伪诈和巧饰之事也就开始横行了。在老子看来，当人们处在自然和谐的生活状态时，其情感、意志及一切行为皆自然而然，那就没有必要刻意去强调仁义道德，犹如鱼在水中，并不觉得水的重要，人在空气中，并不觉得空气的重要，若大道兴盛，仁义道德就在其中，也就没有倡导的必要。只有当这个自然而然的状态被打破了，才需要刻意去强调它、彰显它。王弼在注释中特别提及："鱼相忘于江湖之道，则相濡之德生也。"其原文出自庄子《大宗师》："泉涸，鱼相与处于陆，相呴以湿，相濡以沫，不如相忘于江湖。"当泉水充沛，鱼儿在水中悠游自得、彼此相望，但它们处在同一个江湖之中。只有泉水干涸了，鱼和鱼之间才需要通过互相吹气来滋润对方，互相吐沫来润泽对方。庄子以江湖来比喻大道，人们若能体道悟道，则言行举止，皆自然而然，处在同一个存在当中，哪还需要强调什么仁义道德。只有大道出现废弛，才需要强调仁义道德，以维护社会的正常运行，那反而是不自然的现象。

"**六亲不和，有孝慈；国家昏乱，有忠臣。**"当家族（父子、兄弟、夫妇）出现争斗，孝慈就会被提倡；当国家陷入昏乱，忠臣就会被推崇。在老子看来，刻意的强调恰恰说明问题的存在，刻意的彰显也将带来伪诈和巧饰。若是没有家庭争纷，根本无须提倡孝慈，因为人人都在孝慈之中而不自知；若是国家政治清明，根本不必推崇忠臣，因为个个都是忠贞之臣而不自知。如同上一章所说的"太上，下知有之"，当一切都自然而然，那就没有什么需要刻意去强调或彰显的。《庄子·天运》中说："以敬孝易，以爱孝难；以爱孝易，而忘亲难；忘亲易，使亲忘我难；使亲忘我易，兼忘天下难；兼忘天下易，使天下兼忘我难。"用恭敬心行孝容易，用爱心行孝较难；用爱心行孝容易，行孝时忘怀双亲较难；行孝时淡忘双亲容易，让双亲忘掉我较难；让双亲忘记我容易，我同时忘记天下人较难；忘记天下人容易，让天下人忘记我较难。在道家看来，孝亲的最高境界就是让一切都顺其自然，世人刻意而为，做得很辛苦，而智者面对这些事情，感觉自然而然，毫无勉强可言。人每天都要呼吸，每天都要吃饭，孝顺父母也跟呼吸和吃饭一样，它是很自然的事情，没有任何的勉强，也无须刻意的"努力"。因此，只有弃绝那些虚伪的"仁义"和"孝慈"，使外在的"应当"化为内在的德性，才能恢复真正的仁义、孝慈和忠贞。

在老子看来，一切仁义、孝慈、忠贞等儒家所倡导的伦理道德，都是在世间失去了这些真实之物以后才出现的结果。大道废弃、争纷四起，人们才匆匆忙忙地试图通过伦理道德来挽回颓废之风。然而，这些努力都只是杯水车薪，治标不治本。人们往往陶醉在"仁义""孝慈""忠臣"的感动之中，而忘记了真正的问题是"大道废弛""六亲不和""国家昏乱"。老子呼吁，只有尊大道、尚无为、崇自然，那么，一切都将走向正轨。若百姓清心寡欲，官吏忠正无私，那么孝慈和清廉之美名将失去诱惑力；若百姓敦厚朴实，君主清静无为，那么仁义和忠贞之规范自然会逐渐消失。一切自然而然，何须饶舌教导？由此可见，教导仁义乃是次要之事，尊崇大道才是当务之急。

十九章

绝圣弃智，民利百倍；绝仁弃义，民复孝慈；绝巧弃利，盗贼无有。此三者，以为文不足，故令有所属：见素抱朴，少私寡欲。

【阐幽】

本章老子强调绝圣弃智、少私寡欲。

"绝圣弃智，民利百倍。" 若能抛弃世俗的聪明智巧，就不会有高低上下的分别心，社会风气也将日趋敦厚，这对于百姓来说有百益而无一害。关于"绝圣弃智"，老子曾说"智慧出，有大伪"（十八章），庄子也说："故绝圣弃知，大盗乃止；擿玉毁珠，小盗不起。"（《庄子·胠箧》）可见，老子所说的"圣"与"智"，指的是世俗意义上的聪明智巧，这些机巧之学，只会助长人们的争贪之心，乃至于将人类推向毁灭之路。在老子看来，一个人知见越多，反而越远离智慧，相反，通过清静无为、静观玄览，反而能够"不出户，知天下；不窥牖，见天道"（四十七章）。

"绝仁弃义，民复孝慈。" 若能摒弃仁义礼智那一套外在的道德说教，诡诈伪善之徒将难以立身，人民便可望恢复内在的孝慈天性。老子所说的"仁"与"义"，指的是外在的规范、机械的说教。在他看来，"天下皆知美之为美，斯恶矣；皆知善之为善，斯不善已"（二章），过于推崇和强调这些东西，容易使人向外去寻求肯定，从而忘记内在的价值，远离自己本来就有的孝慈天性。与此同时，对仁义的刻意强调，恰恰表明其缺失状态，正所谓"六亲不和，有孝慈"（十八章）。事实上，仁义和孝慈乃是人类与生俱来的情感和心理，自然而然，本应如此。但是，过度的提倡和大肆的宣传，反而会让仁义变成虚伪的道德面纱，让孝慈沦为丑陋的道德表演。世人将仁义孝慈变成一种道德工具，一旦没有得到回报或感恩，就会表现出异常的无情与凶残。统治者则将仁义孝慈变成一种道德绑架，过度强调外在的规范、机械的说教，最终将会彻底摧毁人民内在的道德情感。

"绝巧弃利，盗贼无有。"若能杜绝巧诈之风与贵重之物，百姓无须依靠巧智便可正常生存，世间也没有珍奇之物来惑乱人心，天下就自然不会有盗贼出现了。老子所说的"巧"和"利"，指的是玩弄技巧和崇尚珍宝（"难得之货"）。在他看来，"民多利器，国家滋昏；人多伎巧，奇物滋起"（五十七章）。庄子曾说："有机械者必有机事，有机事者必有机心。机心存于胸中，则纯白不备；纯白不备，则神生不定；神生不定者，道之所不载也。"（《庄子·天地》）使用机械的人必定会进行机巧之事，进行机巧之事的人必定生出机巧之心。机巧之心存于胸中，心灵就不会纯洁；心灵不纯洁，精神就难以安定；精神不安定的人，将无法体验大道。

"此三者，以为文不足，故令有所属。"在世俗社会中，人们普遍尊崇圣智、提倡仁义、注重巧利，而在老子看来，它们并不能从根本上解决社会问题，无法给人民带来真正的利益、孝慈和平安，反而会导致人心异化、道德沦丧、社会混乱。相反，绝圣弃智，绝仁弃义，绝巧弃利，方能"民利百倍，民复孝慈，盗贼无有"。换言之，只有远离不自然的事物，回归淳朴自然的生活，才是符合于大道的。憨山大师说："然圣智、仁义、智利之事，皆非朴素，乃所以文饰天下也。"（《道德经解》）显然，用这些东西来教化百姓是远远不够的，故而，有必要告诉他们更为根本的原则：一是见素抱朴，二是少私寡欲。

"见素抱朴。"[①] "素"是指未经染色的布料，"朴"是指未经雕琢的原木，二者指代不曾加工的、天然的、自然的事物。所谓"见素抱朴"，就是发现自己未被染污的心，保持自己淳朴自然之本性。"素"与"朴"乃是道的根本特征，故而，"见素抱朴"在本质上就是"见道抱道"。在老子那里，"见素抱朴"的方法，就是绝圣弃智，绝仁弃义，绝巧弃利，进而安住当下，记住"我在"；"见素抱朴"的本质，就是"涤除玄览，能无疵乎？"（十章）；"见素抱朴"的结果，就是"复归于婴儿"，"复归于无极"，"复归于朴"（二十八章），亦即回归于纯净的婴儿意识状态。道家的"见素抱朴"就是儒家的"不失其赤子之心"（《孟子·离娄下》）。在老子看来，有道的圣人，其特征就是"见素抱朴"；在孟子看来，真正的"大人"，其特征就是"不失其赤子之心"。关于"素朴"，庄子有一段论述："夫至德之世，同与禽兽居，族与万物并。恶乎知君子小人哉！同乎无知，其德不离；同乎无欲，是谓素朴；素朴而民性得矣。"（《庄子·马蹄》）在至德的时代，人类与禽兽混杂而居，和万物生活在一起，根本就不知道什么君子与小人的区分！人跟动物一样无知无识，本性就不会离开；人跟万物一样无欲无求，所以都纯真朴实。在他看来，"朴素而天下莫能与之争美"（《庄子·天道》），事物越是保持它的素朴本性，就越能够展现其自然天性，这种素朴之美是永不褪色的，别种形式的美都无法与之相比。

"少私寡欲。"所谓"少私寡欲"，就是减少私欲，乃至消除私欲。在老子看来，正是各式各样、无休无止的欲念，遮蔽了我们原本素朴而纯真之心，唯有去除头脑中的机巧、名利等欲念，才能够回归于自己的素朴本性。在老子看来，要做到"少私寡欲"，就得"塞其兑，闭其门"（五十二章），"不见可欲"（三章），做到"为腹不为目"（十二章），"去甚、去奢、去泰"（二十九章）。河上公说："少私者，正无私也。寡欲者，当知足也。"（《老子道德经河上公章句》）在他看来，所

[①] 王弼本、河上公本均作"见素抱朴"，帛书本作"见素抱樸"，竹简本作"视素保樸"，还有的版本作"璞"。"朴、璞、樸"三字意思相同。从"素"字可以见到，"朴、璞、樸"的重点在于"未加工的"，天然的、自然的。

谓少私，就是止息私欲，所谓寡欲，就是知足知止。吕惠卿说："素而不染，朴而不散，则复乎性，而外物不能惑，而少私寡欲矣。少私寡欲，而后可以语绝学之至道也。"（《道德真经传》）这意味着，求道者唯有少私寡欲，不为外物所惑，才能够保持自己的素朴之心，与此同时，求道者一旦保持自己的素朴之心，就能够真正做到少私寡欲、绝学无忧。

总之，老子通过"绝仁弃义"，强调"见素抱朴"；通过"绝巧弃利"，强调"少私寡欲"；通过"绝圣弃智"，强调"绝学无忧"。老子告诫人们，唯有顺应自然法则，遵循无为之道，保持纯朴、减少私欲、废弃伪学，才能够摆脱社会的束缚，超越世俗的欲望，远离内心的忧虑，过上闲适自然的生活。

二十章

绝学无忧。唯之与阿，相去几何？善之与恶，相去若何？人之所畏，不可不畏。荒兮其未央哉！众人熙熙，如享太牢，如春登台。我独泊兮其未兆，如婴儿之未孩；儽儽兮若无所归！众人皆有余，而我独若遗。我愚人之心也哉！沌沌兮！俗人昭昭，我独昏昏。俗人察察，我独闷闷。淡兮其若海，飂兮若无止。众人皆有以，而我独顽似鄙。我独异于人，而贵食母。

【阐幽】

本章描述得道之人与芸芸众生的区别。

"绝学无忧。" 唯有不固守于外在的知识，才能够根绝内心的烦恼。世俗之学亦即知识的积累、智力的增长，这种头脑之学问愈多，思想就愈纷杂，离道也就愈远。如果不去认同世间的种种知见，那么烦恼也将无处容身。因为，凡是能够被知道的、被学习的，都不是真正的"道"。老子所说的"绝"并不是指完全摒弃，而是不去认同。事实上，一个人不可能完全摒弃他所学到的知识，也不可能彻底抹去他所拥有的记忆，但是，可以不去认同它们。世人容易受到知识的染污，生出诡诈之心、虚荣之心、偏执之心，或者被成长过程中那些"不好"的记忆所困扰，生出种种烦恼，甚至备受折磨。真正的智者不去认同那些知识和记忆。知识还是在那里，记忆还是在那里，你只是看到它们，利用它们，而不去认同它们，更不会坚守它们，那么就没有麻烦。比方说，当身体出现疼痛，如果不认同于我是这个身体，只是感知那个疼痛，但内心清楚，那只是身体的疼痛，而不是"我"疼痛，那么疼痛仍在，但没有痛苦。又比如看电影，观众可能会被电影中的剧情所打动，但通常不会沉浸其中而无法自拔。我们内心很清楚，电影中那些人事物都是虚构的，因此，只是欣赏但不会去认同电影里的情节。智者的心灵如同一面镜子，那些知识和记忆，浮浮沉沉，来来往往，只要不对其抱有执念，那么就不会被打扰。

"唯之与阿，相去几何？善之与恶，相去若何？"恭敬地应答与疾厉地呵斥，究竟相差有多大？所谓的善与恶，又究竟相差多少？在老子看来，这个世界上哪里存在绝对的"唯"与"阿"，"善"与"恶"？它们之间的差别哪有我们所想象的那么大？实际上，世间一切的事物和现象都只是相对的、短暂的，跟那个真实存在、永恒不变的大道相比，根本不值得耗费太多的时间和精力。每一个人面对各自短暂的人生，怎能不认真去思考这些问题？为何不在最重要的问题上用功呢？

"人之所畏，不可不畏。荒兮其未央哉！"河上公解释说："人谓道人也。人所谓者，畏不绝学之君也。"（《老子道德经河上公章句》）世人皆热衷于功名利禄，沉湎于口腹之欲，固守于各种知见，他们不热爱真理，更不会去探索真理。老子曾无限感慨："吾言甚易知，甚易行，天下莫能知，莫能行。言有宗，事有君。夫唯无知，是以不我知。知我者希，则我者贵。"（七十章）世人耽于感官享乐，浑浑噩噩，不尊道也不修道。有道之人面对世俗社会当中的这些人，既无可奈何，也不得不有所顾忌。然而，这种状态自远古以来便是如此，像广漠一般遥遥而无尽头。

"众人熙熙，如享太牢，如春登台。我独泊兮其未兆，如婴儿之未孩；儽儽兮若无所归！众人皆有余，而我独若遗①，我愚人之心也哉！

---

① 遗，作匱，匱乏、抛弃之义。

沌沌兮！"放眼望去，世人皆兴高采烈、熙熙攘攘，有如参加丰盛筵席，又如同春日里登台远眺。唯独我像是还不懂得嬉笑声的婴儿，沉静淡泊，闲散无为，无知无识，无忧无虑，似乎无有归处。芸芸众生都热衷于占有外在之物，守护自己多余的财产，唯独我一人无动于衷，自然也就一无所有。我只有一颗愚人之心，蒙昧又愚钝。在此，"我"是指有道之人、真正的智者。与习惯了喧闹纷扰的世人相比，有道之人沉静淡泊，像初生婴儿那样保持自己的真实本性。印度智者马哈希说："任何东西要能引起幼儿兴趣，就必须要一直摆在他的眼前，一旦它消失了，幼儿就不会再去想它。因此，幼儿很明显地并未把它一直挂在心中，心念自然不会受到它的影响。智者也是如此。"[①]

"**俗人昭昭，我独昏昏。俗人察察，我独闷闷。淡兮其若海，飂兮若无止。众人皆有以，而我独顽似鄙。我独异于人，而贵食母。**"世人都在拼命努力，看似光芒四射，只有我清静无为，因此显得黯淡无光；世人都在炫耀才智，显得聪明伶俐，唯独我蒙昧无知，故而显得浑浑噩噩。这个状态，像辽远广阔的大海，没有止境，像呼啸不止的大风，不作停留。世人都各司其职，施展各自的本领，只有我淡然无为，看上去愚顽不灵，蔽固不通。有道之人与凡夫俗子的不同之处在于，远离了世俗的纷纷扰扰，踏入了内在世界的旅途，尊崇并守护那个永恒不变的大道。从表面来看，世人聪明伶俐、兴高采烈，在外在世界得到了各种好处，在世俗生活当中如鱼得水，但是，由于他们不尊道不修道，最终，一个人在外在世界所能够占有的一切，都将以某种相似的方式统统失去，因为，"那能够得到的，就有可能再次失去"[②]。伴随着一个人身体的毁灭，这一生的所谓功业注定了不过是竹篮打水一场空。有道之人表面上孤单、落寞而顽固，在世俗之人看来，不合时宜、不顺潮流、愚顽不灵、蔽固不通。但是，"我独异于人，而贵食母"，

---

① ［印］室利·拉玛那·马哈希：《走向静默，如你本来》，石宏译，中国青年出版社2017年版，第49页。

② ［印］室利·尼萨伽达塔·马哈拉吉：《我就是那》，陶张欢译，中国青年出版社2016年版，第119页。

和芸芸众生相比，有道之人的独特之处在于，他懂得人生的权衡取舍，始终尊崇那个永恒不变的大道，用心体味玄妙大道的滋味，达成生而为人的最终使命。

二十一章

孔德之容，唯道是从。道之为物，惟恍惟惚。惚兮恍兮，其中有象；恍兮惚兮，其中有物。窈兮冥兮，其中有精；其精甚真，其中有信。自今及古，其名不去，以阅众甫。吾何以知众甫之状哉？以此。

【阐幽】

本章强调大道无形无相，但真实存在。

"**孔德之容，唯道是从。**"大德的样态，随着"道"为转移。孔德即大德，它是无边无际、无所不容的德。道本来是幽隐的，其显现即为"德"。换言之，道是德的本体和依据，德是道的实现和完成。也就是说，形而上之道落实到个体生命层面时，称之为德。就此而言，循道而行，即为有德；修道有得，谓之有德。修道之人，意识清明，内心放松，他时时保持觉知，安住当下，故而，不可能伤害其他人，也不可能损害社会。世俗之人，意识昏沉，充满紧张，他总是患得患失，顽固偏执，为了维护自我利益，有可能不择手段，甚至于伤害他人。换言之，修道者就是有德者，有道者才是真正的有德者。①

---

① 一个人若尊道修道，即便在表面上未能遵守社会道德，也是潜在的好人；一个人若不尊道不修道，即便在表面上恪守社会道德，也是潜在的恶人。

从某种意义上说,"道"就是纯净的意识,它是纯粹的"在"(或者说"空无"),也是万事万物得以存在和显现的根源;"德"乃是意识在个体(身体)中的表现,亦即"我在"的感觉,它是每一个人与生俱来、挥之不去,也能够切实感受到的东西。一个人坚持守自己的"德",亦即时时保持觉知、恒常记住"我在",就有可能逐渐褪去身体感觉,进入一种没有形象、没有声音、没有大小、没有名字的空无(禅定)状态。当他发现了自己的真实本性,就是那纯粹的"在"、纯粹的知道性,这样的人就被称作为"得道"之人(悟道之人),他们是这个世界上真正的智者。换言之,道乃德之体,德乃道之用。从万物化生的角度来看,先有道,后有德,若无大道,也就无德可言。从个人修道的角度来说,先有德,后有道,人若无德,就不可能悟道。最终,一旦悟道,道就是德,德即是道。

"**道之为物,惟恍惟惚。惚兮恍兮,其中有象;恍兮惚兮,其中有物。窈兮冥兮,其中有精;其精甚真,其中有信。**""道"这东西,恍恍惚惚。道看上去恍恍惚惚,其中却有某种形象;道看上去恍恍惚惚,其中却有某种物质。道看上去深远暗昧,其中却有精微之气;精微之气极为纯真,其中却有可靠验证。"道"看似"惟恍惟惚""惚兮恍兮""恍兮惚兮""窈兮冥兮",但其中"有象""有物""有精""有信"。可见,与世间一般之物不同,道并非普通意义上的有,亦非普通意义上的无,它实有而似无,它在显现自己的同时遮蔽自己,在遮蔽自己的同时显现自己。换言之,无是道之本体,有是道之妙用。道本身无形无相,但真实存在,它不随万物变化而变化,"独立不改,周行而不殆"(二十五章)。关于"惟恍惟惚"一语,庄子有过类似的描述:"视乎冥冥,听乎无声,冥冥之中,独见晓焉,无声之中,独闻和焉。故深之又深而能物焉,神之又神而能精焉。"(《庄子·天地》)看上去幽暗不明,听起来寂然无声,但在幽暗之中,却能见到光明;在寂然无声之中,却能听到协和的音韵。所以,大道深邃沉静而能主宰万物,神妙莫测却真实存在。这是庄子对于精微之道的描述。

所谓修道,就是离开头脑、退出头脑的状态,也就是进入没有时间感、没有空间感的禅定状态，这是意识处于极为纯净的状态。在此状态下，一个人有可能见到真相。一旦进入很深的禅定状态，头脑不再活跃，也就没有区分性，此时剩下的就是精气神（能量），这个一元性的能量是唯一真实的存在。当一个人经验到了没有二分性的精气神（能量），知道了"我"就是这个精气神（能量），那么也就知道了"我"并不是这个身体，而是纯净的意识。人的身体终将消亡，但意识则是永恒长存的，它不会随着身体的损毁而经验到死亡，那么，头脑所有的迷惑都消失了。了解这个事实，那就是真信。求道者有了这个信心，就能够正确地用功了。

"自今及古，其名不去，以阅众甫。吾何以知众甫之状哉？以此。" 从今天回溯到古代，道的名字从来不会落空，根据它就可以知道万物的本源。我是如何知晓万物的本源呢？乃是依据此道。道并非具体可见之实物，却是万物存在之基础。世间万物皆有道，我们从万事万物当中都能够体会到道的存在。道无处不在，它混同于万物当中，从来不与万物划清界限，所以庄子说道"在蝼蚁""在稊稗""在瓦甓""在屎溺"。[①] 事实上，道是万物幕后的背景，道是世间永恒的导演。一旦人们知道了道，就能知道万物的开端，它不随万物变化而变化，不随人类的生命而有任何改变，这恰恰是大道精妙深邃之特点。

---

① 东郭子问于庄子曰："所谓道，恶乎在？"庄子曰："无所不在。"东郭子曰："期而后可。"庄子曰："在蝼蚁。"曰："何其下邪？"曰："在稊稗。"曰："何其愈下邪？"曰："在瓦甓。"曰："何其愈甚邪？"曰："在屎溺。"东郭子不应。庄子曰："夫子之问也，固不及质。正获之问于监市履狶也，'每下愈况'。汝唯莫必，无乎逃物。至道若是，大言亦然。周、遍、咸三者，异名同实，其指一也。尝相与游乎无有之宫，同合而论，无所终穷乎！尝相与无为乎！澹而静乎！漠而清乎！调而闲乎！寥已吾志，无往焉而不知其所至，去而来不知其所止。吾已往来焉而不知其所终，彷徨乎冯闳，大知入焉而不知其所穷。物物者与物无际，而物有际者，所谓物际者也。不际之际，际之不际者也。谓盈虚衰杀，彼为盈虚非盈虚，彼为衰杀非衰杀，彼为本末非本末，彼为积散非积散也。"（《庄子·知北游》）

二十二章

曲则全，枉则直，洼则盈，敝则新，少则得，多则惑。是以圣人抱一为天下式。不自见，故明；不自是，故彰；不自伐，故有功；不自矜，故长。夫唯不争，故天下莫能与之争。古之所谓曲则全者，岂虚言哉？诚全而归之。

【阐幽】

本章倡导"不自见、不自是、不自伐、不自矜"。

"曲则全。"委屈才能保全。树盘根错节，委屈生长，方能根深叶茂；人曲己从众，恒顺众生，方能保全自身。《晏子春秋·内篇谏上》载："齐有得罪于景公者，景公大怒，缚置之殿下，召左右肢解之，敢谏者诛。晏子左手持头，右手磨刀，仰而问曰：'古者明王圣主其肢解人，不审从何肢解始也？'景公离席曰：'纵之，罪在寡人。'"此故事即体现了"曲则全"。

"枉则直。"弯曲才能伸直。屈己以为人，抑己以循物，处众人所恶，受天下之垢，逆来顺受，不辩不争，其理自直，其道自伸。《西京杂记》载："汉武帝乳母尝于外犯事，帝欲申宪，乳母求救东方朔。朔曰：'帝忍而愎，旁人言之，益死之速耳。汝临去，慎勿言，但屡顾帝，我当设奇以激之。'乳母如其言。朔在帝侧曰：'汝宜速去！帝已壮矣，岂念汝乳哺时恩邪？尚何还顾！'帝虽才雄心忍，亦深有情恋，乃凄然愍之，即赦免罪。"此故事即体现了"枉则直"。

"洼则盈。" 低洼才能充盈。地低洼则水流之，人谦下则德归之。老子常以"谷"来形容低洼之妙用。他说："旷兮其若谷"（十五章）；"知其荣，守其辱，为天下谷。为天下谷，常德乃足，复归于朴"（二十八章）。在老子看来，"上德若谷"（四十一章），这意味着，谦虚是最大的美德，唯有谦虚之人，才有接近大道的可能性。

"敝则新。" 温故才能知新，敝旧才能更新。老子曾说："保此道者不欲盈。夫唯不盈，故能蔽不新成。"（十五章）所谓"敝则新"，是指破敝之后，乃有革新之象。白居易诗云："离离原上草，一岁一枯荣。野火烧不尽，春风吹又生。"（《赋得古原草送别》）自然界的草木，秋日萧瑟，至冬凋零，看上去是敝，及至春来，长出新芽，生机盎然，这就是"敝则新"。《大学》说："苟日新，日日新，又日新。"对于智者而言，每天睁开双眼，都是新的一天，都是新的自己，因为他的心是新的、鲜活的，于是满心欢喜。大珠慧海禅师对弟子说："青青翠竹，尽是法身。郁郁黄花，无非般若。"（《顿悟入道要门论》）在智者眼中，一朵黄花，一支翠竹，都是道之无限生命力的展示。

"少则得，多则惑。" 少精方能得要，贪多导致迷乱。少则得其本，多则远其真。"少则得"意味着，智者懂得做减法，于外在世界精简物品和事务，于内在世界减少思虑和欲望。"多则惑"意味着，贪多求得，妄心极用，内心必乱，容易迷惑于现象世界，以至于迷失自己的本性。河上公注："财多者惑于所守，学多者惑于所闻。"（《老子道德经河上公章句》）在生活当中，选择导致焦虑，正因有了选择的可能，焦虑开始如影随形。[①] 在老子看来，"为道日损"的结果就是"少则得"，"为学日益"的结果就是"多则惑"。

"是以圣人抱一为天下式。" 因此圣人持守于"道"，作为天下芸芸众生之表率。老子说"道生一"（四十二章），故而"抱一"就是抱道。真

[①] 《淮南子·说林篇》中记载，"杨子见逵路而哭之，为其可以南可以北"，杨子遇到歧路而不知所措，于是坐在那里嚎啕大哭。

正的智者不会一味地、盲目地去追求那些"全""直""盈""新""多"，而是懂得"处众人之所恶"，亦即处曲、处枉、处洼、处敝、处少，如此，则无为而无不为，可以为天下之表率。求道者抱元守一，凝神聚气，最终有可能明心见性，返本归元。

"不自见，故明；不自是，故彰；不自伐，故有功；不自矜，故长。"有道之人不自我表现，反倒显明；不自以为是，反倒彰显；不自我夸耀，反能见功；不自我尊大，反而长久。一个人不囿于己见，不自以为是，那么就易于体悟大道、认识自己。不自我夸耀，不贪天之功为己功，不掠人之美为己美，虽然成功而不居，而且"功遂身退，天之道也"（九章），是以其名不去，反能见功。不自我矜恃，不骄横自大，而是谦虚谨慎，不骄不躁，慎终如始，故能够长久，其德行与才能也会日增。当一个人保持无为，"守柔、守卑、守静、守拙"，他的自我就越少，也就越不容易陷入情绪当中，越不容易陷入烦恼当中；当一个人刻意而为，"自见、自是、自伐、自矜"，他的自我就越多，也就越容易被情绪所左右，越容易被痛苦所控制。故而，真正的智者，不自以为是，不自诩高明，更不崇尚复杂，而是注重于厘清头脑，净化心灵，简化生活。

"夫唯不争，故天下莫能与之争。"正是因为圣人不去跟别人争，所以天下无人能够与他相争。"不争"之道，即在于"不自见、不自是、不自伐、不自矜"。孔子说："君子无所争。必也，射乎！揖让而升，下而饮，其争也君子。"（《论语·八佾》）君子没有什么可争的，如果非要找出一个跟竞争有关的事，那就是比射箭了。比赛开始之前，彼此拱手作揖、互相谦让，比赛结束之后，无论谁输谁赢，欢欢喜喜去喝酒，这个叫做君子之争。孟子有一个著名的论断："仁者无敌。"（《孟子·梁惠王上》）真正的仁者，不是去战胜外在的竞争对手，而是征服自己内在世界的无知和恐惧。正因如此，儒家关心个体人格的完善，注重心灵品质的提升。当一个人的人格越来越健全，心灵越来越纯净，他懂得尊重自己的真实兴趣，在正确的方向上恰当地努力，那么，外在世界的成功也将自然而然、水到渠成。在老子看来，"天之道，不争而善胜，不言而善应，不召而自来，繟然而善谋"（七十三章）。以不争之心入世，则得失坦然，宠辱不惊，最终，"以其不争，故天下莫能与之争"（六十六章）。

"古之所谓曲则全者，岂虚言哉？诚全而归之。" 在老子看来，"曲则全"等语，乃古代圣人所言，并非虚言妄语，而是蕴含着极高的智慧。只要行于正道，谦卑礼让、扬人抑己、淡泊宁静、柔弱不争，就能够远离祸患、保全身心、保持接受、安住当下，进而回到自己的源头。

老子所说的"不自见、不自是、不自伐、不自矜"，与孔子所说的"毋意，毋必，毋固，毋我"（《论语·子罕》），其核心都是了解"自我"、放下"自我"。总之，在古代的智者看来，"至人无己，神人无功，圣人无名"（《庄子·逍遥游》），唯有破除"我执"，方能体悟大道的精神。

二十三章

希言自然。故飘风不终朝，骤雨不终日。孰为此者？天地。天地尚不能久，而况于人乎？故从事于道者，同于道；[①]德者，同于德；失者，同于失。同于道者，道亦乐得之；同于德者，德亦乐得之；同于失者，失亦乐得之。信不足焉，有不信焉。

【阐幽】

本章借飘风骤雨阐述妄作非为难以持久。

"**希言自然。**"静默是大道的基本特征，大道就在寂静恬淡之中，因此，少言合乎道的自然本性。黄元吉说："道本无声无臭，故曰希言；道本无为无作，故曰自然。"（《道德经注释》）在老子看来，"大音希声"（四十一章），"听之不闻"（十四章），"不言而善应，不召而自来，繟然而善谋"（七十三章），一切自然而然，何必饶舌多言？事实上，真理总是在宁静当中被传达，真理也总是在宁静当中被领悟。故而，希言是智者的品质，符合虚静自然之大道。在老子看来，少言是无为，多言是妄为。多言无益，既耗费精神，也扰乱头脑，因此，减少言语，精简言辞，有助于体悟大道。

[①] 王弼本、河上公本均作"故从事于道者，道者同于道"，现据帛书本。

"**故飘风不终朝，骤雨不终日。孰为此者？天地。天地尚不能久，而况于人乎？**"狂风不会持续吹一早晨，暴雨不会持续下一整天。自然界的运动，凡是变化激烈、施为猛烈的现象，都是暂时的，难以持久，比如飘风骤雨，都是一阵而过。到底是谁造成这种现象呢？乃是天地。天地所为，若失其常，尚且不能持久；人之所为，不知守常，又岂能长久呢？这意味着，在大自然当中，所有的事情都是自动发生的，并没有一个"做者"，即便有"做者"，那也是"道"。可见，顺道而行，方能长久，倘若轻举妄动，胡作非为，亦如暴风与骤雨而不可长久。故而，"人为事当如道安静，不当如飘风骤雨也"（《老子道德经河上公章句》）。

"**故从事于道者，同于道；德者，同于德；失者，同于失。同于道者，道亦乐得之；同于德者，德亦乐得之；同于失者，失亦乐得之。**"因此，积极求道的人，与道同行；修德的人，所认同的是有德；失德的人，所认同的是无德。同于道的人，道也乐于认同他；同于德的人，德也乐于认同他；行为失德的，道也会抛弃他。换言之，你追求什么，什么就同你在一起；你靠近什么，什么就靠近你；道不远人，而人自远道。河上公说："道者，谓好道之人也。同于道者，所为与道同也。德者，谓好德之人也。同于德者，所为与德同也。"（《老子道德经河上公章句》）世人追逐外在之物，然而，伴随着身体的损毁，他所拥有的一切都将失去。那些追求"道"的人，看上去什么都没有得到，但最终将拥有一切——并不是他得到了"道"，而是与"道"合一了。

"**信不足焉，有不信焉。**"君主若缺乏诚信，将失去人民对他的信任。河上公说："君信不足于下，下则应君以不信也。"（《老子道德经河上公章句》）老子以此来比喻修道者若无真实见地，即便口若悬河，滔滔不绝，也难以取信于人。一个人没有任何真实的经验和理解，连自己都信心不足，如何能够让其他人信服？当你对道有了真实的体会，自己信心充足，那么，别人将自然而然地信任你。憨山大师解释说："此无他，盖自信之真。虽不言，而世人亦未有不信者。且好辩之徒，哓哓多言，强聒而不休，人转不信。此无他，以自信不足，所以人不信耳。"（《道德经解》）

二十三章

二十四章

跂者不立，跨者不行。[①]自见者不明，自是者不彰，自伐者无功，自矜者不长。其在道也，曰余食赘形。物或恶之，故有道者不处。

【阐幽】

本章再次强调"自见、自是、自伐、自矜"之害。

"跂者不立，跨者不行。" 踮起脚尖，无法站得久；跨步前行，无法走得远。众所周知，人站立时脚跟着地，平稳中正，虽久立而不疲，这是站立的自然之道；人行走时步伐适中，自然而然，虽久行而不息，这是行走的自然之道。"跂者"本来想要站得更高、看得更远，最终反而站不稳；"跨者"本来想要走得更快、走得更远，最终反而走不远。原因究竟何在？因为这些有为之举违背了自然之道。"跂者"和"跨者"就是"有为者"，他们刻意而为，反而难以持久。"跂者不立，跨者不行"比喻一个人若贪求外在之物，那么就无法立道行道；在求道之路上，倘若贪多求速，轻躁妄动，则离道愈远。

"自见者不明，自是者不彰，自伐者无功，自矜者不长。" 自逞己见，反而不得自明；自以为是，反而不得彰显；自我夸耀，反而不得

[①] 王弼本为"企者不立"，河上公本作"跂"。在古代，"跂"通"企"，但"跂"本身的意思是多指，"跂，足多指也"（《说文解字》）。

见功;自我矜持,反而不能长久。在老子看来:"不自见,故明;不自是,故彰;不自伐,故有功;不自矜,故长。"(二十二章)人若刻意而为,其结果往往适得其反,以至于不明、不彰、无功、不长。事实上,自见、自是、自伐、自矜,在本质上都是出于自卑、虚弱和恐惧。一个人越是骄傲自大、恃才自矜,就越是表明他内心有多么的自卑;一个人越是在意和追求他人的认可,就越是表明他内在有多么的虚弱;一个人越是执意向外求取,就越是表明他内心有多么的恐惧。黄元吉解释说:"自伐者往往无功,有功者物莫能掩,何用伐为?自矜者往往无长,有长者人自敬服,奚用矜为?"(《道德经注释》)

"其在道也,曰余食赘形。物或恶之,故有道者不处。" 从"道"的角度来看,自见、自是、自伐、自矜的行为都是故意造作。这些有为之举,旨在凸显自己,皆非自然之道,有如剩食和赘疣,非但无用,而且累赘,令人厌恶,所以,有道之人不会如此。在智者的眼中,世间的功名富贵,不过是过眼烟云,如同宋代禅诗所言:"梦里堆藏总是金,一场富贵喜难禁。枕头扑落忽惊醒,四壁清风无处寻。"(《无得》)[①] 外在世界的财富总是来来去去的,外在世界的认可也是虚幻不实的,为了追求这些外在之物、外在认可而耗费自己的一生,实在是得不偿失,正如庄子所言:"以随侯之珠弹千仞之雀,世必笑之。是何也?则其所用者重而所要者轻也。"(《庄子·让王》)在老子看来,求道者唯有破迷除障,虚静无我,顺应本性,行无余赘,方能体道悟道,与道合一。

[①] 空岩有:《无得》,见吴言生、辛鹏宇编著《佛禅大智慧——禅诗名篇一百首》,中华书局2016年版,第159页。

二十五章

有物混成，先天地生，寂兮寥兮，独立不改，周行而不殆，可以为天地母。吾不知其名，字之曰道，强为之名曰大。大曰逝，逝曰远，远曰反。故道大，天大，地大，王亦大。域中有四大，而王居其一焉。① 人法地，地法天，天法道，道法自然。

【阐幽】

此章揭示了大道的基本规律：道体混成，独立不改，周行不殆，道法自然。

"有物混成，先天地生，寂兮寥兮，独立不改，周行而不殆，可以为天地母。"大道如同一个浑然一体的东西，在天地出现之前就存在了。它没有声音，没有形体，独立存在而不改变，循环运行而不衰亡，能够成为天地万物的本源。"道"总是与万事万物混同在一起，故曰"混成"。"道"乃是天地万物的本源，故曰"先天地生"。这意味着，先有了道，后有天地，正是这个道，化生出天下万事万物。"道"无形无名，无声无臭，清虚寂静，故曰寂寥；"道"若亡若存，不增不减，不变不易，故独立不改；"道"无始无终，周通宇宙，无所不至，是谓

---

① 通行本为："故道大，天大，地大，人亦大。域中有四大，而人居其一焉。"王弼与河上公本均作"王"。

周行不殆；"道生一，一生二，二生三，三生万物"（四十二章）[1]，故为母体。

"**吾不知其名，字之曰道，强为之名曰大。**"我不知道它的名字，只能将其称作道，只能勉强将其命名为大。王弼解释说："名以定形，混成无形，不可得而定，故曰不知其名也。"（《老子道德经注》）何晏也讲："夫唯无名，故可得遍以天下之名名之，然岂其名也哉？"（《无名论》）对于真理，在不同的文化体系当中有着不同的命名，诸如，儒家称之为"仁"，道家称之为"道"，佛家称之为"佛"，西方文化称之为"爱"，尽管名称各异，所指其实相同。故而，智者提醒世人，不必过于执着于名相。正因如此，《道德经》开篇就说"道可道，非常道"，指出道没有确定的形象，故而难以用语言文字加以正面表述，称其为"道"为"大"，乃是不得已而为之，勉强加以形容而已。

"**大曰逝，逝曰远，远曰反。**"大道广大无边且运行不息，正因为它运行不息，所以能够延伸至无穷之远，在伸展到极点之后，又重新返回它的本源。道的特点，就是"大""逝""远""反"。所谓"大"，是说道无量无边，无所不在，既弥漫于宇宙，又遍在于万物，既内在于万物，又超越于万物，其大无外，其小无内，既无形又有形，这反映了道的遍在性、包含性。所谓"逝"，是指道不断流逝，永不停殆，难以寻觅，这反映了道的运动的绝对性。所谓"远"，指的是道流逝远去，无所不至，遍于宇宙万物，这反映了道的时空性。所谓"反"，指的是周行不殆，有往必复，周而复始，反映了道的循环性。憨山大师解释说："老子谓我说此'大'字，不是大小之大，乃是绝无边表之大，往而穷之，无有尽处，故云'大曰逝'。向下又释'逝'字，逝者远而无所至极也，故云'逝曰远'。远则不可闻见，无声无色，非耳目之所到，故云'远曰反'。反，谓反一绝迹。道之极处，名亦不立，此道之所以为大也。"（《道德经解》）

"**故道大，天大，地大，王亦大。域中有四大，而王居其一焉。**"

---

[1] 憨山德清曰：谓道本无名，强名之一，故曰"道生一"，然天地人物，皆从此生，故曰"一生二，二生三，三生万物"。（《道德经解》）

因此道大，天大，地大，王也大。世界包括了"四大"，而王就占据其中之一。王弼说："天地之性人为贵，而王是人之主也，虽不职大，亦复为大。与三匹，故曰'王亦大'也。"（《老子道德经注》）河上公说："道大者包罗诸天地，无所不容也，天大者无所不盖也，地大者无所不载也，王大者无所不制也。"（《老子道德经河上公章句》）印度人将地、水、火、风认作"四大"，古代中国有木、火、土、金、水的"五行"之说。老子则提出"四大"之说，亦即道、天、地、王。人为万物之灵，王为万人之首。当然，老子所说的"王"，并非世俗意义上的君主、国王，而是指得道之人、真正的智者，他们是内在世界的"王"。真正的王国在自己里面，每一个人生来都是"王"，可大多数人最终将自己活成了乞丐。求道之旅就是重返自己内在的王国，重登内在世界的王位，这是真正意义上的"侯王"。

"人法地，地法天，天法道，道法自然。" 人效法地，地效法天，天效法道，道效法它自己的本性。《周易·坤·象传》曰："地势坤，君子以厚德载物"，故而，人需取法大地宽广深厚无私的胸怀。《周易·乾·象传》曰："天行健，君子以自强不息"，故而，大地需效法天道运行万物、永健而不衰竭的功能。所谓"天法道"，天也要遵循大道，效法大道，方能长久。所谓"道法自然"，"自"是自在本身，"然"是当然如此，所谓自然者，非神使也，非人为也，自己如此。"道"是"自然"如此，"自然"便是道，它根本不需要效法谁，道是本来如是，原来如此，所以谓之"自然"。"道法自然"实际上是"道"以自身为法则，"无为而无不为"（四十八章），自自然然就是道，若不如此，便不合道。可见，道家所讲的"自然"是自然而然、本应如此。道法自然，就是顺应事物的本性，因循事物的内在法则，让万物各有归属，各得其性。"道法自然"意味着，一个事物，越是纯朴自然，越是未经加工、不加雕琢，就越是合于大道。反之，经过的加工或雕琢越多，离道也就越来越远。一个人，当他越来越简单，越来越放松，越来越自在，那就是跟道在一起。相反，当他变得越来越复杂，越来越紧张，越来越恐惧，那么离道也就越来越远。总之，凡是自然的，就是合乎道的。对于个体生命而言，尽可能避开那些非自然的事物，不去做违背自然法则的事情，只是自由自在地活着，没有顾虑地生活，做自在和简单的人，做简单的事、做小事，接受当下，享受当下，这就是道法自然。

二十六章

重为轻根,静为躁君。是以君子终日行不离辎重。虽有荣观,燕处超然。奈何万乘之主,而以身轻天下?轻则失根,躁则失君。

【阐幽】

本章重点阐述"重为轻根,静为躁君"。

"重为轻根,静为躁君。" 厚重是轻率的根基,宁静是躁动的主宰。世间万物莫不是"重为轻根",唯有"深根固柢",方能"长生久视";世间万物莫不是"静为躁君",只有以静为君,"致虚极,守静笃",方能"夫物芸芸,各复归其根"(十六章)。"重为轻根",即是以重镇轻,"静为躁君"即是以静制躁。因为,厚重和宁静能使事物保持自身的本性,而躁动则使事物丧失自身的本性。一个人立身行事,若是草率盲动,犹如断线的风筝,茫然不知所归。

"是以君子终日行不离辎重。虽有荣观,燕处超然。" 因此君子终日行走,但不离开他的粮草行李,尽管生活在华丽的宫殿当中,也能够像待在自己家中那样安然处之。"辎重"是军队载运装备的车,离开辎重就无法远行,更不可能取胜。古时候大军作战,军队尚未出发,辎重就已先行。老子借此来比喻君子遵道而行,自然无为,亦即注重事物本性的厚重和宁静。在老子看来,真正的智者虽然身处"荣观"

之中，仍然恬淡虚无，超然物外，不改本来的素朴，他不因功成名遂、富贵荣华而自累其心。

"奈何万乘之主，而以身轻天下？轻则失根，躁则失君。"为什么身为大国的君主，治理天下时却还轻率躁动呢？一旦轻率躁动，就会失去根本，一旦急躁妄动，就容易失去君位。在老子看来，君子仁人，处事接物尚且不可轻举妄动，何况万乘大国之君主，岂能轻举妄为？因为，一旦轻率，就失去了根本，一旦躁动，就失去了主宰。而统治者有了权位之后，难免心浮气躁、轻举妄动，造成天下大乱。老子认定，"治大国，若烹小鲜"（六十章），这是治邦之道的规律性要求，圣人道莅天下，必然重以为根，静以自处，"清静为天下正"（四十五章）。如果轻率和躁动的话，就会破坏事物的本性，必然会背离大道，最终导致失败。由此可知，老子之旨趣，在于尚少、尚愚、尚柔、尚静，唯少、愚、柔、静，方近于大道。

二十七章

善行无辙迹，善言无瑕谪，善数不用筹策，善闭无关楗而不可开，善结无绳约而不可解。是以圣人常善救人，故无弃人；常善救物，故无弃物，是谓袭明。故善人者，不善人之师；不善人者，善人之资。不贵其师，不爱其资，虽智大迷，是谓要妙。

【阐幽】

此章借"善行""善言""善数""善闭""善结"五者来阐述圣人无为自然、潜移默化之特征。

"**善行无辙迹**。"真正善于行走的，不会留下痕迹。实际上，"善行"就是无为，"善行无辙迹"就是"无为而无不为"（四十八章）。故而，善于行道者，保持自然无为，没有任何刻意，也没有任何痕迹。

"**善言无瑕谪**。"真正善于言谈的，没有任何瑕疵。实际上，"善言"就是无言，就是"道可道，非常道"（一章）。真正善于言道者，"行不言之教"（二章），即便言说也不执己见，因此无弊病可谪。

"**善数不用筹策**。"善于计算的，不必借助筹码。天下万物皆分阴阳，非阴则阳，有数有理，所以需要使用筹策来计算，而大道是一元性的、整体性的，它没有区分性，故而没有办法计算。天之道，不仅善胜、善应、善谋，而且善数。实际上，"善数"就是不数，根本无须去数，也不必使用筹策，一切自然而然，它不会出错。有道之人活在此时此刻，他从来不去筹划什么，只是顺应当下的境遇，允许一切自动发生。

"**善闭无关楗而不可开**。"善于关门闭户的，即便不用栓锁，别人也无法打开。人们拥有任何有形之物，都害怕失去，想要护其安全，那就需要栓锁。事实上，任何能够被占有的东西最终都会失去，而道是唯一真实且不可能失去的东西。因此，"善闭"就是善于守持大道，善闭者守护的是无门之门，根本无需栓锁，但谁也打不开，更不会被偷走。

"**善结无绳约而不可解**。"善于捆绑的，即便不用绳索，别人也无法松解。所谓"善结"，就是与道结合。整个世界看上去万象森罗、纷杂混乱，实则"天行有常，不为尧存，不为桀亡"（《荀子·天论》），自然界有其内在的秩序，这就使得日月星辰运行有常，四季更迭井然有序。并非通过有形有相之物把它们给强行结合起来，而是那个无形无相的大道把整个世界统一起来了。实际上，"善结"就是不结，因为，道本来就是一个整体，故曰"无绳约而不可解"。

"**是以圣人常善救人，故无弃人；常善救物，故无弃物，是谓袭明**。"有道之人不被表面的形式所迷惑，他总是能够以最完美、最巧妙的方式帮助人们，所以，无论什么样的人都不会被忽略或放弃；有道之人总是善于物尽其用，他明白世间万物都有各自的作用或用途，所以，无论怎样的物品都不会被浪费或丢弃。圣人没有分别之心，于人于物都不去选择，这是真正的明智。圣人之所以为圣人，就在于其无心无为，虚怀若谷，接受一切，故而，恒善救人救物，而无弃人弃物，正如老子所言："道者，万物之奥，善人之宝，不善人之所保。美言可以市，尊行可以加人。人之不善，何弃之有？"（六十二章）

"**故善人者，不善人之师；不善人者，善人之资。不贵其师，不爱其资，虽智大迷，是谓要妙**。"善于行道者可以作为不善于行道者的老师，有助于他们自我勉励；不善于行道者则可以作为善于行道者的借鉴，有助于他们自我警醒。宋常星说："善人视不善者，愈加警惕，愈

二十七章

加黾勉。惟恐或底于不善，则鉴戒之小心，即为资助之有益。"(《道德经讲义》)在老子看来，若是不懂得尊重自己的老师，不珍惜有助于借鉴的事物，即使再聪明也免不了陷于迷茫之中，这是一个精妙深奥的道理。

　　真正的智者懂得尊师重道。老师有两种存在方式：外在的、有形的老师和内在的、无形的老师。最终的老师是内在的、无形的，它是我们内在世界本来就有的智慧。所以，贵"师"就是贵"道"，就是尊重我们本来就有的智慧，尊重自己也有成圣成贤的可能性。一个人只有尊重老师，才有可能从经典当中汲取智慧，否则的话，经典对于他来说毫无意义。真正的智者懂得物尽其用。他视人与己同心，即便有人不如己，也无分别之意，故善救助于人；他视物与我同体，虽有物看似无用，但无厌弃之心，故善救助于物。若不懂得尊师重道，不懂得物尽其用，则"虽智大迷"。

二十八章

知其雄，守其雌，为天下谿。为天下谿，常德不离，复归于婴儿。知其白，守其黑，为天下式。为天下式，常德不忒，复归于无极。知其荣，守其辱，为天下谷。为天下谷，常德乃足，复归于朴。朴散则为器，圣人用之，则为官长。故大制不割。

【阐幽】

本章提倡贵柔守雌，以朴治国。

"知其雄，守其雌，为天下谿。为天下谿，常德不离，复归于婴儿。"明白刚健勇为的道理，却甘于柔弱不争，这样才能够使天下的百姓众望所归，如同地面上的万千溪流，最终都汇入汪洋江海。若能甘作天下之溪涧，保持接受而不加抗拒，就不会离开永恒不变的真实之"德"，进而回归于婴儿般意识纯净之状态。关于"常德不离"，河上公解释说："人能谦下如深溪，则德常在，不复离于己。"(《老子道德经河上公章句》)一个人若能保持谦恭卑下，柔弱不争，就不容易离开自己的真实本性。反之，一个人倘若肆意刚勇，贪于妄进，就会离自己的真实本性越来越远。所谓"复归于婴儿"，就是回归于自然淳朴的、未经雕琢的天真状态，亦即重新返回到一个人刚刚出生时未经染污的意识状态。简言之，"复归于婴儿"就是复归于婴儿意识。印度智者马哈拉吉有言："要像婴儿那样，只是快乐地活着，不要试图成为这个或那个，你将会是一个完全觉醒的意识领域的见证者。"[①]

"**知其白，守其黑，为天下式。为天下式，常德不忒，复归于无极。**"了解到了光明和明亮的价值，却甘愿置身于混沌暗昧之中，这样才有可能成为世间万物所遵循的楷模。河上公解释说："白以喻昭昭，黑以喻默默。人虽自知昭昭明白，当复守之以默默，如暗昧无所见，如是则可为天下法式，则德常在。"（《老子道德经河上公章句》）通晓世间的种种事理，却能守愚守拙，柔弱不争，勤于修道，长此以往，就有可能领悟大道的奥秘，成为万民所效法的对象。若能成为世间万物所遵循的楷模，便意味着与永恒不变的真实之"德"相差无几，甚至毫无差别，进而回到那个无边无际、不可穷极的真实本性当中。

"**知其荣，守其辱，为天下谷。为天下谷，常德乃足，复归于朴。**"内心深知何为荣显尊贵的光耀，却甘于卑微自处，这样才能成为世间万物所遵循的楷模。"荣以喻尊贵，辱以喻污浊。人能知己之有荣贵，当复守之以污浊，如是则天下归之，如水流入深谷也。"（《老子道德经河上公章句》）唯有如此，才能使自身充满永恒不变的真实之"德"，再度回归于朴素、纯净的婴儿意识状态中去。

"**朴散则为器，圣人用之，则为官长。故大制不割。**"世间万物莫不是由纯朴之质发散而来，唯有圣人能够明察其中所隐含的规律，总结它们各自的品性道理，进而分别加以运用。所以说，圣人使万物各有其用，使万民内心归服，其重点就是以大道制御天下，尊重事物本来的样貌，而非拘于形器之末，热衷于区分事物，割裂事物的统一性。

在老子看来，雌胜雄，无为胜于有为；黑胜白，光明生于黑暗；辱胜荣，光荣源于耻辱。当人们守雄、白、荣的时候，这就是有为；当人们守雌、黑、辱的时候，这就是无为。只有为无为，才能任自然，才能合于道，最终反而无所不为、无所不成。

总之，老子的"三知三守"，一言以概之，"知其阳，守其阴"

[①] ［印］室利·尼萨伽达塔·马哈拉吉：《我就是那》，陶张欢译，中国青年出版社 2016 年版，第 178 页。

也。①故而，求道者应遵循"三知三守"的法则，把落脚点放在持静、处后、守柔上面。最终的结果就是复归于婴儿，复归于无极，复归于朴，亦即回归于婴儿一般的纯净意识，回归于无边无际的真实本性，回归于淳朴自然的素朴之心。

---

① 黄友敬：《老子传真》，（香港）儒商出版社2003年版，第241页。

二十九章

将欲取天下而为之，吾见其不得已。天下神器，不可为也。为者败之，执者失之。故物或行或随，或歔①或吹，或强或羸，或载或隳。是以圣人去甚，去奢，去泰。

【阐幽】

此章强调无为，教人去甚、去奢、去泰。

"将欲取天下而为之，吾见其不得已。" 老子通过把握盈虚消息之道，盛衰治乱之势，穷通得失之数，祸福成败之机，进而总结出人类历史的规律：那些"将欲取天下"者，费尽心机、神疲力竭而"为之"，但最终是不会成功的。事实上，天下的盛衰祸福、治乱存亡，人生的吉凶祸福、得失成败，皆有其客观规律，不可肆意强作，悖理妄为，否则，必然面临最终的失败。可以说，妄为者，必败之；妄执者，必失之，乃是必然规律。为此，有道之人"处无为之事"（二章），"不敢为主而为客"（六十九章），"因其势，顺其时，可行则行，可止则止"（《道德经注释》）。

"天下神器，不可为也。为者败之，执者失之。" 在老子看来，天下乃是一个神妙之物，我们无法对其强行做些什么，更无法将其牢牢攥

---

① 河上公本作"呴"，还有的版本作"嘘"，现据王弼本作"歔"。

在手心当中。如果你试图去执着于某种东西，你将会失去它；如果你准备好失去它，反而能够更好地拥有它。真正的"天下"是大道，那些试图为求取大道而去努力作为或刻意执取之人，最终也注定会失败、会失去。"为者败之，执者失之"意味着，如果你想失去某物，那就占有它；如果你想离开某人，那就执着他；如果你想感到痛苦，那就贪恋身体。

"故物或行或随，或歔或吹，或强或羸，或载或隳。"世间万物各异，有的事物在前，有的随行在后；有的温和柔缓，有的迅疾寒冽；有的强健壮实，有的细瘦羸弱；有的培植成长，有的损坏堕毁。诸如，阳性之物刚躁，善动好前，阴性之物柔静，好随于后。天下万物，或缓柔或急切，或强壮或羸弱，或朝气蓬勃、生机盎然，或暮气沉沉、垂垂老矣，"万物皆因自性，各随其形，适其所用，咸自然也"[①]。有道之人接受一切，保持无为。无为是这个世界的存在方式，整个生命现象也是无为的。除非无为，否则难以与存在的运作方式保持一致；除非无为，否则难以与生命的本质保持一致。同时，无为也是最为高深的修道方法，它无法做到也无法达成。你越是主动、越是积极，身体将会越发疲惫，能量将会很快耗散。相反，无为意味着放下"做者"的身份，保持自然放松的状态。天长日久，一个人的能量逐渐得以积蓄，智慧逐渐得以提升，或许有一天，大道的秘密将自动呈现。

"是以圣人去甚，去奢，去泰。"因此，圣人要去除过度，去除奢侈，去除傲慢。在老子看来，人生的许多痛苦都来自"甚、奢、泰"三者。人们之所以会甚、奢、泰，旨在借此增益自己的幸福，但由于超过了事物合理的限度，其结果往往适得其反，正所谓"跂者不立，跨者不行"（二十四章）。对于这些"多余"之举，老子主张"去"之。老子坚信，"去甚、去奢、去泰"，将会减少不必要的折腾，减少不必要的痛苦。换言之，凡夫俗子刻意妄为、背道而行，"甚、奢、泰"；有道的圣人循道而行、自然而然，"去甚、去奢、去泰"。前者有为，后者无为，凡圣之别，就在于此。

---

① 任法融：《道德经释义》，东方出版社2012年版，第76页。

三十章

以道佐人主者，不以兵强天下，其事好还。师之所处，荆棘生焉。大军之后，必有凶年。善者果而已，① 不敢以取强。果而勿矜，果而勿伐，果而勿骄，果而不得已，果而勿强。物壮则老，是谓不道，不道早已。

【阐幽】

此章以兵喻道，提倡清静无为。

"以道佐人主者，不以兵强天下，其事好还。师之所处，荆棘生焉。大军之后，必有凶年。" 以大道来辅佐君主的人，不靠武力逞强于天下。若以兵力耀武扬威，逞强称霸于天下，势必得到报应，终将自食恶果。凡是军队所到之处，必定田园荒芜、荆棘丛生，一片萧条凄惨的景象。经历战乱之后，必定迎来饥荒之年。老子历来主张"以道莅天下"（六十章），"以道佐人主"。在他看来，如果"以兵强天下"，耀武扬威、诛伐异己、拥兵自重，其结果必然是"其事好还"。老子反复告诫世人"强梁者不得其死"（四十二章）、"坚强者死之徒"（七十六章），凡是试图以武力逞霸于天下者，必然如飘风骤雨一般不

---

① 王弼本为"善有果而已"，河上公本为"善者果而已"。

可长久。故而，执政者要顺从天理，体察民情，以清静无为之道治理国家，不可专尚武力，滥用兵革。憨山大师曰："凡以兵强者，过甚之事也。势极则反，故其事好还。师之所处，必蹂践民物，无不残掠，故荆棘生。大军之后，杀伤和气，故五谷疵疠，而年岁凶，此必然之势也。"（《道德经解》）[1]

"善者果而已，不敢以取强。果而勿矜，果而勿伐，果而勿骄，果而不得已，果而勿强。"有道之人取得战果就适可而止，而不靠兵力来逞强。取得战果而不矜持，取得战果而不夸耀，达成目的而不骄傲，取得战果乃是出于不得已，取得战果却不逞强。老子强调勿矜、勿伐、勿骄、勿强。[2] 以道佐人主者，纵然不得已而用兵，也是以道用兵、以慈用兵，"以战则胜，以守则固"（六十七章），虽战而不失于道，虽战而不失其慈，故而，即便胜券在握也不会张扬，更不会妄自尊大，即便取得胜利也不会引以为傲，摆出傲慢的姿态，即便功成名就也不会居功自傲，更不会得寸进尺，逞强好胜。在老子看来，"自见者不明，自是者不彰，自伐者无功，自矜者不长"（二十四章），真正的智者，不自见，不自是，不自伐，不自矜，他始终保持头脑清醒，内心柔软，谦虚卑下。

"物壮则老，是谓不道，不道早已。"[3] 世间万物在壮大到某个程度之后就会趋于衰败，这说明它已经失去了柔和自然之道。事物一旦失去了柔和自然之道，那么很快就会走向毁灭。河上公说："草木壮极则枯落，人壮极则衰老也。"（《老子道德经河上公章句》）草木一旦壮大到极点就会走向枯落，人一旦壮大到极点就会走向衰老，这是生命运行的客观规律。因此，做事要顺其自然，当为则为，当止则止，如此方能保持长久，倘若勉强而行，刻意妄为，不懂知止，那么很快就会消亡。一言以蔽之，顺道者昌，逆道者亡。

---

[1] 孟子也说过："威天下不以兵革之利。得道者多助，失道者寡助。寡助之至，亲戚畔之；多助之至，天下顺之。"（《孟子·公孙丑下》）
[2] 儒家也有类似表述，诸如"毋意，毋必，毋固，毋我"（《论语·子罕》）。
[3] 五十五章也有此句："知和曰常，知常曰明，益生曰祥，心使气曰强。物壮则老，谓之不道，不道早已。"

三十一章

夫佳兵者，不祥之器，物或恶之，故有道者不处。君子居则贵左，用兵则贵右。兵者，不祥之器，非君子之器，不得已而用之。恬袭为上，[①]胜而不美，而美之者，是乐杀人。夫乐杀人者，不可得志于天下矣。吉事尚左，凶事尚右。偏将军居左，上将军居右。言以丧礼处之。杀人之众，以悲哀泣之。战胜，以丧礼处之。

【阐幽】

此章主张慈心爱民，反对用兵。

"**夫佳兵者，不祥之器，物或恶之，故有道者不处。**"那些精锐的兵器，乃是不祥之器物，谁都不会喜欢这种东西，有道之人更是离它远远的。在老子看来，军队和兵器，是残伤生灵的凶械，"师之所处，荆棘生焉。大军之后，必有凶年"（三十章），因此，包括人类在内的世间万物都对它深恶痛绝。有道之士，清心寡欲，内心柔和，闲适放松，故而热爱和平，不喜战争，远离兵器；无道之人，内心充满了欲望、暴力和恐惧，故而热衷争夺，骁勇好战，崇尚兵器。

[①] 王弼本、河上公本均为"恬淡为上"，现据郭店楚简改为"恬袭为上"。"恬袭"，"恬"指的是锋利、锐利，"袭"指的是袭击、侵袭。元代栯堂禅师有诗云："诳舌不磨恬似剑，利名非酒醉如泥。"（《栯堂山居诗》）

"**君子居则贵左，用兵则贵右。**"有道的君子，平日居处之中以左边为贵；用兵打仗时则以右边为贵。这是因为，左臂左手通常柔弱，象征和平，故吉祥而有生气，右臂右手刚强有力，象征战争，故勇武而有杀气。"老子以左为阴、为正、为上、为柔、为吉，而以右为阳、为奇、为下、为刚、为凶。究而言之，左者，东方木也，主春，主生；右者，西方金也，主秋，主杀。"[①]

"**兵者，不祥之器，非君子之器，不得已而用之。铦袭为上，胜而不美，而美之者，是乐杀人。夫乐杀人者，不可得志于天下矣。**"兵器乃是不吉祥的器物，并非有道的君子该用的东西，只能在万不得已的情况下使用。如果崇尚锐利、先进的武器，即便在战争中取胜，也不值得沾沾自喜。那些赞美战争、推崇胜利的人，实际上是以杀人为乐，以戕生为快。凡是乐于杀人的人，必然失去民心，难以使天下人自愿归服，最终不可能遂志愿于天下！憨山大师说："既无贪功欲利之心，则虽胜而不以为美。纵不贪功利，而若以胜为美者，亦是甘心乐于杀人。夫乐于杀人者，必不可使其得志于天下。"（《道德经解》）有道之人内心深知，战争是以残杀生灵、扰害百姓、损兵折将为前提的，故而，他们不会使用大规模杀伤性武器。梁惠王曾向孟子请教，谁能统一天下，孟子不假思索地答道："不嗜杀人者能一之。"（《孟子·梁惠王上》）在他看来，只有不热衷于杀人的国君，才有可能统一天下。

"**吉事尚左，凶事尚右。偏将军居左，上将军居右。言以丧礼处之。杀人之众，以悲哀泣之。战胜，以丧礼处之。**"上古之时，从朝廷至下民，大凡遇到吉庆的事情，行礼仪式均以左边为上，遇到丧礼凶事，则以右边为上。偏将军居于左边，上将军居于右边。打了胜仗庆祝战绩，原本是一件可贺的事，反而把上将军置于右边。其原因何在？因为战争使人们互相残杀，使无数生灵涂炭，因此，有道者纵然是不得已而用兵，也是"夫慈，以战则胜，以守则固"（六十七章）。即使克敌而胜，也不会兴高采烈，大摆庆功豪门之宴，而是怀着深切的悲

[①] 黄友敬：《老子传真》，（香港）儒商出版社2003年版，第263页。

痛之情，以丧礼的仪式处理战后的事情，毕竟，所谓的胜利都是建立在累累白骨之上的。河上公解释说："古者战胜，将军居丧主礼之位，素服而哭之。明君子贵德而贱兵，不得已诛不祥，心不乐之，比于丧也。知后世用兵不已，故悲痛之。"（《老子道德经河上公章句》）后世那些好战乐杀之人，如若读到老子这一章，不知内心有触动否。

三十二章

道常无名，朴虽小，天下莫能臣也。侯王若能守之，万物将自宾。天地相合，以降甘露，民莫之令而自均。始制有名，名亦既有，夫亦将知止。知止可以不殆。譬道之在天下，犹川谷之于江海。

【阐幽】

本章论述道常无名。

"道常无名，朴虽小，天下莫能臣也。侯王若能守之，万物将自宾。" 老子在《道德经》开篇就讲"无名，万物之始"。在他看来，虽然大道无名而朴质，幽微不可见，但天下却无物能够使它臣服，相反，它主宰着世间万事万物。既然天下万物皆有其道，那么，纵然是一国之侯王，面临芸芸之物与纷繁之事，只要能够守住这个道，天下万物都将自然归从于它。需要注意的是，《道德经》中所说的"王""君""侯"，并非外在世界的"王""君""侯"，而是指"元神""真心""意识"。修道者要像士兵守城一样，牢牢守住自己的心，不被眼耳鼻舌身意所感知的一切所迷惑、所动摇。只要能守住自己的元神、真心、意识，那么，眼耳鼻舌身意所感知到的万事万物将自然而然地臣服于它，为它效劳，为它服务。

"天地相合，以降甘露，民莫之令而自均。" 天地之间阴阳二气相合，就会降下甘露，无须任何人指使，它自然润泽均匀。关于"天地相合"，任法融解释说："天地不相交，阴阳不相合，大旱大涝必作，暴风骤雨必至，天灾必来，万物必殃。天地交，阴阳合，必降甘露，滋润众生，五谷丰登，万民康乐。在修养方面，人若清静无为，恬淡自然，无私无欲，心安理得，身内阴阳二气自然交会，百脉畅通，口内甘美之津液自然产生，滋润百骸。"①

那么，天地究竟如何相合？庄子说："至阴肃肃，至阳赫赫，肃肃出乎天，赫赫发乎地，两者交通成和而物生焉，或为之纪而莫见其形。"（《庄子·田子方》）最纯的阴气肃然寒冷，最纯的阳气赫然炎热。至阴之气，出之于天，至阳之气，出之于地，两者相互交汇融合，于是就产生了万物。这样一个过程，老子称之为"负阴而抱阳，冲气以为和"（四十二章）。在道家看来，必定有一个事物在主宰着万物产生的过程，只是看不到它的形象而已——那就是道。

"始制有名，名亦既有，夫亦将知止。知止可以不殆。" 事物一旦形成或出现，就会被赋予一个名字。给事物命名的意义在于，有助于准确定位和区分事物。当然，事物一旦有了某种名称，也就会受到相应的制约。老子以此喻道，强调凡事皆应有所克制。唯有适可而止，才能避免危险。真正的智者循道而行，唯道是从，当行则行，当止则止。在历史上，贪恋利益而不懂止损、贪恋权位而身陷囹圄的事例，可以说数不胜数。在老子看来："知足不辱，知止不殆，可以长久。"（四十四章）有道之人，知足于内而不争虚名，就不会自取其辱；知止于外而不贪得无厌，就不会有忧患，甚至能够长生久视。

"譬道之在天下，犹川谷之于江海。" "道"存在于天地之间，无所不容，无所不纳，世间万物无不自然宾服，犹如江河万千皆汇入浩瀚海洋之中。"江海所以能为百谷王者，以其善下之，故能为百谷王。"（六十六章）有道之人也像大海一样，心胸宽广，博爱众生，柔弱谦下，天下万民莫不愿归服于他。事实上，"人若能心如明镜，性如大海，一念不起，则天地之气必然来聚，日月精华自然来会，自然气足神旺，益寿延年"②。

---

① 任法融：《道德经释义》，东方出版社 2012 年版，第 82 页。
② 任法融：《道德经释义》，东方出版社 2012 年版，第 83 页。

三十三章

知人者智，自知者明。胜人者有力，自胜者强。知足者富，强行者有志。不失其所者久，死而不亡者寿。

【阐幽】

此章阐述了明智、强大、富足、长寿等问题，并针对性地给出四条人生忠告。

"知人者智，自知者明。" 何谓明智？知道他人的好恶是世俗的聪智，认识自己的本性才是真正的高明。在老子看来，知人好恶，善于与人交往，那是一个人聪智的表现。认识自己（"自知"），才是此生更为重要的功课。一个人只要足够聪慧，就可以做到"世事洞明皆学问，人情练达即文章"（《红楼梦》第五回），但要做到"自知"，则需要与自身保持距离、保持观照，"反听无声，内视无形"（《老子道德经河上公章句》）。所谓"反听无声"，就是反过来去听那个无声之声（亦即"听"本身）；所谓"内视无形"，就是反过来去看那个无形之物（亦即"看"本身）。在老子那里，"智"属于"外学"，"明"则是"内修"，相比于"知人"，显然"自知"更加高明。由此可见，真正的智者，不仅"知人"，而且"自知"。马哈拉吉说："除非你清楚地了解你自己，否则你怎么能知晓别人？当你了解了你自己——你就是别人。"[1]事实上,"求道者就是在找寻他自己"[2],认识自己的本性,那是唯一的智慧。

"胜人者有力,自胜者强。" 何谓强大?战胜外在的世界("胜人")只是表明一个人有力量,而战胜自己内心的无知和恐惧("自胜")才是真正意义上的强大。自然界遵循"物竞天择,优胜劣汰"的生存法则,人类社会奉行"弱肉强食,适者生存"的丛林法则。可是在老子看来,真正的敌人不在外面,而是在里面。孟子曾强调,一个人善养"浩然之气","仰不愧于天,俯不怍于人"(《孟子·尽心上》),最终将"无敌于天下"(《孟子·梁惠王上》)。王阳明也说,"破山中贼易,破心中贼难"(《与杨仕德薛尚谦书》),所谓"破山中贼",就是指"胜人",所谓"破心中贼",则是指"自胜"。可见,相比于胜人的精神外骛、向外求取,胜己是精神内守、向内探求的过程,它需要更大的勇气,更多的智慧。

"知足者富,强行者有志。" 何谓富足?当一个人了解自己的生命真相,从而保持内在的满足,那是真正的富足。何为有志?当一个人为了发现自己生命的真相,坚持力行、勇猛精进,那是真正的有志。贪欲是头脑的把戏,也是人类的顽疾。古人有言:"贪物而不知止者,虽有天下而不富矣。"(《韩诗外传》卷五)老子也深知"持而盈之,不若其已。揣而锐之,不可长保。金玉满堂,莫之能守。富贵而骄,自遗其咎"(九章)。对于有道之人来说:"知足在心,心若知足,则无贪求,虽箪食瓢饮,傲然自足,可谓富矣。"(《道德真经广圣义》)可见,真正意义上的富足并不是占有丰厚的外在之物,而是了解自己内在世界的真相。一个精神上成熟的人,看淡世间的成败得失、恩恩怨怨,在外在的世界,懂得知足知止,做到见好便收,但是,在内在的旅途中,勇猛精进,坚持不懈,做到"强行",这才是真正的"贤士"。[3]

---

[1] [印]室利·尼萨伽达塔·马哈拉吉:《我就是那》,陶张欢译,中国青年出版社2016年版,第348页。

[2] [印]室利·尼萨伽达塔·马哈拉吉:《我就是那》,陶张欢译,中国青年出版社2016年版,第1页。

[3] 庄子曰:"众人重利,廉士重名,贤士尚志,圣人贵精。"(《庄子·刻意》)

总之，对待外在之物，要知足知止，对于求取大道，则须"勤而行之"（四十一章）。

"不失其所者久，死而不亡者寿。" 何谓长寿？人不失去其根基方能长久，身体消亡但意识长存，才是真正的长寿。在生死问题上，与孔子"未知生，焉知死"（《论语·先进》）的态度迥异，老子并不讳言死亡。老子五千言，"死"字共出现了十余次，除了"谷神不死"（六章），其余皆明言生死乃是自然规律。在老子看来，人的生命是一个自然过程，人生为出，人死为入，生来死去，新陈代谢，乃自然之规律。从"道"的角度来说，万物总有一天都会回到它们各自的根本、源头上去。在有限的人生当中，若能够遵循大道，护养外在的身体，修炼内在的精神，返回自己所来之"所"，最终实现生命的永恒，这个就叫做"不失其所者久"。在老子看来，真正的长寿并非肉身不死，而是形质虽毁，性体永存（"死而不亡"）。"我"并非这具有形有相、有生有灭的身体，而是那个与天地同寿、与日月同辉的"道"（意识）。作为个体生命的"我"（小我），如同自然界当中的一滴水，作为整体性的"道"，则如同无边无际的大海。一个人只有通过坚持不懈的修行，将个体的"我"汇入无限之"道"，做到"与天地同其德，与日月合其明，与阴阳合其道，与混沌同其体"（《道德经心传》），这才是老子所说的"死而不亡"。

总之，老子通过"自知""自胜"与"知人""胜人"的比较，说明了向外求取只是人生的枝节，向内探求才是人生的根本。对于一个明智之人来说，与其心神外骛，不如精神内守。简言之，人生就是通过认识自己（"自知者明"）、超越自己（"自胜者强"）、知足常乐（"知足者富"）、不失根基（"不失其所"），最终达至生命永恒（"死而不亡"）的境界。老子并不否定对外在世界的探求，但他坚信，人生最终的胜利，属于那些精神内守、柔顺不争者，属于那些不失其所、死而不亡者。

三十三章

三十四章

大道氾兮，其可左右。万物恃之而生而不辞，功成不名有，爱① 养万物而不为主。常无欲，可名于小；万物归焉而不为主，可名为大。是以圣人终不自为大，故能成其大。

【阐幽】

本章论述大道的姿态。

"大道氾兮，其可左右。" 大道普遍存在，它广泛流行，无所不达，无所不遍，无所不备；大道没有定形，它或左或右，或顺或逆，或方或圆，向无定向，形无定形，任其物性，顺其自然。吕祖说："大道是虚无至玄至妙之道，无物不有，无处不到，谓之泛兮。一静之后，遍体皆空，无有障隔，此乃泛也；左之右之，无不通之，无不灵之，节节相通，窍窍光明，谓之其可左右。"（《道德经心传》）大道弥漫于整个宇宙之间，万事万物都在道中，可以说漫无边际，无微不入，"其上不皦，其下不昧"，"迎之不见其首，随之不见其后"（十四章），故而，老子说"大道氾兮，其可左右"。

"万物恃之而生而不辞，功成不名有，爱养万物而不为主。" 万物依

---

① 王弼本作"衣"。

赖大道生长而不加以推辞，作出成就但不自恃有功，完成使命却不贪图虚名，养育万物而不加以宰制。大道之于万物的关系乃是"生之畜之，生而不有，为而不恃，长而不宰"（十章），尽管如此，大道对万物的态度则是"不辞""不有""不为主"，也就是不推辞、不居功、不主宰。既然一切都是自动发生的，一切都是自然而然的，那么万物自有来处，自有去处，也就称不上持有或拥有。道生长万物，养育万物，使得万物各得所需，各适其性，而丝毫不加以主宰，"功成事遂，百姓皆谓：我自然"（十七章）。正是这种与世无争的存在方式，成就了道的伟大。

"**常无欲，可名于小；万物归焉而不为主，可名为大。**"道没有丝毫的欲望，可以称其为"小"；万物皆归附于道，但大道并不自以为是万物之主，可以称其为"大"。道没有欲望，匿德藏名，微妙幽隐，澹然无为，无所不在，无所不至，其小无内。道无形无相，无所不容，不可限量，自在自为，无始无终，无边无际，其大无外。杜光庭说："秋毫不弃，可谓之小；充塞天下，可谓之大；不为主宰，可谓忘功。斯则道之用也。能小能大，而非小非大，无所不小，无所不大也。"（《道德真经广圣义》）

"**是以圣人终不自为大，故能成其大。**"圣人始终不自以为伟大，所以才能够成就其伟大。圣人效法大道自然，怀藏无上圣德，从不自视甚高，更不居功自傲；圣人视百姓如同子女，关爱芸芸众生，从不期望回报，更不心怀怨悔。老子曾揭示过"反者道之动"（四十章）的规律。圣人尊道贵德，行为堪称典范。圣人无为，但最终的结果却是"无为而无不为"（四十八章）；圣人不争，但最终的结果却是"天下莫能与之争"（二十二章）；圣人不积，但最终的结果却是"既以为人己愈有，既以与人己愈多"（八十一章）；圣人"终不自为大"，但最终的结果却是"能成其大"。正如宋常星所言："圣人者，大道之用也；大道者，圣人之体也。圣人与大道为体用。是何如其大也？然圣人常隐而无名，常公而不宰，终不为大也。然不为大，正所以成其大也。……立天下之大本，成天下之大用，皆在此不为之中。具不为之妙，故曰终不为大，故能成其大。"（《道德经讲义》）

三十五章

执大象，天下注。注而不害，安平太。乐与饵，过客止。道之出口，淡乎其无味，视之不足见，听之不足闻，用之不足既。

【阐幽】

本章劝人止息世俗欲望，致力于求道悟道。

"执大象，天下往。" "大象"就是无形无迹之"道"。有道之人，持守大道，唯道是从，最终，天下万物皆以道为归。王阳明宣称"心外无物"（《传习录》），意味着他体验到了"执大象，天下往"；孟子讲"万物皆备于我"（《孟子·尽心上》），实际上也是在描述"执大象，天下往"的经验。吕祖在《太乙金华宗旨》中说："天地之光华，布满大千；一身之光华，亦自漫天盖地。所以一回光，天地山河一切皆回矣。"所谓回光，就是看而不看，此时天地万物结合，天地山河都在"我"里面。马哈拉吉也说："整个世界都在你的意识当中。无疑地，那本身就是一个奇迹：用你的意识看见整个世界。"[1]可见，对于有道之人来说，"执大象，天下往"乃是一个实实在在的经验。

"往而不害，安平太。" 道生万物，万物皆生于道，死于道，安于

---

[1] ［印］室利·尼萨伽达塔·马哈拉吉：《我在》，鹏展译，中国青年出版社2016年版，第130页。

道。万物以道为归，在则安之，往亦安之，何害之有？故曰"往而不害，安平太"。一个人只要处在主客对立、二元分裂的状态，"害"就是难以避免的。通过长期修持，一旦回归于道，则"视天下无一物非我"（《正蒙·大心篇》），求道者将会发现，"世界在你里面，而非你在世界里面"[①]。当一个人发现主客消融、心外无物的时候，就不再有任何冲突了，这就叫"安平太"。在现实生活当中，世俗之人性情刚强，内心紧张，烦恼重重，他们不懂得与自己相处，因此在人际关系当中，通常是彼此打扰，互相伤害，故而相处困难，烦恼重重；有道之人性情柔和，内心放松，充满喜乐，他们有能力与自己和谐相处，因此在人际关系当中，懂得尊重他人，不去伤害，故而相处和平，心情愉快。

"乐与饵，过客止。"在老子看来，世间所有物质上的享乐，无论是悦耳的音乐，还是爽口的美食，都不过是诱人耳目、快利口鼻之物，犹如过客一般暂且逗留。事实上，但凡使人执着于感官刺激的事物，都会引发人们的贪欲和妄念。然而，感官上的刺激往往都是过眼烟云，稍纵即逝，世人为了这些短暂而虚幻的享乐，消耗自己至为宝贵的精神，无异于"以随侯之珠弹千仞之雀"（《庄子·让王》），实在是因小失大、得不偿失。有道之人懂得节制欲望，安于简朴生活，享受平常清闲的乐趣。

"道之出口，淡乎其无味，视之不足见，听之不足闻，用之不足既。"由于大道无形无相、无声无臭、无限广袤，因此，视之不见，听之不闻，用之不竭，但它却是我们能看、能听、能用的前提和基石。所谓的求道，就是去品味那个无味之味，观看那个无形之形，聆听那个无声之声，运用那个无用之用。在老子看来，求道悟道，乃是一个人最深层次的欲望，正如任法融所言："唯有纯粹、素朴、清静、无为的自然之道，虽淡而无味，视而不见，听而不闻，但它的功能及作用是无与伦比的，是任何事物都达不到的。"[②] 一个人对于道的渴求，在本

---

① ［印］室利·尼萨伽达塔·马哈拉吉：《我就是那》，陶张欢译，中国青年出版社2016年版，第252页。
② 任法融：《道德经释义》，东方出版社2012年版，第87页。

三十五章

质上就是追求无欲,"对无欲的欲望,固然也是一种欲望,但不得不说它是最为可贵的一种欲望。同时,它也是一个人生命通向自由和觉醒的伟大转折点"①。对于无欲的欲望,是一个人生而为人最为根本、最为宝贵的欲望。这个欲望一旦被达成,其他所有的世俗欲望都将随之而消失。所以,求取大道,达成无欲,这是一个人最为根本的欲望,也是生而为人最为重要的使命。

---

① 王颢:《〈道德经〉养生思想述要》,载谢青松主编《中国传统道家经典的现代阐释》,中国社会科学出版社2018年版,第86页。

三十六章

将欲歙之,必固张之;将欲弱之,必固强之;将欲废之,必固兴之;将欲夺之,必固与之。是谓微明。柔弱胜刚强。鱼不可脱于渊,国之利器不可以示人。

【阐幽】

老子提醒世人重视事物微妙之征兆。

"将欲歙之,必固张之;将欲弱之,必固强之;将欲废之,必固兴之;将欲夺之,必固与之。是谓微明。" 世间之事,盛极必衰,衰极必盛,合久必分,分久必合,当事物发展到极致的时候,必然走向其反面。总而言之,物极必反是事物的本性。老子列举说,想要收敛某物,必先使其扩张、放纵;想要削弱某物,必先使其强大、骄横;想要废弃某物,必先使其兴盛、繁荣;想要夺取某物,定然要先施以恩惠,增长其贪欲,让他利令智昏。一个人若能通达这些精深悠远而玄奥莫测的道理,才是真正意义上的明智。世间种种欲望,让一个人体验到世俗之乐,但是天长日久,最终耗尽人的精气神。所以,有智慧的人,对于世间种种微妙的诱惑,始终保持警觉,防微杜渐,如此才能够养护自己的精神,不为所惑,不受其害。

"柔弱胜刚强。" 看上去柔弱之物,因其含藏内敛,往往富有韧性;

看上去刚强之物，因其过于彰显外溢，往往难以持久。事实上，透过刚强，一个人有可能够得到外在世界的各种成就；透过柔弱，一个人有可能获得生而为人最大的成就。如果一个人能够守柔守弱，就不会轻易被世俗的欲望所诱惑，而是充分利用生而为人的机会，去探索自己的真实本性。由此，老子认定，柔弱最终胜过刚强。当然，柔弱胜刚强并非意味着柔弱始终胜过刚强，而是说柔弱有可能胜过刚强。相比于刚强者，那些看上去柔弱不争的人，更有可能是最终的胜利者。老子说："天下之至柔，驰骋天下之至坚。"（四十三章）憨山大师在《醒世歌》中也说："从来硬弩弦先断，每见刚刀口易伤。"[①]在这世间，从来都是强硬之弩的弦先折断，锋利钢刀的刀口容易损伤。为什么硬弩的弦最容易断呢？因为绷得太紧了。为什么钢刀最容易损伤呢？因为太过锋利了。同理，如果一个人的性情太刚强，处事方式太粗暴，就会处处遇到不顺。在老子看来："人之生也柔弱，其死也坚强。万物草木之生也柔脆，其死也枯槁。故坚强者死之徒，柔弱者生之徒。是以兵强则不胜，木强则折，强大处下，柔弱处上。"（七十六章）"天下莫柔弱于水，而攻坚强者莫之能胜，以其无以易之。弱之胜强，柔之胜刚，天下莫不知，莫能行。"（七十八章）

"鱼不可脱于渊，国之利器不可以示人。" 鱼不能离开它生活的深渊，国家的利器不可随便耀示于众人。鱼生活在深渊，就是无为；一旦脱离深渊，便是妄为。国家的利器隐藏起来，就是无为；一旦展示于人，便是有为。如同"渊"是鱼的生存之境，国之利器倘若交付予人，就会受制于人，国家将有危险。老子以此来喻道。一方面，如同鱼不可脱于渊，人也不可离开大道的滋养。黄石公曾以水喻道："夫人之有道者，若鱼之有水。得水而生，失水而死。"（《三略·下略》）鱼得水而生，失水而死，人得道则存，失道则亡，故而君子须遵从大道，不敢失之。另一方面，如同国之利器不可以示人，大道也不可轻易展示于人。孔子曾说："中人以上，可以语上也；中人以下，不可以

[①] 吴言生、辛鹏宇编著：《佛禅大智慧——禅诗名篇一百首》，中华书局2016年版，第196页。

语上也。"（《论语·雍也》）这并非出于分别之心，而是出于无奈，因为，"井蛙不可以语于海者，拘于虚也；夏虫不可以语于冰者，笃于时也；曲士不可以语于道者，束于教也"（《庄子·秋水》），你若跟"下士"谈论大道，只会招来"大笑"与嘲讽。民间流传一句话："法不轻传，道不贱卖，师不顺路，医不叩门。"这并非出于悭吝之心，而是出于慈悲，因为，对于轻易就得到的东西，人们通常并不会珍惜。有道之人若是轻传或者贱卖，世人也难以从中受益。正因如此，真正的智者，不轻易展示自己的修为，不轻易泄露关于大道的秘密。他们往往采取各种善巧的方法，将真理传授给那些恰当并值得的人。

三十七章

道常无为而无不为。侯王若能守之，万物将自化。化而欲作，吾将镇之以无名之朴。无名之朴，夫亦将不欲。不欲以静，天下将自定。

【阐幽】

本章论述大道无为而无不为。

"道常无为而无不为。" 道永远是自然无为的，但它对于天下万物来说，又是无所不为的。事实上，道就是无为的，无为是道的本来状态，换言之，存在是无为的，无为是存在的唯一状态。然而，个体习惯于有为，他总是想要做这个、做那个，达成这个、达成那个。当然，无为并不是"不为"，刻意去克制或阻止行为，在本质上也是"有为"。无为是指"不妄为"，凡事顺道而行，让事情自动发生，也就是保持觉知、内心放松，允许一切如其所是。道永远是自然无为的，这就意味着，道始终保持自然而然，顺应自然，没有任何的恣意妄为，但天下万物，各得其所，如其所是，皆是道之所成。

"侯王若能守之，万物将自化。化而欲作，吾将镇之以无名之朴。" 侯王若能持守此道，真诚无妄，清静自然，则国家自治，民众自化。在此过程中，若是贪欲萌作，就以无名质朴之道来安定它们。老子以此喻道。从修持大道的角度来看，一个人若能守住自己内在的"侯王"（心），那么整个身心系统将逐渐进入安定状态。在这个过程中，一旦产生种种贪欲，就用无名质朴之道来征服它，那么就不会再产生贪欲之心。什么是"镇之以无名之朴"？就是保持觉知，记住"我在"。王阳明将其表述为"责志"。当一个人保持觉知（天理），人欲（私欲）便自然而然地消退，如同阳光进来，黑暗便不见了，智慧显现，愚昧便消退了。正是在此意义上，王阳明说："故责志之功，其于去人欲，有如烈火之燎毛，太阳一出，而魍魉潜消也。"（《示弟立志说》）。

"无名之朴，夫亦将不欲。不欲以静，天下将自定。" 用无名质朴之道来安定万物，它们就不再萌生贪欲。万物一旦没有贪欲，就会趋于宁静，天下将自然而然地安定下来。一个人倘若没有贪欲之心，身心将自然达到清净安宁的状态。真正的宁静，并非带着欲望而能追求到的。追求宁静本身就是一种欲望，必然会搅动内心，使得内心难以安定下来，而"躁动不安无法带你到达任何地方"[①]。真正的宁静总是透过警觉而来，唯有放弃对宁静的追求，保持觉知、内心放松，那真正的宁静将会自然显现。如庄子所说的："圣人之静也，非曰静也善，故静也。万物无足以挠心者，故静也。"（《庄子·天道》）有道的圣人守住纯真朴实之道，就不会被外界的音乐、美服、美食所迷惑，心中就不会狂乱，那是真正的宁静平和。

在老子看来，"无为"是存在的唯一状态，是获得"静"，保持"朴"，达至"不欲"的唯一途径。当我们的心无为，思想活动将会停止，能量自然得以保存，默默离言绝念，真心自然现前。

三十七章

---

① ［印］室利·尼萨伽达塔·马哈拉吉：《我就是那》，陶张欢译，中国青年出版社 2016 年版，第 284 页。

三十八章

上德不德，是以有德；下德不失德，是以无德。上德无为而无以为；下德为之而有以为。上仁为之而无以为；上义为之而有以为。上礼为之而莫之应，则攘臂而扔之。故失道而后德，失德而后仁，失仁而后义，失义而后礼。夫礼者，忠信之薄而乱之首。前识者，道之华而愚之始。是以大丈夫处其厚，不居其薄；处其实，不居其华。故去彼取此。

【阐幽】

此章批评世俗的仁义道德，劝导世人舍弃轻薄、虚华而取其敦厚、笃实。

"上德不德，是以有德；下德不失德，是以无德。"所谓德者，道之德也，循道而行，即为有德，修道有得，方谓之德。上德之人，清静无为，无心为善，德行深厚，但不自恃有德，也不以德教民，故而有德；下德之人，有心为善，刻意求德，以德为德，唯恐失德，实为无德。大道生育天地，运行日月，长养万物，却不自恃、不自彰。此种特性应之于人，则为"上德"。①

---

① 参见任法融《道德经释义》，东方出版社2012年版，第94页。

"上德无为而无以为；下德为之而有以为。"上德之人，自然无为且无心作为；下德之人，有所作为且有心于为。上德，乃是最崇高的德，它无心为德，不自恃有德，所以有德，因为它合乎于道。下德，亦即世俗之德，由于它有心为德，矜功恃为，反而无德，因为它不合于道。

"上仁为之而无以为；上义为之而有以为。"上仁之人，有所作为但出于无心；上义之人，有所作为但出于有心。上仁，乃是最崇高的仁，它无心为仁，泛爱大众，仁被天下；上义，乃是最崇高的义，它有心于为，权衡真妄，较量得失，以期裁正天下之是非，匡救人道之失落。

"上礼为之而莫之应，则攘臂而扔之。"上礼之人，有所作为却无人响应，于是伸出臂膀强迫他人去遵守礼仪。上礼，乃是崇高的礼，它是良好的行为规范，完善的社会典则，人人都应当履守。上礼之人，严守礼仪，倡导礼仪，但世人不能理解，无视礼节，最后矛盾迸发，捋袖挥拳相向，意图使人强从，到了此时，也就背离初衷了。

"故失道而后德，失德而后仁，失仁而后义，失义而后礼。"因此，失去道之后才出现德，失去德之后才出现仁，失去仁之后才出现义，失去义之后才出现礼。在老子看来，道、德、仁、义、礼五者，逐层下降，每况愈下，离大道越来越远。任法融解释说："道"是主体，"德"是作用，"仁""义""礼"是主体的作用的表现形式。如失去了"道"（主体）而去讲"德"（作用），就像失去了车马而论载重路远，是为空谈。如失去了主体之作用而去讲主体之作用的表现形式，犹如树木根杆已毁再求枝叶丰茂。[①]

"夫礼者，忠信之薄而乱之首。"在老子看来，如果这个社会强调"礼"、倡导"礼"，也就标志着忠信的不足和混乱的开端。一旦礼演变为繁文缛节，忠信不足，失于浇薄，沦为欺世盗名的工具，那么必然为争权者所盗用，进而成为萌发祸乱的种子。事实上，一个社会越

---

① 参见任法融《道德经释义》，东方出版社2012年版，第96页。

是缺少什么就越会提倡什么，与此同时，倡导越多缺失也就越多。像"礼"这样的东西，本来都是人们自然而然地去遵守的，一旦把它变成了制度性的要求，也就背离初衷了。所以，提倡礼的时代，就是人们缺乏忠信的时代，所谓"世降道衰，失真愈远"（《道德经解》），到了这个时候，社会混乱就要开始了。

"前识者，道之华而愚之始。是以大丈夫处其厚，不居其薄；处其实，不居其华。故去彼取此。" 所谓的预知预见，不过是大道的虚华表象，实则是愚昧的开始。因此，真正的大丈夫（智者）立身敦厚，不居于轻薄；存心笃实，不居于虚华。他们见素抱朴，少私寡欲，唯道是从，富贵不能淫，贫贱不能移，威武不能屈，宠辱不能惊，毁誉不能干，善处其厚，善居其实，内外合一，卓然独立。老子提倡向真正的智者学习，舍弃轻薄、虚华而取其敦厚、笃实。

三十九章

昔之浔一者：天浔一以清，地浔一以宁，神浔一以灵，谷浔一以盈，万物浔一以生，侯王浔一以为天下贞。其致之，天无以清将恐裂，地无以宁将恐废，神无以灵将恐歇，谷无以盈将恐竭，万物无以生将恐灭，侯王无以高贵将恐蹶。故贵以贱为本，高以下为基。是以侯王自谓孤、寡、不毂①。此其以贱为本耶，非乎？故致数车无车。② 不欲琭琭如玉，珞珞如石。

【阐幽】

在万物生化的过程中，唯有合乎于道，方能正常运作。

"**昔之得一者：天得一以清，地得一以宁，神得一以灵，谷得一以盈，万物得一以生，侯王得一以为天下贞。**"在万物生化的过程中，唯有合乎于道，方能正常运作。苍天得到了大道之"一"，才能够保持清明；大地得到了大道之"一"，才能够保持宁静；神（人）得到了大道之"一"，才能够保持灵明；河谷得到了大道之"一"，才能够保持充盈；万物得到了大道之"一"，才能够得以生化；侯王得到了大道之

---

① 河上公本作"毂"，帛书本及王弼本繁体字作"穀"，王弼简体字版作"谷"，现据帛书本及王弼繁体字本。
② 王弼本为"故致数舆无舆"，在古代，"舆"即"车"。

"一",才能够治理天下。

关于"一",老子有诸多论述:"道生一,一生二,二生三,三生万物"(四十二章);"载营魄抱一,能无离乎?"(十章);"是以圣人抱一为天下式"(二十二章)。可见,老子所谓"一"者,道也。大道乃是世间万物之根源,它视之不见,听之不闻,搏之不得,无上无下,无左无右,无大无小,无贵无贱,而是浑然一体,"混而为一"(十四章)。故而,"抱一"就是"抱朴""抱道";"守朴"就是"守一""守道";"返朴"就是复归于朴,复归于道。

"其致之,天无以清将恐裂,地无以宁将恐废,神无以灵将恐歇,谷无以盈将恐竭,万物无以生将恐灭,侯王无以高贵将恐蹶。"由此推而言之,苍天若不能保持清明,恐怕会崩裂;大地若不能保持安宁,恐怕会震动;神(人)若是不能保持灵明,恐怕会休歇;河谷若不能保持盈满,恐怕会枯竭;万物若不能保持生化,恐怕会灭亡;侯王若不能保持正道,恐怕会颠覆。这意味着,自然界的运动倘若背离了"一"(道),就会出现四时不节、旱涝不均、骤风暴雨、河海震荡等异常现象,甚至于地动山摇。执政者如果背离了"一"(道),就会出现政令繁多、朝令夕改、职责不清、以权谋私、贪腐滋生等混乱情况,甚至于政权被颠覆。总而言之,正是因为有了道,万事万物才得以存在并正常运作。相反,若不合于道,世间万物就会陷入混乱乃至趋于灭绝。

"故贵以贱为本,高以下为基。是以侯王自谓孤、寡、不毂。此其以贱为本耶,非乎?故致数车无车。不欲琭琭如玉,珞珞如石。"世间真正的高贵皆以低贱为根本,真正的崇高皆以低下为基础。唯有通晓此理,那些权贵方能谦谦自守。君王与诸侯为何称自己为"孤""寡""不毂"?不就是以贱为本的表现吗?"就车数之为辐、为轮、为毂、为衡、为軎,无有名为车者,故成为车,以喻侯王不以尊号自名,故能成其贵。"(《老子道德经河上公章句》)比方说,要在一部车子上去找车,你只能找到各种零散的部件,而不可能找到车子,如同高贵的人格,你只能找到谦和、柔和等品质，但找不到高贵本身。①老子告诫人们，有道之人不愿碌碌晶莹如美玉，宁可珞珞平凡如顽石。事实上，一个人的自我越来越少，他离道就越来越近；一个人的自我越来越多，他离道也就越来越远。因此，平凡是最伟大的美德，只有当你是平凡的，自我才会消失。真正的智者，不会随波逐流，求贵攀高，追名逐利，而是甘于平凡，守贱居下，致力于求道悟道，探索生命的真相。

---

① 苏格拉底向希庇阿斯提出一个问题："什么是美？"希庇阿斯用一位漂亮的小姐、一批漂亮的母马等来回答"什么是美"。苏格拉底坚决反对这一回答，说他所要探讨的，不是"什么东西是最美的"，而是"什么是美"。"我问的是美本身，这美本身，加到任何一件事物上面，就使那件事物成为美。"苏格拉底与希庇阿斯探讨了许久，最后不得不感叹地说："美是难的。"（柏拉图:《大希庇阿斯篇》）

三十九章

113

四十章

反者道之动,弱者道之用。天下万物生于有,有生于无。

【阐幽】

本章论述"道"的运作方式。

"反者道之动。" "反"乃是大道的运行轨迹——道生出天下万事万物、芸芸众生,然后又使他们回归本源,各返其真。"反",有两种含义,一种是反向运动,即事物发展到某个极端,就会朝相反的方向运动发展,比如,物极必反,盛极而衰,日中则移,月满则亏;另一种是回旋往返,也就是圆周运动,回到它自身,这意味着,事物运动发展的规律就是,它最终会返回自身的本源。修道者要遵循"反者道之动"的规律,善于知反、用反、守反。张三丰《无根树歌·其五》云:"顺为凡,逆为仙,只在中间颠倒颠。"当一个人顺着自己注意力的惯性不断向外追求,那么,他有可能获得外在世界的各种成功;当一个人将注意力返回到它自身,转向内在探索,那么,他有可能发现自己的真实本性,实现精神上的自我超越。

"弱者道之用。" 柔弱则是道之应用法则,也是大道最为重要的特征之一,它体现在万物、人生之中。通过坚强,一个人有可能获得世俗层面的成功;通过柔弱,一个人有可能证悟精神世界的不朽。在老子看来："人之生也柔弱，其死也坚强。万物草木之生也柔脆，其死也枯槁。故坚强者死之徒，柔弱者生之徒。"（七十六章）一切活着的生命都有柔弱的特点，一切死去的生命都有坚强的特点。这意味着，柔弱饱含无穷的生命活力，充满无限的生机，有着无穷的妙用。正因如此，修道者要善于知柔、用柔、守柔，让自己谦下、柔弱、宁静，唯有如此，才有可能体悟大道的精神。

"天下万物生于有，有生于无。" 天下万物化生于有形之物中，而其"有"又是从"无"（"道"）之中孕育出来的。此处之"无"，指的就是无形无相、视之不见、听之不闻、搏之不得的道。大道虽然无形无相，却在冥冥之中化育万物，生成一切。"道生一，一生二，二生三，三生万物"（四十二章）就是道化生万物的过程，也是无中生有的过程。"无"并不是没有，也不是任何东西，却可以产生任何东西，宇宙万物就是从无到有慢慢演化而来的。"有生于无"意味着，无中包含无限生机，无中包含万有，无中生出万有，天下万物皆从无中化生。大道虽然无形无相，似乎一无所有，却是无中含妙有，无中出万有。老子还说"有无相生"（二章），既然无能生有，有亦生无，那么，万有必返回于无，万物必复归于无。故而，要追寻大道，也必须返回那个看不见、摸不着但真实存在的"无"，只有记住"我在"，守住空无，大道才有可能得以显现。

四十一章

上士闻道，勤而行之；中士闻道，若存若亡；下士闻道，大笑之，不笑不足以为道。故建言有之：明道若昧，进道若退，夷道若颣，上德若谷，大白若辱，广德若不足，建德若偷，质真若渝，大方无隅，大器晚成，大音希声，大象无形，道隐无名。夫唯道善贷且成。

【阐幽】

本章论述道的特征。

"**上士闻道，勤而行之；中士闻道，若存若亡；下士闻道，大笑之，不笑不足以为道。**"在老子看来，人生在世，莫贵于道，唯有知道，方能体道。而"士"分上中下三等，"士"皆有可能闻道，然而高下有别、反应各异，关键就在于"信"与"行"。上士听闻"道"之后，真知真信，故而身体力行；中士听闻"道"之后，半信半疑，故而践行不彻底；下士听闻"道"之后，以为虚无缥缈、荒诞不经，不仅不信，还大加嘲笑。如果不被这帮抱残守缺、以真为妄的人嘲笑，也就不足以称之为"道"。[①]

[①] 儒佛两家也有类似的论述。孔子曾说："中人以上，可以语上也；中人以下，不可以语上也。"（《论语·雍也》）孔子还说过："生而知之者，上也；学而知之者，次也；困而学之，又其次也。困而不学，民斯为下矣。"（《论语·季氏》）慧能也讲："此法门，是为最上乘。为上根人说，为大智人说。小根小智人闻，心生不信。"（《六祖坛经·般若品第二》）

印度智者马哈希曾将心灵之路上的求道者划分为三种:"第一等人一听到有人为他谈起真我的真实本性,立刻就能证悟真我。第二等人需要些时间反思,然后才能稳固地觉知真我。第三等人比较不那么幸运,因为他们往往需要经过许多年精进的心灵修行,才终于达成证悟真我的目标。"他还以爆炸为喻来形容这三种层次:"火药只需要一点星火就能引爆;煤炭则需要短时间的火力来引燃;受潮的煤炭就要先晒干后长时间放到火中才会开始燃烧。"①

"**故建言有之**。"因此古时候的人曾经说过以下"格言",这也是"道"的十三个特征。

"**明道若昧**。"真正清晰光明之路往往显得暗昧模糊。真正的智者,明悟大道,自然而然,平平常常,他并没有什么特别之处,也不刻意凸显自己,故而看似暗昧,这恰恰是大智若愚的表现。世俗之人,是非分明,精于算计,固守己见,凸显自我,这恰恰是大愚若智的表现。

"**进道若退**。"真正能够使人前进的道路看上去好像在倒退。一个人如果在求道的过程中有所进步,那么在世俗生活中看上去就会有所倒退。在老子看来,"吾不敢为主而为客,不敢进寸而退尺"(六十九章),故而,有道之人懂得守愚知退、贵柔处恶、进道若退。

"**夷道若颣**。"真正平坦之路看上去好像崎岖不平。老子指出:"多易必多难。是以圣人犹难之,故终无难矣。"(六十三章)修道者即便行走于平坦宽阔的大道,仍然犹豫谨慎,保持觉知,如临深渊,如履薄冰。

"**上德若谷**。"最为崇高的德犹如低洼的山谷。在老子看来,"上德不德,是以有德"(三十八章),最高的德如同"不德"那样,深邃广阔,虚怀若谷,但那恰恰是有德的表现。

"**大白若辱**。"最为纯净的白色却有如含垢,这恰恰是"知其白,守其黑"(二十八章)的体现。憨山大师曰:"圣人纯素贞白,一尘不染,而能纳污含垢,示同庸人,故大白若辱。"(《道德经解》)

---

① [印]室利·拉玛那·马哈希:《走向静默,如你本来》,石宏译,中国青年出版社2017年版,第18页。

"广德若不足。"真正的"德"宏大宽广，能容纳一切，却貌若不足。生命现象看似并不完美，仿佛有所欠缺，实则是完美的，一切皆恰到好处。有道之人为而不恃，功成而弗居，故而看上去有所不足，"众人皆有余，而我独若遗"（二十章）。

"建德若偷。"真正的修道建德者如同小偷那样唯恐被人知晓。智者修道建德，出于自然，不求人知，即便有了功德也不自居、不自伐，"犹兮若畏四邻"（十五章），因此看上去反而像小偷一般。

"质真若渝。"① 最为质朴纯真之物看上去仿佛有些污浊。大道无须粉饰加工，只是保持其自然状态，因此看起来"浑兮其若浊"（十五章）。事物看上去有所瑕疵甚至污浊，恰恰是其本质纯真之表现。

"大方无隅。"最为方正之物反而看上去没有棱角。河上公说："大方正之人，无委屈廉隅。"（《老子道德经河上公章句》）有道之人端方正直，但并不处处显示其方正，反而看上去无棱无角。

"大器晚成。"② 真正的大器看上去是"晚成"的。真正的大器乃天然成就，非人力可为也，但在世人看来却是晚成的。孔子说"欲速则不达"（《论语·子路》），追求速成反而难以达成。故而，有道之人尊重事物本身的样貌和节奏，尽管看上去"晚成"，但实际上并不晚，而是恰到好处。

"大音希声。"最大的声响反而听起来无声无息。大道本身没有声音，它的本质是宁静，"听之不闻名曰希，不可得闻之音也"（《老子道德经注》），大道本身没有声响，却是一切声音的背景，它是无声之声，超越了一切的声音。

"大象无形。"大象即大道，它本身没有任何形状。大道本身无迹可寻，"是谓无状之状，无物之象"（十四章），它是无形无相的，没有任何的形迹，它却是天下有形有相之物的基石，故而，它超越了世间所有的形象。

"道隐无名。"大道无形无相，含藏而不显露，幽隐而无名称，空

---

① 老子所说的"质真若渝"，相当于佛陀所说的"色即是空"。
② "晚"，通"免"。

虚而无迹象，却无所不在，无所不有，无所不为，无所不成。老子说，"吾不知其名，字之曰道，强为之名曰大"（二十五章），它隐藏在所有名称的背后，是一切名称和有名之物的前提。

上述诸情形均为"反者，道之动也"，实则是与道合一的境界，故求道修道者，须在有形、有象、有声、有色、有味、有名当中，去体悟那个无形、无象、无声、无色、无味、无名之大道。

"夫唯道善贷且成。"[①] 无名无形、赋予生命的道，善于长养万物、成就万物。严遵说："道之为化也，始于无，终于末；存于不存，贷于不贷；动而万物成，静而天下遂也。"（《老子旨归》）大道幽隐无名，藏形潜踪，既不可眼见，亦不可耳闻，开始于无，终结于末。但是，唯有这大道，总是恩泽于万物，作用于万物，是它成就了一切。

---

① "贷"，赋予、施予。

四十二章

道生一，一生二，二生三，三生万物。万物负阴而抱阳，冲气以为和。人之所恶，唯孤、寡、不榖[①]，而王公以为称。故物或损之而益，或益之而损。人之所教，我亦教之。强梁者不得其死，吾将以为教父。

【阐幽】

本章阐述大道如何孕育出世间万物。

"道生一，一生二，二生三，三生万物。"道生出"一"，"一"又包含阴阳二气，阴阳二气相交而形成一种和谐的状态，由此孕育出世间万事万物。老子曾指出："天下万物生于有，有生于无。"（四十章）在这一章，老子进一步阐述了作为"无"的"道"如何孕育出世间万物。所谓"道生一"，字面意思是"道"生出"一"，实际上"道"就是"一"。"道"就是纯净的意识，它是万事万物的源头，它本身是浑然一体的，并没有区分性。但是，由这个大道所孕育并显现出来的万事万物体现为二元性，亦即《周易·系辞上》中所说的"一阴一阳之

[①] 河上公本、帛书本及王弼本繁体字均作"榖"，王弼本简体字版作"谷"，现据前者。

谓道"。① 所谓"二生三",是阴阳两面相互作用转化中产生出来的第三种状态,这是一种和谐的状态,天下万物就是在这种状态当中产生出来的,正如张伯端所言:"道自虚无生一气,便从一气产阴阳,阴阳再合成三体,三体重生万物张。"(《悟真篇》)

关于"道生一,一生二,二生三,三生万物",吕祖有精辟的论述:"何为道?静极乃道也。静虚极乃玄也;道入于玄,谓之道。道从虚中见,静里生。何为一?静里有动机,在无心处见,谓之生。道生一:静极机动,恍若有物,谓之道生一。一生二:物有时,阴阳合抱、动静合机、虚虚实实,金生水、木生火,此时天地才分真心(火)与真水(气),一升一降,聚合于虚中,是谓之一生二。二生三……天之秀气,地之生气,感和风(息)之清气,此乃三也,外言也。气之清,神之灵,精之洁,静里分阴阳,而精、气、神同化于虚无,此三者,内言也。"(《道德经心传》)在吕祖看来,静极、静虚极就是道。动,无论是身体的动、运动,还是心理、思想的动、运动,都会消耗生命能量,生命能量消耗完了,就趋于死。只有与动相反的静,能够避免生命能量的消耗,静极、静虚极的修持,不仅可以避免生命能量的消耗,而且能够储存和补充生命能量,提升生命的质量和数量。在人体内,有气之清、神之灵、精之洁三者,精、气、神各分阴阳,浊者下降,清者上升。人在静中,心不生妄念,神入于虚无,精、气、神三者自然凝聚以结为内丹。②

"**万物负阴而抱阳,冲气以为和。**"世间万物皆分阴、阳,人也有阴、阳之分。"阴"指形体(身体),它具有向内的约束力;"阳"指能量(意识),具有向外的扩散力。具体而言,阴指精,阳指气,阴阳二气交媾中的"和"气,乃是生命生生不息的根本,因此又称之为"生气","生气"与"神"相依,便是生,不相依,则是死。"生气"在人

---

① 正因如此,我们所经验到的现象世界也是二分性的,它是由于我们头脑的分析所造成的。
② 参见谢增虎《道如何生一?——〈道德经·道生一章〉诠释》,见谢青松主编《中国传统道家经典的现代阐释》,中国社会科学出版社2018年版,第6页。

体中包括三个层面：以脑为主体的思，以肺为主的口鼻呼吸，以丹田、气海为主体的息，古人称为上、中、下三丹田，贯通三丹田的气为"冲气"，在印度文化、藏传佛教中称之为"中脉"，中医中则强调中、下丹田交流的水、火既济。在吕祖看来："大凡有形之物，皆阴也。有形者，皆有性。性乃阴也，性中得命。阳也，阳生于阴，洁白而生光。与月同也。"（《道德经心传》）每一种有形之物，无论是日月星辰，还是花草树木、鸟兽虫鱼，包括人类，都是能量的表现方式，物之所以存在，就是能量以这一种方式存在，如果能量的存在方式改变了，物的原有形体就必然会发生改变。"万物负阴而抱阳"，每一种物都被"阴"抱在怀中，如母亲抱着婴儿，故而，修道就是抱道，通过性命双修，强健身体，净化意识，使能量达至"和"的状态、"一"（整体）的状态。在道家看来，唯有精气神三者俱足，才能进入生命的真正健康状态。[①] "万物负阴而抱阳，冲气以为和"意味着，求道者记住"我在"（"阴"），保持觉知（"阳"），能量将自然而然处在和谐的状态。

"人之所恶，唯孤、寡、不穀，而王公以为称。"人们不喜欢"孤""寡""不穀"，认为这些词语是不吉祥的，但王公以它们来称呼自己，时时用卑贱来提醒自己不忘根本，因此得以保持住自己崇高的身份。王公深谙"贵以贱为本，高以下为基"（三十九章）的道理，他们自称"孤、寡、不穀"，以此警示自己保持一种谦卑姿态，这恰恰符合"高者抑之，下者举之；有余者损之，不足者补之"（七十七章）的"天之道"，有助于保持事物之间内在的平衡。事实上，"事物常以谦下损己而得益，以尊贵益己反招祸。为人谦下，则受益匪浅；高傲自大，必有损于己。"[②]

"故物或损之而益，或益之而损。"所以说，一个事物，表面看来好像是在减损，但实际上并未减损，反而是增益了；表面看来好像是在增益，但实际上并未增益，反而是减损了。老子曾阐述过"祸福相

---

① 参见谢增虎《道如何生一？——〈道德经·道生一章〉诠释》，见谢青松主编《中国传统道家经典的现代阐释》，中国社会科学出版社2018年版，第9页。
② 任法融：《道德经释义》，东方出版社2012年版，第107页。

依"的道理："祸兮福之所倚，福兮祸之所伏"（五十八章），指出事物与事物之间，存在着彼此转换之机。老子还强调"少则得，多则惑"（二十二章），教导世人做减法，尽可能减少不必要的东西，减少不必要的追求，节省时间，蓄积能量，去探索生命的真相。世人只知做加法，不断增益，智者则擅长做减法，不断减损。一个懂得做减法的人，他会尽可能少做那些无意义的事情，将自己的精力放在人生最为重要的事情当中（求道），到了最后，虽然有可能失去某些现实的利益，但体会到了生命的自在，甚至证得生命的永恒。何者为得？何者为失？

"**人之所教，我亦教之。强梁者不得其死，吾将以为教父。**"古圣先贤如此教导我，如今我也这样去教导别人："强暴之人必定死无其所！"我把这句话当作施教的开始。横暴强梁之人，不懂得"独阳不生，孤阴不长"的道理，习惯于依仗权势，滥施淫威，恣意妄为，做尽伤天害理之事，由于违背了天道，导致阴阳失衡，最终，他们也将自食恶果，不能寿终正寝、享尽天年。在此，老子语气颇为严厉，用心却极为慈悲，他借助这句话来警戒世人，要戒骄戒躁，谦让居下，保持内心的柔和，避免不必要的折腾。

四十二章

123

四十三章

天下之至柔，驰骋天下之至坚。无有入无间，吾是以知无为之有益。不言之教，无为之益，天下希及之。

【阐幽】

此章言柔弱之妙、无为之益。

"天下之至柔，驰骋天下之至坚。" 天下最柔软的事物，却能贯穿天下最坚硬的事物。外在世界当中，水是最柔弱的，但是，"天下莫柔弱于水，而攻坚强者莫之能胜"（七十八章）。内在世界当中，爱是最柔软的，然而却是世界上最高的力量，正所谓"仁者无敌"。天下最柔软的事物从来不去抗争，它只是按照自己的本性流动，那意味着顺应并流向自己的生命本质，而天下最坚硬的事物始终会去抗拒，那意味着对生命本质的对抗，恰恰那是违背本性、趋于死亡的特征。故而，老子说："坚强者死之徒，柔弱者生之徒。是以兵强则不胜，木强则折，强大处下，柔弱处上。"（七十六章）

"无有入无间，吾是以知无为之有益。" 无形的力量能够穿透没有丝毫缝隙的东西，基于此状，我才认识到无为的益处。河上公解释说："无有，道也。道无形质，故能出入无间，通神群生也。"（《老子道德经河上公章句》）在他看来，"无有"就是道，道本身无有形质，却能够穿透没有丝毫缝隙的东西，无所不至，无所不为，无所不成，无坚不摧。

"不言之教，无为之益，天下希及之。" 不言的教导，无为的益处，天下的人很少能够理解和践行。在老子看来，大道不言而教、不令而从，无为无造、无形无相，然而它的功能却是天下任何事物都不能企及的。关于"不言"，孔子曾说："予欲无言。天何言哉！四时行焉，百物生焉，天何言哉！"（《论语·阳货》）尽管天地无言，但是运行完美。庄子也说："天地有大美而不言。"（《庄子·知北游》）天地有大美，但静默不言。《金刚经》中也说："若人言，如来有所说法，即为谤佛，不能解我所说故。"（《金刚经·非说所说分第二十一》）真正的佛法，是无法用语言表达的，能表达的都不是真正的佛法，只不过是权宜方便之说，指月之指而已。倘若将手指当月亮，那就违背了佛的本意。倘若执着于佛经，则障碍了自性的光明，当然是谤经，倘若说佛无所说法，三藏十二部又从何而来，故而为谤佛。由此可见，儒释道三家都认定，真理（大道）之精妙玄奥，远远超越了语言，绝非语言所能表达，唯有笃于实修、亲历亲证的人才能知"道"。真正的智者，又难以通过语言来传达关于大道的信息。如果不用言语文字表达，世人又难以得到帮助，倘若用语言文字表达，世人又执着于语言文字，实在是两难的事情。正是在此意义上，老子感慨道："不言之教，无为之益，天下希及之。"默默离言绝念，保持宁静，这是最高深最精妙的教诲；去掉"做者"的身份，保持无为，将会带来不可思议的益处。遗憾的是，天下之人，罕有人能够理解，更不用说践行了。

四十四章

名与身孰亲？身与货孰多？得与亡孰病？是故甚爱必大费，多藏必厚亡。知足不辱，知止不殆，可以长久。

【阐幽】

老子告诫人们不要因小失大、因假失真。

"名与身孰亲？身与货孰多？得与亡孰病？"本章伊始，老子就提出三大追问：名誉与身体，哪个更为亲近？身体与钱财，哪个更为重要？得到与失去，哪个更为有害？老子并未直接作答，但是答案显而易见。声名与货利皆属身外之物，而通过这个身体能够感知一切，才是每一个人最真切的存在体验，也是最崇高的价值所在。为了获取身外之物而损伤自己的身心，甚至戕害自己的生命，实为颠倒迷惑之举。元代栯堂禅师有一首禅诗："人生不满一百岁，今是昨非无定名。天下由来轻两臂，世间何故重连城。"（《栯堂山居诗》）[1]

在庄子看来："夫天下至重也，而不以害其生，又况他物乎！"

---

[1] 这首诗源于《庄子·让王》中的一个故事：韩、魏相与争侵地。子华子见昭僖侯，昭僖侯有忧色。子华子曰："今使天下书铭于君之前，书之言曰：'左手攫之则右手废，右手攫之则左手废，然而攫之者必有天下。'君能攫之乎？"昭僖侯曰："寡人不攫也。"子华子曰："甚善！自是观之，两臂重于天下也，身亦重于两臂。韩之轻于（转上页）

(《庄子·让王》)天下的地位可以说是最贵重的了,但也不能用它来危害自己的生命。芸芸众生沉溺于世俗之中,追逐荣华富贵,贪图名利之心愈甚,能量(精气神)耗损愈多。不义之财积藏得越多,招祸亡身的危险性越大。绝大多数世人穷其一生在名利场中争逐,才气挥洒且机关算尽,心神外骛,耗损元气,透支生命,丧失本性,到头来都是一场空。①

"**是故甚爱必大费,多藏必厚亡。**"贪爱过头势必造成极大的耗费;储存丰富必定招致惨重的损失。对于耽于名利的人们,老子此言不啻为当头一棒喝!人一旦被外在之物蒙住了双眼,甚至到了忘我的境地,就会不顾一切地去追逐。河上公说:"甚爱色,费精神;甚爱财,遇祸患;所爱者少,所亡者多,故曰'大费'。"(《老子道德经河上公章句》)憨山大师说:"故凡爱之甚者,费必大。藏之多者,亡必厚。如以隋侯之珠,弹千仞之雀,雀未得而珠已失,此爱之甚,而不知所费者大矣。"(《道德经解》)在老子看来,对于外在之物无休无止的追逐,以及内在世界永无止歇的纠结,耗费了我们大量的精气神。然而,凡是能够被拥有的,最终将会统统失去。贪爱外在之物愈甚,损耗内在能量就愈多,故而,减少外在的追逐,有助于蓄积内在的能量。若能避免那些不必要的折腾,自然会减少许多不必要的烦恼。

"**知足不辱,知止不殆,可以长久。**"知道满足,就不会受到羞辱;知道停止,就不会遇到危险,懂得知足知止,就可以保持长久。头脑总是贪求更多,心灵方能知足知止。事实上,钱财和名望乃身外之物,虽然不可或缺,但应取之有道,享之有度。唯有懂得满足,才不会遭受屈辱,唯有适可而止,方可免遭祸殃。在老子看来,因倾慕富贵而

(接上页)天下亦远矣,今之所争者,其轻于韩又远。君固愁身伤生以忧戚不得也!"僖侯曰:"善哉!教寡人者众矣,未尝得闻此言也。"子华子可谓知轻重矣。
① 古罗马智者塞内加说:"当你见到有人屡次官袍加身,或在广场名声大振,不要羡慕他们:这些都是以生命为代价获取的。为了某一年代能以他们的名字命名,他们耗尽自己所有的岁月。有些人从事业开始就奋斗,一路拼搏,还没有到达自己雄心壮志的巅峰就结束了生命。有些人忍辱负重爬到至尊无上的地位,却又不禁黯然神伤,因为他们所有的艰辛都不过是为了一块墓志铭。"([古罗马]塞内加:《论生命之短暂》,周殊平、胡晓哲译,中国对外翻译出版公司2010年版,第24页。)

焦虑不安，因占有名利而远离本性，实乃人生最大的过失和不幸。唯有知足、知止，才能够消除焦虑，保持自己的真实本性。老子多次强调知止，《道德经》三十二章中说"知止可以不殆"，本章又说"知足不辱，知止不殆，可以长久"。所谓"知止"，是指"见素抱朴，少私寡欲"（十九章），知足知止，见好便收。唯有停止注意力向外驰散的惯性，做到精神内守、致虚守静，才有可能"功遂身退"但是"不失其所"，"没身不殆"甚至"死而不亡"。

四十五章

大成若缺,其用不弊;大盈若冲,其用不穷。大直若屈,大巧若拙,大辩若讷。躁胜寒,静胜热,清静为天下正。

【阐幽】

本章继续阐明前章"不言之教,无为之益"。

"**大成若缺,其用不弊;大盈若冲,其用不穷。大直若屈,大巧若拙,大辩若讷。**"最为完美的事物,仿佛有所残缺,但其作用却没有丝毫弊端。最为充盈的事物,仿佛空虚无物,但其作用却无穷无尽。最为正直的东西,看上去弯弯曲曲,最为灵巧的东西,看上去粗重笨拙;最为卓越的辩才,看上去不善言辞。从道(自然)的角度来看,大成(最完美的事物)是自然天成的;然而,从非道(人为)的角度来看,它却是有缺陷的。从道的角度来看,大盈(最极致的事物)是自然充盈的;然而,从非道的角度来看,它却是空虚的。从道的角度来看,大直(最正直的)是自然正直;然而,从非道的角度来看,它是弯曲的。从道的角度来看,大巧(最巧妙的)是巧夺天工;然而,从非道的角度来看,它却是笨拙的。从道的角度来看,大辩(最善辩的)是如实辩论;然而,从非道的角度来看,它却是迟钝的。总之,大道至简,大道至朴,它崇尚的是虚静无为,故而无须雕饰,也无须巧辩,然而在世人看来，却是有瑕疵的，有不足的。

以"大巧若拙，大辩若讷"为例。《论语·乡党》记载："孔子于乡党，恂恂如也，似不能言者。其在宗庙、朝廷，便便言，唯谨尔。"孔子在本乡显得很温和恭敬，像是不善言辞的样子。因为，他无须在同乡面前展现自己的口才，但在宗庙里、朝廷上，却能够侃侃而谈，同时言谈很谨慎，这就是"大智若愚"的表现。

"躁胜寒，静胜热，清静为天下正。" 疾走有助于抗御寒冷，安静可以化解炎热，尽管运动与安静都有着各自的作用，但清静无为才是天下的正道。生活经验告诉我们，身体要想摆脱寒冷，需要恰当的运动，身体运动就会产生热量，于是就能够战胜寒冷。但是，当热量越来越多，超过了身体的需要，就有可能产生虚热，此时就要保持身体静止、内心清静，把这些虚热清除掉，摆脱过"寒"与过"热"的状态，才是恰当的、正确的状态，老子称其为"正"。[①]

在老子看来，"静为躁君"（二十六章），宁静是躁动的主宰，因此，要善于以静制躁，保持清静无为，如此才能够"为天下正"。我们在生活当中，要懂得保持清静之心，接受平凡的自己，随顺一切自然发生。憨山大师《劝世文》中说："红尘白浪两茫茫，忍辱柔和是妙方。到处随缘延岁月，终身安分度时光。"实际上，我们能够做的，就是接受当下、安住当下，在平凡的生活当中去体味生命的美妙。生命是由许多细小乃至琐碎之事所组成的，当我们保持觉知、安住当下，就有可能享受当下的每一个片刻，享受每一件平凡的事情，最终，平凡的生命也会变得不平凡。

[①] 关于寒与热，在中医看来，二者之间可彼此转化，所谓热极生寒，寒极转热，比如一个人有寒症，又中了寒，有可能会出现热症，这时候就会有真寒假热，阳虚寒盛，热象是假，寒症是真。对于真热假寒的病症，用寒性药物而宜于温服，用温热药则宜于冷服。

四十六章

天下有道，却走马以粪。天下无道，戎马生于郊。祸莫大于不知足，咎莫大于欲得。① 故知足之足，常足矣。

【阐幽】

此章言多欲有为之害，提倡知足知止。

"天下有道，却走马以粪。天下无道，戎马生于郊。" 当天下有道时，"知足知止，无求于外，各修其内"（《老子道德经注》），则国泰民安，天下太平，无兵甲之患，"虽有甲兵，无所陈之"（八十章），故刀兵入库，马放南山，耕田种地，积粪肥田。当天下无道时，执政者"贪欲无厌，不修其内，务求于外"（《老子道德经注》），则天下大乱，兵戈四起，战火不息，故养兵屯马，以备国家之需要，就连怀孕的母马都要参战，甚至在战场的郊野生出小驹。老子以马为喻，马的"走"与"生"，指代天下之有道与无道；"粪马"与"戎马"，象征国家之治与乱。治国之道，当以无为自然而养民，以清静无事而安民。如同马匹那样，虽是有用之物，用之于疆场可以卫国，用之于战阵可以御敌，用之于农事可以耕田，故曰"天下有道，却走马以粪"。河上公注释

---

① 河上公本作"罪莫大于可欲，祸莫大于不知足，咎莫大于欲得"，现据王弼本。

说:"却阳精以粪其身"(《老子道德经河上公章句》),引申为修道治身,要保持清静无为,节欲保精,炼精化炁,滋养性命。"粪"就是施肥料于田地。如同将粪肥放到田地里可以滋养庄稼,人将精液保存于体内则可以滋养身体。

"**祸莫大于不知足,咎莫大于欲得。**"没有任何一种灾祸大于不知满足,没有任何一种过错大于贪婪欲得。人类历史已反复证明,欲望是所有罪恶的总根源。欲之为害,无所不至。私欲膨胀,追逐名声,迷恋权位,妄求钱财,求胜于物,逞强于人,贪高求大……凡此种种,皆为人欲之私,皆是造罪之根,故老子曰"咎莫大于欲得"。明代朱载堉写过一首散曲刻画了世人之欲壑难填:"终日奔波只为饥,方才一饱便思衣;衣食两般皆俱足,又思娇娥美貌妻;娶得美妻生下子,恨无田地少根基;良田置的多广阔,出门又嫌少马骑;槽头扣了骡和马,恐无官职被人欺;七品县官还嫌小,又想朝中挂紫衣;一品当朝为宰相,还想山河夺帝基;心满意足为天子,又想长生不老期;一旦求得长生药,再跟上帝论高低。不足不足不知足,人生人生奈若何?若要世人心满足,除非南柯一梦西!"(《不知足歌》)[①]事实上,天下祸事,皆来源于人心的不知足。人心不懂知足,便生贪得之念。为了满足个人私欲,人们不择手段,甚至铤而走险,终必招致灾祸。如《红楼梦》中所说的,"因嫌纱帽小,致使锁枷扛,昨怜破袄寒,今嫌紫蟒长"(《红楼梦》第一回),世人为了追求外在之物而耗尽自己的生命能量,到了生命的尽头,一切繁华都归于虚无,"好一似食尽鸟投林,落得个白茫茫大地真干净"(《红楼梦》第五回)。

"**故知足之足,常足矣。**"因此,唯有懂得满足的这种满足,才是恒常的满足。所谓知足,就是对于当下拥有之物感到满足,自然而然地做到清心寡欲。头脑的惯性是,对于已经占有的东西熟视无睹,对于未曾得到的东西心生觊觎。"知足"意味着,一个人不再活在头脑当中,而是由心灵来做主宰;一个人不再沉湎于过去或者未来,而是全

---

① 此诗有不同版本,个别表述有差异,诸如,最后一句有版本为"除非南柯一梦兮"。

然活在当下、享受当下。清代文人胡澹庵有一首《知足歌》："人生尽受福，人苦不知福。思量事劳苦，闲着便是福。思量疾厄苦，无病便是福。思量患难苦，平安便是福。思量死来苦，活着便是福。也不必高官厚禄，也不必堆金积玉。看起来，一日三餐，有许多自然之福。我劝世人，不可不知足。"老子还强调，"知足者富"（三十三章），知足于内而无求于外，这才是真正的富有。烦恼是欲望造成的，一个人的欲望越多，烦恼也就越多。当一个人开始追求"无欲"，那么，世间的那些粗重欲望，就对他失去了诱惑力，都没有办法打动他了，世俗社会各种各样的担忧和烦恼也就结束了。这就是孔子所说的"忧道不忧贫"（《论语·卫灵公》）。当你关心大道的时候，就不再去关心贫富问题了，因为你知道，贫穷或者富贵自有定数，并不在你掌控的范围之内，根本不值得去担忧。在老子看来，唯有"见素抱朴，少私寡欲"（十九章），浑无我心，恒无我欲者，方能自然恒足，乐在其中，亦即吕祖所言，"惟有道者能知足"（《道德经心传》）。

四十七章

不出户，知天下；不窥牖，见天道。其出弥远，其知弥少。是以圣人不行而知，不见而明，不为而成。

【阐幽】

此章言精神内守之益，心神外骛之害。

"不出户，知天下；不窥牖，见天道。" 有道之人，不出门外，就能够推知天下的事理；不望窗外，就能够窥见大道的奥秘。古人讲，"秀才不出门，便知天下闻"①，真正的读书人，通过研读经典，懂得向内探求，保持内心澄明，即便足不出户，仍可知晓天下，即便不向外看，仍可窥见天道。因为，在内在深处，"我"就是世界，是一个极其微小的世界，世界只不过是"我"的扩大，当一个人真正认识了自己，也就了解了一切。在老子看来，所谓"出户"和"窥牖"，都是有为之举，如同"跂者"和"跨者"（二十四章），它不可能让一个人知晓天下、窥见天道。"不出户"和"不窥牖"，就是保持清静无为，这反而能让一个人知晓天下、窥见天道。老子还指出："涤除玄览，能无疵乎？"（十章）将心灵的镜子，洗涤清理得一点瑕疵也没有，私欲净尽，妄念全消，去私除妄，

---

① 又作"秀才不出门，便知天下事"。

便能复归本性之纯真。如庄子所说："水静犹明，而况精神！圣人之心静乎！天地之鉴也，万物之镜也。"（《庄子·天道》）犹如水静则能照见周边之物像，圣人之心纯净且宁静，可以作为映照天地万物的镜子，故而能够通达世间所有的道理。有道之人内心澄明，意识清明，自然能够知晓天下，窥见天道，何必远行？何需窥牖？

"其出弥远，其知弥少。" 一个人的心思越是向外奔逐，他对于道的认识就越少。倘若一味向外驰求，必然导致思虑纷杂，精神散乱，内心迷茫。走出户外愈远，其心愈加轻浮躁动，于是无法明澈地透视外界事物。任法融说："大千世界，复杂万端，变幻无穷。若舍己而外索，追逐事物的外在之末，舍己求外，忘本逐末，则走得越远，懂得越少。所以，立足自身，抱其根本，是为至要。人是一小宇宙，天地是一大宇宙。不知小宇宙，焉知大宇宙？不知自我，焉知外物？"[①] 唐朝无尽藏比丘尼有一首诗："终日寻春不见春，芒鞋踏破岭头云；归来偶把梅花嗅，春在枝头已十分。"[②] 就是比喻世人为了求道而不辞辛苦，踏遍千山万水，却了不可得。事实上，人们所苦苦追寻的大道，并非远在天边，而是近在眼前。一旦注意力回到当下，安住在此时此刻，那就是"道"的境界、"佛"的境界。

"是以圣人不行而知，不见而明，不为而成。" 有道的圣人，不必通过行动就可以获得真知灼见，不必亲眼看见就能够明了各种事理，不必刻意作为就能够成就万物。这意味着，真正的智者，不会盲目向外追逐，只是保持清静无为，就可以让一切自行显现。在历史上，孔子崇尚有为，"知其不可而为之"（《论语·宪问》），周游列国，历经坎坷，颠沛流离，不忘大道，最终"五十而知天命"（《论语·为政》）；庄子崇尚无为，"知其不可奈何，而安之若命"（《庄子·人间世》），顺从天道，不为物累，旷达处世，内心逍遥。这体现了儒道两家在心灵修持上的不同道路。

---

① 任法融：《道德经释义》，东方出版社2012年版，第113页。
② 宋代笔记小说《鹤林玉露》中记载的《悟道诗》，文字上略有差别："尽日寻春不见春，芒鞋踏遍陇头云。归来笑拈梅花嗅，春在枝头已十分。"见罗大经《鹤林玉露》，王瑞来校点，中华书局2012年版，第209页。

四十八章

为学日益，为道日损。损之又损，以至于无为，无为而无不为。取天下常以无事，及其有事，不足以取天下。

【阐幽】

此章旨在"叫人去聪明之心、驰骋之意、贪欲之情"（《道德经心传》）。

"为学日益。"在为学之路上，知识储备随着时间与日俱增。"为学日益"意味着，学识的提升是每天在知识上求其增益。"日益"就是做加法，不断累积知识、训练头脑，然而，"吾生也有涯，而知也无涯，以有涯随无涯，殆已"（《庄子·养生主》）。人的生命有限，而知识是无限的，以有限的生命去追求无限的知识，自然会令人疲惫。况且，知识（记问之学）掌握得越多，私心狭见、妄知妄见也就层出不穷，最终陷溺于各种知见当中。事实上，昼夜苦读导致意倦神疲，知识丰厚导致思绪繁多，反而有碍于体悟大道。在老子看来，知识是生命的栅栏。随着知识的不断累积，一个人的头脑将变得越来越复杂，心灵却越来越萎缩。①当一个人的眼睛被知识所覆盖，就看不到生命真实的

---

① 事实上，学问不等同于智慧。在现实生活当中，一些人饱读诗书，甚至学富五车，但未必就有能力、有智慧。从某种意义上说，这些人只是储存了大量的（转下页）

状态，更不可能活出生命本有的自在。

"为道日损。" 在修道之路上，私智妄见一天比一天减损。"为道日损"意味着，心灵的修持是每天在知见上求其减损。"日损"就是做减法，不断舍弃多余之物、摒弃各种知见。对于人生而言，知见必然增加我执，知见同时带来欲望。一个人越是试图从外在世界来追求某一真理，他就越来越远离自己的真实本性，然而，一个人越是远离自己，距离真理就越来越远，而他却将自己所累积的知识、收集的信息当作"真理"，从而认为自己知道得越来越多。事实上，知见愈多，欲望愈增，人生的负荷也就越重。在老子看来，与其增长更多的学识，还不如保持更多的觉知。随着知见的减损，觉知的提升，道就在当下朗现，何暇向外寻求？

"损之又损，以至于无为，无为而无不为。" 在求"道"的过程中，表面看来好像是在减损，而实际上并未减损。修道者通过不断的减损，最后达到"无为"的境地，正是借助无为，最终无所不为。老子说，"物或损之而益，或益之而损"（第四十二章），为道所要减损的，正是为学所要增益的知见。知见减损，生命反见增益；知见增益，生命反见减损。表面上知识在减少，实际上智慧在增长，当头脑越来越清明，心灵越来越纯净，与大道也就越来越接近，直至达到"无为"之境地，那么最终将"无为而无不为"。任法融说："修道的人则在不断地剔除杂念，减少思虑，以至达到一念不起、性体圆明、自然无为之境界。达此境界，则心若明镜，亦若皓月，对天地万物的微妙玄理，无不洞观普照。"[1]

（接上页）知识，哪怕是古代智者留下的著作，对于他们而言，也仅仅是"借来"的，并没有变成自己的生命体验。即便是哲学学者，整天思考或者探讨与智慧有关的问题，也并不见得就有智慧。知识是由外在获得的，也是有限的，但智慧是通过内在意识（心灵）自然流显而出的，也是无限的。正因如此，知识可以通过"给予"或"拷贝"来获得，而智慧只能通过"启发"或"暗示"来传递。古人将这种启发比喻为"指月之指"。也就是说，真正的智慧，是无法用语言文字表达的，凡是能够用语言文字表达的，都不是真正的智慧。所谓的经典，只不过是权宜方便之说，指月之指、指路之标而已，正因如此，东方古代的智者并不热衷于著书立说，而是注重亲证亲悟。

[1] 任法融：《道德经释义》，东方出版社2012年版，第114页。

"取天下常以无事，及其有事，不足以取天下。"治理天下要常清静不扰攘，至于政举繁苛，就不足以治理天下了。所谓"取天下"，并非指打天下，而是有天下、得天下。在老子看来，执政者要常清静不扰攘，才能做到"治大国若烹小鲜"（六十章）。倘若执政者有心有为，肆意妄为，那么就"不足以取天下"了。老子以治国比喻修道，强调在修道的过程中，要善于"无事"。所谓"无事"，就是减少自身欲望，保持清静无为。在老子看来，"天下神器，不可为也。为者败之，执者失之"（二十九章），"是以圣人无为，故无败；无执，故无失"（六十四章）。真正的智者，"以无事取天下"（五十七章），也就是通过清静无为来"取天下"，亦即悟道得道，证悟自己不朽的本性。"及其有事，不足以取天下"，若有心有为，贪多欲速，急于求成，则是离道妄为，必然败之，终将失之。

四十九章

圣人常无心，以百姓心为心。善者吾善之，不善者吾亦善之，德善；信者吾信之，不信者吾亦信之，德信。圣人之在天下也，歙歙焉①，为天下浑其心。百姓皆注其耳目，圣人皆孩之。

【阐幽】

本章阐述圣人的心灵境界与宇宙胸怀。

"圣人常无心，以百姓心为心。" 圣人没有自我之心，以百姓之心为心。黄元吉说："圣人未至不先迎，已过不留恋，当前不沾滞，无非因物赋形，随机应变，以百姓之心为心而已。"（《道德经注释》）所谓"百姓心"，就是"众人之心"，在本质上就是"无心"。天地无心自然，让万物自生自灭，圣人"虽爱而无心"（《道德经解》），让百姓自在自为。

老子曾说，"天地不仁，以万物为刍狗"（五章），"不仁"即无心之仁，它是顺其自然的。天地间万物就像祭祀中的"刍狗"一样，都是自然的、偶然的、暂时的存在，并非天地有意为之。在现实世界当中，人为利欲声色所迷，逐渐迷失了人的固有本性，"五色令人目盲；五音令人耳聋；五味令人口爽；驰骋畋猎，令人心发狂；难得之货，令人行

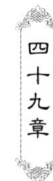

---

① 王弼本作"圣人在天下歙歙"，河上公本作"圣人在天下怵怵"，现据帛书本。

妨"（十二章），正是这些世俗的粗重欲乐，让一个人逐渐偏离了大道，在迷失本性的歧路上越走越远。自我之心表现为分别之心。分别心带来执着，执着带来痛苦，唯有去除分别妄想执着，方能保持自然质朴、与道冥合、与道玄同。可见，"无心"即道，"有心"则离道。

"善者吾善之，不善者吾亦善之，德善。"对那些善于修道之人，我善待他们；对于那些不善于修道之人，我也善待他们。在儒家看来，人人皆可为尧舜，每一个人都有与圣贤完全相同的潜质，都有成圣成贤的可能性，正因如此，孔子主张"有教无类"（《论语·卫灵公》），不分贫富、贵贱、智愚、善恶，人人皆可接受教育。在道家看来，人人皆有"德善"，每一个人都具有与道相合、与道融合的品质，故而，无论是"善者"还是"不善者"，有道之人一律待之以善，正是在他们的感化之下，人人皆有可能慕道、修道。

"信者吾信之，不信者吾亦信之，德信。"对于那些信任大道的人，我信任他们；对于那些不信大道的人，我也信任他们。老子说，"是以圣人常善救人，故无弃人；常善救物，故无弃物"（二十七章），"人之不善，何弃之有？"（六十二章）有道之人没有分别之心，他善待"善者"与"不善者"，信任"信者"与"不信者"。无论是"善者"还是"不善者"，有道之人都一视同仁，给予他们相同的信任。长此以往，就可使人人种下善根信根。

"圣人之在天下也，歙歙焉，为天下浑其心。百姓皆注其耳目，圣人皆孩之。"有道之人治理天下，收敛自身的欲念，使天下百姓之心归于浑朴。世人皆专注于自己的所见所闻，圣人则视他们如同亲生子女，以大德来滋润他们的心灵。在父母眼中，子女没有贤愚之别，他们只是一群天真无邪、纯洁无知的孩童。无论这些孩子聪明善良还是顽皮胡闹，都给予他们完全相同的关爱，甘于付出而不求回报。在圣人眼中，天下苍生亦无贤愚之别，"善者吾善之，不善者吾亦善之，德善；信者吾信之，不信者吾亦信之，德信"。无论芸芸众生禀赋如何、表现怎样，都给予他们平等无私的帮助，甘于奉献而不望回报。

五十章

出生入死。生之徒十有三，死之徒十有三，人之生，动之死地，亦十有三。① 夫何故？以其生生之厚。盖闻善摄生者，陆行不遇兕虎，入军不被甲兵。兕无所投其角，虎无所措其爪，兵无所容其刃。夫何故？以其无死地。

【阐幽】

本章论述摄生之道。

"出生入死。生之徒十有三，死之徒十有三，人之生，动之死地，亦十有三。夫何故？以其生生之厚。"人的生命是一个自然过程，人生为出，人死为入，生来死去，新陈代谢，乃自然之规律。老子分辨了从生到死的三种主要类型：第一种是"生之徒"，亦即天生长寿者，这类人先天禀赋充足，身强体健，无病无灾，享尽天年而亡，约占十分之三。第二种是"死之徒"，亦即天生短命者，这类人因先天禀赋不足、体质较差或生病伤残而未尽天年、中途夭亡，约占十分之三。第三种是"人之生，动之于死地"，亦即本来可以长寿却早死者，这类人追名逐利、恣情纵欲，过度耗散自己的精气神，以至于早早夭亡，约

---

① 河上公本作"人之生，动之死地，十有三"，现据王弼本。

占十分之三。原因究竟何在？老子说"以其生生之厚"，就是他们太过于执着地守护自己的生命了。诸如，古代帝王生活条件最为优厚，他们过度奉养自己的身体，"以酒为浆，以妄为常，醉以入房，以欲竭其精，以耗散其真，不知持满，不时御神，务快其心，逆于生乐，起居无节"（《黄帝内经·素问·上古天真论》），结果反而大都短命。在老子看来，只有极少数（约占十分之一）的人，属于"善摄生者"，他们恬淡无为，少私寡欲，心胸开阔，淳朴自然，正如《黄帝内经》中所说："上古之人其知道者，法于阴阳，和于术数，食饮有节，起居有常，不妄作劳，故能形与神俱，而尽终其天年，度百岁乃去。"（《黄帝内经·素问·上古天真论》）上古时期那些有道之人，懂得效法于天地阴阳之道，调和于各种养生方法，饮食有节制，起居有规律，不沉迷于房事，故而能够形神兼养，活到上天赋予的寿命，超过百岁再离开人世。

"盖闻善摄生者，陆行不遇兕虎，入军不被甲兵。兕无所投其角，虎无所措其爪，兵无所容其刃。夫何故？以其无死地。"老子指出，那些真正善于养生之人，在田野山川中行走不会遭遇兕虎之类猛兽的伤害，在枪林弹雨的战场上也不会轻易被武器所伤害；面对他们，犀牛无法运用它的利角，老虎无法运用它的利爪，而兵器的利刃也难以加于其身。为什么呢？因为他们与自然清虚之道相合，对于自己的身体没有执着，因此尽管遭遇危险但没有进入死亡的范围。这意味着，真正善于养生之人，不仅仅关心身体的安全和健康，而且更为注重心灵的健康与解脱。他们无心无为，柔顺不争，面对危险处境能够坦然处之，反而不会为兕虎等猛兽所加害，也不会被兵刃等武器所伤害。世间普通之人，贪生怕死，畏惧危险，反而容易遭受外来的侵害。古代道教经典中记载的一些得道之人，水火不伤，凭空蹈虚，甚至御风而行，倏忽来去，对于这些神话般的描述，我们不必过于迷信，但也难以简单予以否认。此外，道藏中大量禁咒之法，固然看上去令人匪夷所思，但恐怕也并非完全虚妄。任法融说："自原始时代，人心淳朴，性体清静，无念无欲，人与兽同居而互属相助，人无猎兽害命之心，兽亦无反伤人之举。此后由于人的情欲动、贪心起，欲猎兽以饱口福，于是，禽兽与人结下了不可解的怨仇，故始有人害兽而兽伤人往还之报。这是一种精神信息的感应现象，并无神秘之处。"[①]

可见，老子主要是通过讨论养生，强调要自然、要柔弱、要接受。

---

① 任法融：《道德经释义》，东方出版社2012年版，第118页。

五十一章

道生之,德畜之,物形之,势成之,是以万物莫不尊道而贵德。道之尊,德之贵,夫莫之命而常自然。故道生之,德畜之。长之育之,亭之毒之,[①]养之覆之。生而不有,为而不恃,长而不宰,是谓玄德。

【阐幽】

本章揭示道德与万物之间的关系。

"道生之,德畜之,物形之,势成之,是以万物莫不尊道而贵德。""道"生成万事万物,"德"养育万事万物,使之繁衍生长。万物在生长过程中由于所禀受的元气不同,从而形成各自不同的形状,而天地季节所造成的寒来暑往之势,又使得万物得以生长发育、茁壮成长、趋于成熟。因此,世间万物莫不尊道而贵德。在老子看来,道德与万物,犹如母子关系。道之生,德之畜,物之形,势之成,这是道所以生化万物、万物所以成就的整个历程。世间万事万物之生、畜、形、成,皆有赖于大道的力量和作用,故而万物莫不尊道而贵德。

"道之尊,德之贵,夫莫之命而常自然。""道"之所以受尊崇,"德"

[①] 河上公本作"成之孰之",现据王弼本。

之所以被珍贵，就在于其生化养育万物而不自恃有功，尊重万物本性而不妄加干涉。在老子看来，尊道贵德乃是宇宙的根本规律和客观法则。"道"化生万物，"德"养育万物，都是自然而然的过程，它们以其无所不在、无所不为的自然之势来生养万物、影响万物、关爱万物。换言之，"道之尊""德之贵"并非人为地尊奉、刻意地捧戴，而是因为它本身就拥有这样宝贵的品质，所以老子说"莫之命而常自然"。

"故道生之，德畜之。长之育之，亭之毒之，养之覆之。生而不有，为而不恃，长而不宰，是谓玄德。" 因此，"道"化生万物，"德"畜养万物，使它们生长发展、成熟结果，使它们受到爱惜与护养。生育万物却不据为己有，兴作万物却不自恃己能，长养万物却不加以控制，这就是玄妙幽深、不可思议之德。道德虽为世间之至尊至贵，却并不对万物发号施令，而是尊重自然之法则，清静无为，顺势引导，使万物顺应各自的本性而生长、成熟，这是真正的爱。世间的一些父母，习惯于将自己的意志强加给子女，打着爱的旗号干预他们的方方面面，这种以戕害儿童天性为前提的教育，最终换来的只能是对彼此的伤害。正如马哈拉吉所言："当你不知道什么对自己好的时候，你怎么能知道什么对别人好？"[①] 所以，爱的前提是尊重，缺乏尊重的爱，在本质上就是占有。从某种意义上说，爱出于尊重，爱赋予自由，爱即是自由。在老子看来，"生而不有，为而不恃，长而不宰"，这是真正的爱。

总之，真正的智者尊道贵德，顺应自然，不为己，不贪功，不执着，不妄为。如果不懂得这一规律，则"虽智大迷"（二十七章），倘若狂妄自大，妄作非为，最终就会招致灾难，亦即"不知常，妄作凶"（十六章）。

---

① ［印］室利·尼萨伽达塔·马哈拉吉：《我就是那》，陶张欢译，中国青年出版社2016年版，第266页。

五十二章

天下有始，以为天下母。既浔其母，以知其子；既知其子，复守其母，没身不殆。塞其兑，闭其门，终身不勤；开其兑，济其事，终身不救。见小曰明，守柔曰强。用其光，复归其明，无遗身殃，是谓袭[①]常。

【阐幽】

本章揭示大道运行的六大规律。

其一，无中生有。

"天下有始，以为天下母。" 天地万物都有一个根源、一个开始，那就是道，换言之，道乃是天地万物的母亲。在老子看来，"无名，天地之始；有名，万物之母"（一章），"天下万物生于有，有生于无"（四十章）。可见，天下之始就是"道"、就是"无"，而"道生一，一生二，二生三，三生万物"（四十二章），正是由这个"道"产生了世间万物，正是由这个"无"生出了天下万"有"。

其二，得母知子。

"既得其母，以知其子。" "母"即大道，"子"即万物，若能真正

[①] 王弼本、河上公本均作"习"，现据帛书本改为"袭"，在古代，"袭""习"二字通用。

通晓大道，便可以认识作为其子的世间万物。孟子说"先立乎其大者，则其小者弗可夺也"（《孟子·告子上》），无论求道悟道，还是立身处世，一旦抓住根本，那么，其他枝枝节节就都不在话下了。可见，老子所说的"既得其母，以知其子"，就是得本知末，持本御末。

其三，知子守母。

"既知其子，复守其母，没身不殆。" 如果我们已经认识了作为其子的世间万物，又能够持守住作为其母的玄妙之道，那么，终身都不会有危险和灾难。所谓"既知其子，复守其母"，就是知末守本，以本御末，亦即与道相合，与道偕行。倘能如此，便可没身不殆，终身无虞。

其四，塞兑闭门。

"塞其兑，闭其门，终身不勤；开其兑，济其事，终身不救。" 在老子看来，一味追逐物欲，必将迷失自我。人类之所以会深陷痛苦烦恼的泥潭当中，是因为在错误的方向上使用自己的能量，为此，要塞住嗜欲的孔窍，闭上嗜欲的门径，闭目养神，缄言少语，保持觉知，记住"我在"，如此，终生都不会为世俗欲望所困扰，不会被世俗事务所牵制，也就没有世俗之人的那些烦恼。如果肆意放任自己的感官，马不停蹄地忙于各种纷杂的事物，必然会陷入焦虑和痛苦之中，等到病入膏肓时，那就无药可救了。

其五，见小守柔。

"见小曰明，守柔曰强。" 能察见细微的叫做"明"，能持守柔弱的叫做"强"。任何事物都是由小至大、由微而著发展的，正所谓"合抱之木，生于毫末；九层之台，起于垒土；千里之行，始于足下"（六十四章），故而，一个人能够察见细微，才有可能真正洞明事理。在老子看来，"强大处下，柔弱处上"（七十六章），"弱之胜强，柔之胜刚"（七十八章），柔弱谦下乃是"道"之妙用，故而，一个人能够持柔守弱，才称得上真正的内心强大。

其六，用光复明。

"用其光，复归其明，无遗身殃，是谓袭常。" 老子强调，不仅要观察外物，明察事理，更要保持观照，发现自己的真实本性。具体来说，不仅要运用眼睛所发出的目光去观察外在的物质世界,同时要懂得以明澈的智慧之光去觉察自己内在的精神世界。只要方法得当并持之以恒,就有可能去除私欲与妄见的蔽障,开启内在世界本来就有的智慧,从而终身不给自己带来重大的灾殃,这就是守本固根之"常道"。

五十三章

使我介然有知，行于大道，唯施是畏。大道甚夷，而民好径。朝甚除，田甚芜，仓甚虚；服文彩，带利剑，厌饮食，财货有余；是谓盗夸，非道也哉！

【阐幽】

本章旨在叫人知本末、行正道。

在本章，老子区分了三条道路。有道者（"上士"）行走于大道，世人（"中士"）行走于小径，无道者（"下士"）行走于邪道。

"使我介然有知，行于大道，唯施是畏。"[①] 假使我稍微有些觉知，我将行于大道，而唯恐误入歧路。在老子那里，清静无为的自然之道就是平坦大道，它至简至易，以此道修身，可望明心见性，以此道治国，必然国泰民安。然而，人们往往出于欲望，误入歧路甚至乐入歧路。歧路主要有两种，一种是小径，另一种是邪道。所谓小径，就是看上去近一些，但实际上更远，可谓"欲速则不达"（《论语·子路》）；所谓邪道，就是将一个人带上悬崖边的那条路，也就是沉迷于"五色、五味、五音"等世俗欲望。人为何容易进入歧路？根本原因就是不觉知。一个人不能

---

① "施"，通"迤"，指邪行、歧路。

保持觉知，就会浑浑噩噩，成为欲望的奴隶，受到欲望的牵引，因此容易步入歧路，以至于深陷欲望的泥潭。所以，老子强调"介然有知"，就是要保持觉知，哪怕是稍微有一点觉知，也不至于步入歧路啊。可以说，所谓"唯施是畏"，就是战战兢兢，如临深渊，如履薄冰，始终保持觉知，这样才能够"行于大道"。

"**大道甚夷，而民好径。朝甚除，田甚芜，仓甚虚；服文彩，带利剑，厌饮食，财货有余；是谓盗夸，非道也哉！**"尽管大道平坦易行，但是人君偏偏喜欢近道小路。这在治理当中表现为，朝政非常腐败，农田非常荒芜，仓库十分空虚，但他们还穿着华丽的衣服，佩带锋利的宝剑，饱餍丰盛的饮食，财货绰绰有余。实际上，他们哪里懂得什么大道啊，不过是一群骄奢淫逸、狂妄自大的强盗罢了。这些人看上去精明无比，实则浑浑噩噩，因为他们的意识还处在深深的沉睡当中，这与真正的大道是格格不入的啊！"非道也哉！"老子痛心而无奈的心情，跃然于纸上。

老子此章主旨，就是要人们保持觉知，行于大道，远离小径，避免邪道。

五十四章

善建者不拔，善抱者不脱，子孙以祭祀不辍。修之于身，其德乃真；修之于家，其德乃余；修之于乡，其德乃长；修之于邦，其德乃丰；修之于天下，其德乃普。故以身观身，以家观家，以乡观乡，以邦观邦，以天下观天下。吾何以知天下然哉？以此。

【阐幽】

此章强调务本和观照。

"**善建者不拔，善抱者不脱，子孙以祭祀不辍。**"那些善于建立基础的事物不易被拔除，那些善于抱持根本的事物不易脱落，倘若子子孙孙都能遵循这个道理，那么世世代代的祭祀都不会断绝。河上公曰："为人子孙能修道如是，则长生不死，世世久久，祭祀先祖宗庙无有绝时。"(《老子道德经河上公章句》)事实上，无论是善建者，还是善抱者，都是懂得抓住根本的人。善于建德之人，得以深根固柢，外物外力不可以拔动他；善于抱朴之人，可以慎终若始，世情俗利不可以动摇他，是以"子孙以祭祀不绝"，就能代代流传，永无绝迹之时。

"**修之于身，其德乃真；修之于家，其德乃余；修之于乡，其德乃长；修之于邦，其德乃丰；修之于天下，其德乃普。**"这个道理，若能用于修身，那么他的德行将会返璞归真；若能用于持家，那么整个家庭乃至家族的德行都将更为充裕；若能实行于乡里，那么整个乡里人民的德行都将得以增长；若能用来治国，那么整个国家的德行都会更加丰厚而充沛；若能施行于天下，那么整个天下之人的德行就是普遍的，无处不在的。老子在此所说的"修之于身""修之于家""修之于乡""修之于邦""修之于天下"，乃是一个逐层推广的过程，也是大道运行的必然趋势。

"**故以身观身，以家观家，以乡观乡，以邦观邦，以天下观天下。**"所谓"观"，就是"看"（知道），观察外在之物，观照内在之心。老子提出，通过观察修道之身与不修道之身，来比较这二者的得与失；通过观察修道之家与不修道之家，来比较这二者的利与弊；通过观察修道之乡与不修道之乡，来比较这二者的优与劣；通过观察修道之国与不修道之国的状况，来比较这二者的好与坏；通过观察修道之君主与不修道之君主，来比较这二者的善与不善。严遵说："可以知我者，无所不知；可以治我者，无所不治；便于我者，无所不可；利于我者，无所不宜。不可于我而可于彼者，天下无之。"（《老子旨归》）能够知道自己，则无所不知；可以修养自己，则无所不治；便于自己的，则无所不便；利于自己的，则无所不宜。不适于自己而适于他人的，在整个天下都是没有的。①

"**吾何以知天下然哉？以此。**"我何以知道天下的情况呢？就是通过"观"这种方式。老子主张"致虚极，守静笃，万物并作，吾以观其复"（十六章），可见，"观"乃是道家的重要修养功夫。②对于老子来说，"观"就是"无为"，它并不反对行动，更不是逃避生活，而是不要无意识地行为。老子提倡，始终保持被动，保持接受。可见，

---

① 管子也曾提出类似的主张："以家为乡，乡不可为也；以乡为国，国不可为也；以国为天下，天下不可为也。以家为家，以乡为乡，以国为国，以天下为天下。"（《管子·牧民》）在他看来，按照治家的要求治理乡，乡不能治好；按照治乡的要求治理国，国不能治好；按照治国的要求治理天下，天下不可能治好。应该按照治家的要求治家，按照治乡的要求治乡，按照治国的要求治国，按照治天下的要求治理天下。
② 《般若波罗蜜多心经》中说："观自在菩萨，行深般若波罗蜜多时，照见五蕴皆空。"唯有保持"观"，内心方能"自在"；唯有"照见五蕴皆空"，方能"度一切苦厄。"

"观"并不需要"有为",而只需保持"无为"。只是纯粹的、超然的、不带任何偏见的"看"(知道),不去认同,不去评判。首先,看到(知道)自己的身体感觉、言行举止;其次,看到(知道)自己的起心动念、情绪起伏;最后,看到(知道)那个"看者",亦即注意力注意到注意本身。"观"意味着,保持觉知,记住"我在",通过这种方式,所有关于"道"的秘密将自行显现,这就是老子所说的"知天下"。

五十五章

含德之厚，比于赤子。蜂虿虺蛇不螫，攫鸟猛兽不搏。[①] 骨弱筋柔而握固，未知牝牡之合而朘作[②]，精之至也。终日号而不嗄，和之至也。知和曰常，知常曰明，益生曰祥，心使气曰强。物壮则老，谓之不道，不道早已。

【阐幽】

此章以"赤子"比喻修道之深、养德之厚的妙用。[③]

在老子看来，水和婴儿最能体现出大道自然无为的特征，因此，他常常借用水和婴儿来喻"道"。老子曾说："抟气致柔，能婴儿乎？"（十章）有"道"之人"如婴儿之未孩"（二十章），而修道的目标，就是通过精神内守，致虚守静，进而"复归于婴儿"（二十八章）。老子所说的"复归于婴儿"，并不是要保持或者恢复婴儿般的自然生理状态，而是回到婴儿般的纯净意识状态。老子所说的"婴儿"，类似于儒家所说的"大人"，孟子说"大人者，不失赤子之心者也"（《孟子·离娄下》），也就是不丧失孩童般纯洁之心的人，王阳明说，"大人者，以

[①] 河上公本作"蜂虫不螫，猛兽不据，攫鸟不搏"，现据范应元本。
[②] 王弼本作"全作"，现据帛书本"朘作"。
[③] 参见任法融《道德经释义》，东方出版社 2012 年版，第 126 页。

天地万物为一体者也"(《大学问》),也就是发现了自己并非这个有形有相的血肉之躯("形骸"),而是那个无形无相的纯净意识("万物一体之仁"),进而认同于"万物一体之仁"的人。

"含德之厚,比于赤子。"有道之人能量纯净且充盈,如同初生的婴儿一般。所谓"赤子",就是初生婴儿,其心性无染,不往外攀缘,自然处在自性圆融的状态,没有分别对立之心,与物无争,亦不受其害。"赤子"不知不识,无心无为,"以其赤子不知不识,神全而机忘也,所谓忘于物者,物亦忘之"(《道德经解》)。

"蜂虿虺蛇不螫,攫鸟猛兽不搏。"蜂蝎不蜇他,毒蛇不咬他,猛兽不吃他,攫鸟不抓他。这是因为,赤子"含德之厚",他能量纯净,无心无为,无知无识,无有害心,"骨弱筋柔而握固,虽有其身而不知有我之形,虽有其气而不知有我之道"(《道德经心传》),故而毒虫不螫,猛兽不掳,攫鸟不搏。在现代社会,不时有"狼孩"等相关报道,狼把小孩叼走之后,不仅不加以伤害,反而将其抚养长大,人与猛兽长期生活在一起,彼此融洽相处。此类事件足以说明,面对那些意识纯净的"赤子",毒虫不螫,猛兽不据,攫鸟不搏,完全是有可能的。

"骨弱筋柔而握固,未知牝牡之合而朘作,精之至也。终日号而不嗄,和之至也。"婴儿骨弱筋柔,但拳头握得牢固,不知男女交合之事,但阳物自然勃起,这是精气充实饱满的缘故。他即使终日号哭,嗓子也不沙哑,这是气血非常平和的缘故。老子解释说,赤子有两个特征:"精之至","和之至",都是形容能量充沛、能量和谐的状态。初生婴儿精、气、神合而为一,德性自然深厚,这是生命的本来状态。得道之人如同赤子,"得道之真人,气足神旺,身体健康,冬天不冷,夏天不热,入水不溺,入火不焚,体性纯全,自我调控,邪魔不入,百病不生,体格柔和,动静自如,元气醇和,无思无虑,若初生之婴"[①]。

"知和曰常,知常曰明,益生曰祥,心使气曰强。"能够通晓"气

---

① 任法融:《道德经释义》,东方出版社2012年版,第126页。

和"的道理，就是明白了恒常之道；能够了解恒常之道，就是真正的明白之人；如果所作所为对生命有益，那就叫吉祥；如果以欲念来主使精气，那就是逞强。

"物壮则老，谓之不道，不道早已。"天下事物逐渐成长，一旦茁壮成熟之后，就会开始走向衰老，这是由于未能遵循于道，凡是不合于道，就会早早夭亡。

在老子看来，婴儿虽然智力尚不甚发达，但他们"载营魄抱一""抟气致柔""涤除玄览"（十章），能量聚集且纯净，意识清明而无染污。随着年龄的增长，心智逐渐开启，欲望逐渐增多，精神被世俗生活所烦扰，身体开始变得僵硬，内心也不再柔软。尽管成年人的智力得到了充分发展，但他们昭昭有心、察察有为、"日以心斗"（《庄子·齐物论》），能量浑浊，意识昏沉。因此，必须通过长期的修持，意识逐渐得到净化，身心重新变得柔软，才能"复归于婴儿"，真正活在当下，享受当下。

五十六章

知者不言，言者不知。塞其兑，闭其门，挫其锐，解其纷，和其光，同其尘，是谓玄同。故不可得而亲，不可得而疏；不可得而利，不可得而害；不可得而贵，不可得而贱，故为天下贵。

【阐幽】

此章讲"不言而教"与"和光同尘"。

"知者不言，言者不知。" 真正的智者往往不热衷于言谈，喋喋不休的人往往没有智慧。老子早就指出"道可道，非常道"（一章），这就意味着，"道"是不可言说的。凡是能够用言语表达出来的，都是粗浅的、有形的事物之末，而非那个微妙玄通之"道"。真正体悟大道的人，明明知"道"，却难以通过言辞把"道"说清楚，那些刻意要把"道"说清楚的人，往往并没有真正体悟大道。但是，智者要向世人传达大道，也只能勉强借助语言，实属不得已而为之。事实上，老子五千言，是为上士而作，使其闻道勤而行之的，乃不得已而言之，退而求其次之举也。庄子有云："言无言，终身言，未尝言；终身不言，未尝不言。"（《庄子·寓言》）因任天理而立说，虽然终身在说话，却好像没有说话；若是能够领悟大道，即使终身不说话，却未尝是不说话。可见，智者保持静默，倡导不言之教。对于智者而言，"不言"也是"言"的另一形式,不言之言,是为真言,大道就在不言中显现。

佛教讲究以心传心。五祖弘忍禅师说:"法则以心传心,皆令自悟自解。"(《坛经·行由品》)《五灯会元》记载:"世尊在灵山会上,拈花示众,是时众皆默然,唯迦叶尊者破颜微笑。世尊云:'吾有正法眼藏,涅盘妙心,实相无相,微妙法门,不立文字,教外别传,付嘱摩诃迦叶。'"(《五灯会元·七佛·释迦牟尼佛》)真正的佛法是离开一切语言、文字、思维、分别相的,只有离开一切相,才能证悟到佛法的真谛。这"拈花一笑"即是传递禅意,传者无心,得者无心,纯出天然,悟者自悟。西方哲学家也有类似论述,诸如,维特根斯坦说:"对于不能谈的事情就应当沉默。"[①]可见,真实之"道"在于静默当中,它与语言无关。

"**塞其兑,闭其门**。"塞住嗜欲的孔窍,关闭心灵的门扉。当一个人注意力向外,能量就随之而流失了,一旦注意力停止向外,能量也就被保存下来了。老子多次强调"塞其兑,闭其门"[②]。所谓"兑",就是嘴巴,所谓"门",就是眼睛耳朵。"塞其兑,闭其门",具体来说,就是目不妄视,口不妄言,精神内守,蓄积能量。修道之人塞兑闭门,"致虚极,守静笃"(十六章),"虚其心,实其腹,弱其志,强其骨"(三章),慢慢地将人生旅途中的负荷卸下来,让人体各系统、各器官的功能得到恢复,进而达到无知无欲无为的境界,重新恢复儿童一般的天真。

"**挫其锐,解其纷**。"锉钝外露的锋芒,消解可能的纷争。所谓"挫其锐",就是挫其锐角,简而言之,就是消解自我。"有我"之人棱角分明,"无我"之人圆融无碍。外在之物的锐角能够伤人,亦能坏物,内在世界的自我会制造烦恼,带来伤害。大道无形无相,没有边界,没有锐角,也没有任何自我的特质,故而,有道之人不显聪明才智,不露棱角锋芒,"夫唯不争,故无尤"(八章)。所谓"解其纷",就是消解可能的纷争。天下事物,阴阳刚柔,美丑善恶,是非曲直,

---

[①] [英]维特根斯坦:《逻辑哲学论》,贺绍甲译,商务印书馆1962年版,第97页。
[②] 在五十二章,老子说:"塞其兑,闭其门,终身不勤;开其兑,济其事,终身不救。"

各具其性，世俗之人处在二元对立的状态，强调善恶、是非、美丑之分，重视事物的差异性。有道之人尊道贵德，超越了善恶、是非、美丑之分，重视事物的整体性。尽管外在世界纷纷扰扰，他的内心和谐宁静，不受打扰。他生活在尘俗之中，参与世俗生活，但内心不陷溺其中。老子强调"挫其锐，解其纷"，旨在教人韬光养晦，慎养天真，消解自我，去除执着，远离争纷，摆脱烦恼。

"和其光，同其尘。"融和内在的光芒，混同于尘俗之中。意识（心）如同光，根本就没有办法区分哪个是自己的意识（光），哪个是他人的意识（光），它们是整体性的，看上去有很多，其实只是一个。"和光"意味着，别人的意识之光，跟我的意识之光，在本质上并无界限，圣人之心与众人之心并无差异，本来就是一体的。"同尘"是指和世俗混同在一起，和世俗达成一片，这意味着，我们都只是芸芸众生中的一份子、一个成员罢了，没有必要刻意凸显自己的特别，也不必刻意隐藏自己的特别。真正的智者或许就藏在我们的身边，他恒顺众生但不迎合众生，随世就俗但不贪念尘俗。可见，和光同尘不等同于随波逐流，更不意味着同流合污。有道之人，尽管表现出来的是一个普普通通的人，做着平平常常的事，但是，他内心的状态是截然不同的。与世人的浑浑噩噩相比，智者内心澄明如镜，因此，他参与世俗的生活但并不陷溺其中，尽管他生活在这个尘俗之中，但他的心早已超越了这个尘俗。换言之，对于智者来说，他安住当下，内心超脱，这是他与芸芸众生的区别所在。

"是谓玄同。"这就是玄妙齐同的境界。无论是挫锐解纷，还是和光同尘，都是旨在破除对"我"的执着，消解贤愚之分、物我之别，回到那个一元性的、整体性的"道"。有道之人，看淡个人的得失，超脱世俗的是非，甚至于超越身体的阻隔，以超然的心态来面对一切的人事物，"视天下无一物非我"（《正蒙·大心篇》）。当一个人的自我越来越多，他会越来越多地看到事物的差异性，那么，离道也就越来越远；当一个人的自我越来越少，他会越来越多地看到事物的统一性，那么，离道也就越来越近。

五十六章

"**故不可得而亲，不可得而疏；不可得而利，不可得而害；不可得而贵，不可得而贱，故为天下贵。**"面对有道之人，人们无从与他亲近，也无从与他疏远；不能让他得利，也不能令他受害；无法使他高贵，也无法使他卑贱。①正因如此，他为天下之人所尊崇。吕祖解释说："闻道者不亲而亲，疏而不疏，不利而利，害而不害，不贵而贵，贱而不贱，如此者，故为天下贵。才为知者不言之至道也。"（《道德经心传》）憨山大师说："圣人造道之妙，大而化之至于此。其心超然尘表，故不得而亲；精诚动物，使人见而不能舍，故不可得而疏。淡然无欲，故不可得而利；妙出死生，故不可得而害。视王侯之位如隙尘，故不可得而贵；披褐怀玉，故不可得而贱。以其圣人迹寄寰中，心超物表，不在亲疏、利害、贵贱之间，此其所以为天下贵也。"（《道德经解》）真正的智者，没有分别之心，故而，待人接物，没有亲疏之别、利害之论、贵贱之殊，而是一视同仁、平等施爱，因此为天下所尊贵。

---

① 塞涅卡说："智者不会觉得自己配不上命运的馈赠。他不热衷财富，但可以拥有财富；不将财富放在身上，但可以放在家里。""智者不会让一丁点不义之财溜进家门，也不会将命运女神的馈赠和美德的回报拒之门外。"《论幸福生活》，见《论生命之短暂》，仝欣译，湖南人民出版社2021年版，第164、166—167页。

五十七章

以正治国，以奇用兵，以无事取天下。吾何以知其然哉？以此：天下多忌讳，而民弥贫；民多利器，国家滋昏；人多伎巧，奇物滋起；法令滋彰，盗贼多有。故圣人云："我无为而民自化，我好静而民自正，我无事而民自富，我无欲而民自朴。"

【阐幽】

此章强调清静无为。

"**以正治国，以奇用兵，以无事取天下。**"通过正道来治理国家，以奇道来用兵作战，以无为来取得天下。所谓"以正治国"，就是"以道治国"，亦即"以清净无欲为正"（《道德经解》）。老子主张"以道莅天下"（六十章），遵循天道自然的规律，以道治国，无为而治。如果遵道、循道，自然国泰民安；倘若失道、弃道，必然国乱家败。所谓"以奇用兵"，就是讲究用兵策略，采取"奇异之谋"，慎重用兵，出奇制胜，将伤害降至最低限度。所谓"以无事取天下"，就是以无为取天下，执政者不可妄生事端，扰乱庶民。

"**吾何以知其然哉？以此：天下多忌讳，而民弥贫；民多利器，国家滋昏；人多伎巧，奇物滋起；法令滋彰，盗贼多有。**"我是如何明白这个道理的呢？乃是根据以下的事实：天下禁忌越多，人民就越贫穷；

民间利器越多，国家就越昏乱；人们越是崇尚奇技淫巧，奇异之物就越流行；国家法令越是森严，盗贼反而更加猖獗。在老子看来，无为而治乃是简易而高明的政治智慧，恣意妄为只会招致难以挽回的灾难。事实上，禁令越繁，忌讳越多，人民越不自由，甚至动辄得咎，百姓束手束脚，无法正常做事，自然容易陷入贫困之境；利器越多，奇技淫巧就越泛滥，人们刻意求新求变，机巧之心受到鼓励，必然惑乱人心，那么邪僻怪事就会随之盛行；法令森严，刑律惨酷，民众口服心不服，恶念反而与日俱增，暗地里必定盗贼横行，作奸犯科者反而更多，最终导致国家陷入混乱当中。

老子以此喻道。吕祖曰："天下多忌讳，清静而归于有，忌违者，用情用意是也。则民弥贫：民者，气也；贫者，绝也。用意用情，气绝早亡。何也？心意耗气故已；已者，死也。民多昏，因意所害，故奇物多起；滋者，念也，随他以念搬弄，则念起而随之，于气多有效也。人故娱之，殊不知取死之道也。法令滋彰：法令者，后天气路的规矩，何也？何起、何行、何住，如此行久，精耗而真一散，后来路熟，不能丢去，盗贼多有而伤身也，真修者切宜戒之。盗者，心也，贼者，意也，搬弄久，我不能为主，死日近矣。"（《道德经心传》）简而言之，外在的争贪搅扰将会损耗人的精气神[1]，导致头脑纷杂、能量不足，使得一个人的意识越来越浑浊、越来越昏沉[2]，故而，修道者要尽可能保持清静无为，降低内心的欲望，减少外在的折腾，避免能量的损耗，那么，能量将会越来越充盈，意识亦会越来越纯净。

"**故圣人云：'我无为而民自化，我好静而民自正，我无事而民自富，我无欲而民自朴。'**"因此圣人说：有道之人崇尚清静无为，与民休息，百姓自然会安居乐业；有道之人喜好宁静之道，不妄为、不扰民，百姓也自然会中正诚恳；有道之人不多行政事，驱使于民，百姓

---

[1] 精气神乃是人之三宝，也就是人的能量，精为生命的起源，气为维持生命的动力，神为生命之体现。
[2] 能量与意识是一体两面之关系，能量越充盈、越纯正，则意识越纯净、越清明，其表现则是，头脑越来越清明、思想越来越少。

自然安定富足；有道之人清心寡欲，不追求奇巧珍宝等物，那么民风自然淳厚朴实。老子以"民"喻气（能量）。①气（能量）若浑浊，则头脑纷杂、思绪繁多、意识昏沉，气（能量）若清正，则头脑清明、思想极少、意识纯净。"我无为而民自化，我好静而民自正，我无事而民自富，我无欲而民自朴"意味着，有道之人清静无为、保持接受，则气自然运化，能量自然流动；有道之人自静其心、保持宁静，则气自然归正，能量趋于纯正；有道之人不假外求、无事于心，则气自然充沛，能量愈加富足；有道之人少私寡欲、心无杂念，则气自然淳朴，能量更加纯净。总之，"我"（有道之人）无为、好静、无事、无欲，则"民"自化、自正、自富、自朴。修道者若能保持无为、好静、无事、无欲，那么气（能量）将越来越充盈，思想越来越少，意识越来越清明。

老子多次强调"朴"，诸如，"见素抱朴"（十九章）、"复归于朴"（二十八章）。所谓"朴"，是指未加工的、天然的、自然的，也就是心灵（意识）未曾染污的纯净状态。躁动是头脑的本质，有为是头脑的特性；虚静是心灵的本质，无为是心灵的特性。正是头脑的躁动和有为，导致私心杂念的滋生，让一个人的心灵逐渐离开自己的本性。如同天空与乌云之间的关系。天空本来是纯净无染的，当乌云飘来之时，天空看上去被染污了，而实际上，天空本身没有任何变化，只因被乌云所遮蔽，看上去被染污了。当乌云离开，天空将恢复它本来的纯净状态。意识的天空也是如此，它原本澄明无染，当思想（私欲）到来之际，心灵（意识）被私欲所遮蔽，看上去被染污了。而实际上，心灵（意识）本身并没有任何的变化，当思想（私欲）离开，心灵（意识）将恢复它纯净的本来面貌。"我无欲而民自朴"意味着，修道者若能累积并净化自身的能量，进而摆脱头脑的控制，减少思想的干扰，最终达至"无欲"之境，那么，心灵将回归于它本来所是的自然状态，

---

① 在中国古人看来，精可化气，气可化精，精气互化，精气生神，精气养神，而神则统驭精与气。道家主张炼精化气、炼气化神，炼神还虚，炼虚合道。可见，"气"处于枢纽环节，故而，道家常以气来指代精气神三者（能量）。

也就是说，意识将回到未经染污的纯净状态。

总而言之，天道无为无事，万物自生自化，圣人无为无事，百姓自正、自富、自朴。显然，最后一句实际上是呼应前文。其中，"民自化"呼应于"国家滋昏"，"民自正"呼应于"盗贼多有"，"民自富"呼应于"而民弥贫"，"民自朴"呼应于"奇物滋起"，强调"以无事取天下"，说明"为无为，则无不治"（三章）的道理。

五十八章

其政闷闷，其民淳淳；其政察察，其民缺缺。祸兮福之所倚，福兮祸之所伏。孰知其极？其无正邪？正复为奇，善复为妖。人之迷，其日固久！是以圣人方而不割，廉而不刿，直而不肆，光而不耀。

【阐幽】

此章揭示"祸福相依"之规律。

"其政闷闷，其民淳淳；其政察察，其民缺缺。" 政治若浑昧宽厚，人民就会淳朴忠厚、无所争竞；政治若森严苛细，人民就会变得狡诈、相互争竞。值得玩味的是，执政者"立刑名，明赏罚，以检奸伪"（《老子道德经注》），积极有为，其本意是强化治理，希望长治久安，最终的结果反而是"其民缺缺"。相反，执政者"无形、无名、无事、无政可举"（《老子道德经注》)，无为而治，结果却是"其民淳淳"。真可谓"有心栽花花不开，无意插柳柳成荫"（《增广贤文》）。实际上，事情（事物）本身并没有好与坏，而是人的起心动念所产生的分别取舍之心，引发了种种烦恼。换言之，是"做者"的身份制造了痛苦，是"我"制造了痛苦。老子是借"其政闷闷，其民淳淳；其政察察，其民缺缺"，说明一个道理：事情是自动发生的，并非取决于我们的主观意志，因此，无心无为、保持接受，乃是应对所有境遇最为恰当的态度。

"**祸兮福之所倚，福兮祸之所伏。孰知其极？其无正邪？正复为奇，善复为妖。**"若是发生了灾祸，幸福往往会随后而至，如果幸福来临，灾祸往往潜藏在其中。有谁知道其中的规律呢？事实上，今日之正，复为明日之奇，今日之善，转为明日之妖。在老子看来，祸与福是有规律的："祸兮福之所倚，福兮祸之所伏。"韩非子说："人有祸则心畏恐，心畏恐则行端直；行端直则思虑熟，思虑熟则事理明。"人在贫穷困顿之时，通常能够保持敬畏之心，品行端正，谦恭待人，好事往往伴随而至。反之，"人有福，则富贵至；富贵至，则衣食美；衣食美，则骄心生；骄心生，则行邪僻而动弃理"。（《韩非子·解老》）人若既富且贵，易生骄横之心，行为邪僻且不循常理，往往在无形中隐藏着灾祸。所以，老子说"富贵而骄，自遗其咎"（九章）。从根本上来说，灾祸都是自己感召来的，痛苦也是自己感召来的。

关于祸福之间的关系。一方面，正如阴中有阳，阳中有阴，祸福之间的关系也是如此，世间没有绝对的祸，也没有绝对的福。正如泰戈尔所说："最好的东西不是独来的，它伴了所有的东西同来。"[①]马哈拉吉也说："痛苦是快乐的代价，快乐是痛苦的奖励。"[②]另一方面，阳极必阴、阴极必阳、物极必反、否极泰来，祸与福在一定条件下也是会转换的。《红楼梦》中史湘云说："阴阳两个字还只是一字，阳尽了就成阴，阴尽了就成阳，不是阴尽了又有个阳生出来，阳尽了又有个阴生出来。"（《红楼梦》第三十一回）可见，天地之间一切事物都是阴阳相易，祸福相依，成败交替，得失相伴，或正或奇，或善或妖，并无定向。世间事物，交错盘结，相互影响，变化莫测，人是难以预知的。今天看来是"好"的、"对"的，明天却可能变成"坏"的、"错"的，这就是"正复为奇，善复为妖"。可是，世人不明白这种变化，因此执着于一端，以至于生出种种烦恼。

[①]［印］泰戈尔：《飞鸟集》，郑振铎译，中国青年出版社2015年版，第122页。
[②]［印］室利·尼萨伽达塔·马哈拉吉：《我就是那》，陶张欢译，中国青年出版社2016年版，第137页。

"**人之迷，其日固久！是以圣人方而不割，廉而不刿，直而不肆，光而不耀。**"对此现象，世人已经迷惑很久了，而圣人虽恪守原则但不求异于人，生活简朴但不刻意苦行，为人直率而不肆意妄为，散发自身光彩却不加炫耀。世人将成功狭隘地理解为功成名就、荣华富贵，为了获取和维护这些东西，耗费自己大量（甚至是一生）的精气神（能量）。一个人迷失在功名利禄当中，纠结于得失荣辱之间，必然离自己的本性越来越远，往往伴随着健康的危机、心灵的危机，最终当死亡来临，才发现枉度了此生。在老子看来，祸福之间，如同一扇门的两面，从门的这一面看是祸，而实际上，福已经靠在门边了；从门的另一面看是福，而实际上，祸就藏在门的后面。可见，"祸生于福，福生于祸"（《老子旨归》），祸福之间，不过一门之隔罢了。实际上，世俗意义上的成功往往伴随着生命的失败，世俗意义上的失败往往伴随着生命的成功，换言之，事业高峰，往往是生命的低谷，事业低谷，往往是生命的高峰。世人只想要成功，不接受失败，只想要得到，不愿意失去，于是造成了紧张、纠结、痛苦。庄子曾说"至人无己，神人无功，圣人无名"（《庄子·逍遥游》），真正的智者，不执着于成与败、得与失、祸与福、荣与辱。在最终意义上，既没有成功，也没有失败；既没有灾祸，也没有得福；既没有得到，也没有失去。事情是自动发生的，一切都是最好的安排。

五十九章

治人事天莫若啬。夫唯啬，是谓早服，早服谓之重积德。重积德则无不克，无不克则莫知其极，莫知其极，可以有国。有国之母，可以长久。是谓深根固柢，长生久视之道。

【阐幽】

此章强调以"啬"为本，"离欲复性"（《道德经解》）。

老子指出，修身要爱养精气，不可放逸奢泰，治国要爱民惜物，不可劳民伤财。此章中的"啬"乃"有而不用之意"（《道德经解》）。《说文解字》曰："爱濇也，从来从靣，来者，靣而藏之，故田夫谓之啬夫。"在古时候，"来"特指"来麦"，即麦子，泛指庄稼，靣是谷仓之形，故而"啬"有秋收冬藏之意。《韩非子·解老》说："圣人之用神也静，静则少费，少费之谓啬。"南怀瑾在《老子他说》中指出，"啬"有"贪而不施"及"不妄费"的意思。[1] 任法融解释说："'啬'，是收敛神气，俭约情欲，不敢见景忘真，肆意妄为。"[2] 综上可见，啬是指俭约不费，珍惜外物，内敛涵藏，保存能量。

"治人事天莫若啬。"无论人为之事，还是自然之事，都要懂得

---

[1] 南怀瑾：《老子他说》下册，东方出版社2014年版，第600页。
[2] 任法融：《道德经释义》，东方出版社2012年版，第137页。

以"啬"为本。也就是说，无论对待物品，抑或对待自己，无论行走坐卧，还是洒扫应对，都要小心翼翼，爱惜外在的物品，珍惜内在的能量。在老子看来，"甚爱必大费"（四十四章），人们为了追逐功名利禄，过度耗费了自己的精气神。然而，"物壮则老，谓之不道，不道早已"（五十五章），生命若是经历了过度的燃烧，必然早早迎来生命的尽头。反之，若能以"啬"为本，物尽其用，俭约不费，珍惜自己的精气神，则能量充沛，意识清明，避免许多不必要的折腾，避免许多不必要的忧虑，避免许多不必要的痛苦。

"夫唯啬，是谓早服，早服谓之重积德。" 唯有摒弃多余的欲望，以啬为本，俭约不费，才能够早日遵从于大道，进而积累自己的德行（实际上就是积累能量）。在本章中，"服"，食也。老子说："我独异于人，而贵食母。"（二十章）学者高亨在《老子正诂》一书中认为："'服'下当有'道'字，早复道与重积德，句法相同，辞意相因。"[1] 故而，"早复"，就是早日求道悟道，发现自己的真实本性。对于个体生命来说，养生要趁早，到了一定年纪，身体各项机能将逐渐下降，体质也会随之下降，此时再来养生，犹如临渴掘井，为时已晚。求道也要趁早，趁着身体健康、精力旺盛，早日探索真理、体悟大道，如孔子所说的"学如不及，犹恐失之"（《论语·泰伯》）。在生活中，不少人认为求道悟道、探索真理固然很好很重要，但还是等到年老时再说吧。殊不知，年老体衰，疾病缠身，自顾尚且不暇，哪有心思和精力来探索真理？从这个意义上说，没有比将求道悟道、探索真理拖延到明天更为愚蠢的事情了。

"重积德则无不克，无不克则莫知其极，莫知其极，可以有国。有国之母，可以长久。是谓深根固柢，长生久视之道。" 一个人若是能够遵从于道，那么他的"德"（能量）将会随之增加，当"德"（能量）足够深厚时，意识（觉知）便能够无所不至、无所不知。一旦意识（觉知）达到无所不知的境界，就有可能体悟到那个无穷无极、永无止

---

[1] 高亨：《老子正诂》（影印本），中国书店1988年版，第124页。

境的大道。倘能如此，他就可能成为内在世界的国王。只有成为内在世界的国王，才可以实现生命的永恒，这是真正的深根固柢、长生久存之道。显然，老子所说的"积德"，与儒家的"积德"不同。儒家的"德"是仁义礼智之德，是人后天品德的修养；老子的"德"则是自然虚静之德，是人遵循大道所累积的能量。孔子强调做加法，不断增加自己的德性，逐渐达到圆满的德行。老子强调做减法，不断减少世俗的欲望，逐渐累积自己的能量。可见，"积德"指的就是减少欲望，累积能量，让意识（觉知）达到无所不至的境界，进而体会大道的无穷妙用。宋常星说："道为天地万物之母。圣人重积其德，而深全其道。'有国之母'，国之长久，亦不能违其母之道也。文中所谓'有国之母，可以长久'，长久者，开万世不朽之事业，成古今不易之功能，合天地而长存，历古今而不变。"（《道德经讲义》）河上公曰："人能以气为根，以精为蒂，如树根不深则拔，蒂不坚则落。言当深藏其气，固守其精，使无泄漏。"（《老子道德经河上公章句》）如同树木之根柢愈深，则其长势愈好，人的修养也要注重"深根固柢"，一个人唯有深藏精气，内敛涵藏，能量充沛，方能"深根固柢"，"长生久视"。

六十章

治大国若烹小鲜。以道莅天下，其鬼不神。非其鬼不神，其神不伤人。非其神不伤人，圣人亦不伤人。夫两不相伤，故德交归焉。

【阐幽】

本章言"无为之益"(《道德经解》)。

老子极少谈及鬼神，但并不否认鬼神的存在，这与孔子"不语怪力乱神"(《论语·述而》)的态度基本上是一致的。在中国传统文化当中，鬼神究竟是指什么？《说文解字》曰："鬼，人所归为鬼。从人，象鬼头，鬼阴气贼害，从厶。"《礼记》云："众生必死，死必归土，此谓之鬼。"(《礼记·祭义》)在古人看来，人死之后，身体消亡并回归于大地，但意识并未随之消亡，而是携带着各种遗留的信息，继续以某种方式存在，被称作"鬼"或者"鬼魂"。"神"在中国文化当中具有多重意涵，一是传说中的天神，即天地万物的创造者或主宰者。《说文解字》曰："神，天神引出万物者也。"徐灏注："天地生万物，物有主之者曰神"，即天地万物的主宰。二是指神仙，也就是求道者通过长期的修炼所达到的意识状态。此外，"神"引申为神通、神妙之意。①

---

① 在根本意义上，"神"是意识的一种状态，意识的本质是存在，意识的功能是知道（知觉），故而古语云："举头三尺有神灵"，每一个人都有意识（心），它体（转下页）

关于鬼与神之关联，《正义通》云："阳魂为神，阴魄为鬼。气之伸者为神，屈者为鬼"。范应元也说："鬼神，阴阳中之灵也。鬼，归也；神，伸也。"（《老子道德经古本集注》）可见，鬼与神实为一体之两面。事实上，意识至少呈现为三种形态：当意识与身体认同，并且执着于身体，即为"心"（其功能是知道）；当身体消亡之后，意识失去与身体的连接，游离于虚空当中，但欲望尚存，牵挂尚存，也就是信息尚存[①]，即为"鬼"；当意识超越于身体，超越于个体性，消融至整个虚空当中，融入意识的整体性当中，亦即意识返本还源，回归源头，则为"神"。故而，人、鬼、神，实际上乃是意识的三种基本形态。如同水，在低温下是固态冰，常温下是液态水，高温下是气态水蒸气。意识在较低状态下为鬼，在正常状态下为人，在升华状态下为神。但在本章，"鬼"是指鬼魂，"神"指的是神通功能。

"治大国若烹小鲜。" 老子在此揭示治国之智慧：善于烹饪者，方可以治国，换言之，若懂得烹饪之道，便懂得了治国之道。治理大国贵在清静无为，治大若小，举重若轻，如同煎小鱼那样，不可轻易翻动。煎煮小鱼时，若频繁翻搅，小鱼必定易碎，最后就变成鱼渣了。恰当的煎鱼方法是：掌握火候，适时翻动，更多的，需要烹饪者耐心等待。治国若多政事以扰民，国家必定易乱，最后将会一塌糊涂，不可收场。在老子看来，恰当的治国方法是：循道而治，适可而止，更多的，需要执政者清静无为。事实上，"我无为而民自化，我好静而民自正，我无事而民自富，我无欲而民自朴"，恰恰相反，"法令滋彰，盗贼多有"（五十七章），"其政察察，其民缺缺"（五十八章）。在中国历史上，汉代"文景之治"、唐代"贞观之治"，莫不受惠于老子"治大国若烹小鲜"的智慧。在老子看来，事情是自动发生的，只要放松心态、尊重规律，即便治理一个大国，也会像烹小鱼那样寻常和简单。

（接上页）现为知道，知道具有双向功能，不仅知道自己，同时也知道万物，正因如此，一个人无论做任何事情，即便没有其他人知道，自己的知觉也会知晓这一切，他即便欺骗了世间所有的人，也不可能欺骗自己的知觉，这便是意识在起作用。

① 《说文解字》说鬼"从厶"，就是仍有私欲。

面对任何事情，紧张兮兮、如临大敌，其结果不一定就更好，放松心态、顺其自然，也不见得会出什么问题。

"以道莅天下，其鬼不神。非其鬼不神，其神不伤人。非其神不伤人，圣人亦不伤人。夫两不相伤，故德交归焉。" 在老子看来，如果圣人在位，以大道来治理天下，则可使"鬼"不扰于民，从而惠泽百姓。"其鬼不神"并不是说鬼魂的神通从来就不害人，而是由于圣人在位，以大道治理天下，正气充沛，鬼魂之神通无法兴妖作怪，作祟伤人。正如憨山大师所言："若以道德君临天下，则和气致祥，虽有鬼而亦不神矣。"（《道德经解》）老子进一步强调，"非其神不伤人，圣人亦不伤人"，非但鬼不伤人，圣人也不会伤人。"圣人无常心，以百姓心为心"（四十九章），圣人没有自我之心，而是以众人之心为心，慈心济世，悲心救物，在圣人的治理下，"太上，下知有之"（十七章），老百姓最多知道有这么一个人，但由于他不折腾、不妄为，所以，人们甚至感觉不到他的存在。可见，圣人尊崇大道，无为而治，则人鬼互不相害，百姓自然保存其淳朴之禀赋，"甘其食，美其服，安其居，乐其俗"（八十章），这恰恰是"治大国若烹小鲜"的结果，也是老子所描绘的理想社会图景。

六十一章

大国者下流，天下之交，天下之牝。牝常以静胜牡，以静为下。故大国以下小国，则取小国；小国以下大国，则取大国。故或下以取，或下而取。大国不过欲兼畜人，小国不过欲入事人。夫两者各得其所欲，大者宜为下。

【阐幽】

本章强调谦下之德。

"**大国者下流，天下之交，天下之牝。牝常以静胜牡，以静为下。**"大国要如同江河的下流，成为天下百川交汇之处，处于天下雌柔不争的位置。由于雌柔总是能保持安静，甘于居处柔下，最终往往胜过雄强。在老子看来，"江海所以能为百谷王者，以其善下之，故能为百谷王"（六十六章）。大国要取法于水，清静自守，谦下不争，若能以此态度与其他国家相交往，那么，其他小国将自愿前来归顺，进而实现天下安定，正如老子所言，"终不自为大，故能成其大"（三十四章）。相反，如果大国恃强凌弱，意欲独霸天下，那么，其他小国将奋力抗争，最终的结果只能是天下大乱、万民遭殃。

"**故大国以下小国，则取小国；小国以下大国，则取大国。故或**

下以取，或下而取。"所以说，在邦邻之交中，大国若能对小国虚心谦下，则一定会取得小国的信任和爱戴，而小国若是对大国谦恭有礼，则不会引起大国的猜忌，甚至获得大国的庇护。社会生活中也是如此，强者谦下不争，能够获得弱者的信任和尊重，弱者谦下不争，能够获得强者的同情和保护。孟子说："以力服人者，非心服也，力不赡也；以德服人者，中心悦而心诚服也。"（《孟子·公孙丑上》）

"**大国不过欲兼畜人，小国不过欲入事人。夫两者各得其所欲，大者宜为下。**"大国之所以谦下，不过是想要通过兼并小国来畜养更多的民众；小国之所以谦下，也不过是想要通过依附大国来维护自身的安全。老子特别强调，尽管谦下之德能够使大国、小国都得到利益，实现各自的愿望，但大国尤其应该谦下。小国国力较弱，即便想要逞强也力不从心，因此较为容易做到虚心谦下；大国国力强盛，易生骄狂之气，因此难以做到谦逊忍让。故而，无论大国小国，都应彼此谦让，甘于处在下位，大国尤其要恪守谦下忍让之道，保持清静无为。由此可见，天下之安危，主要取决于大国。大国若能虚心谦下，则"以道莅天下"（六十章），"虽有甲兵，无所陈之"（八十章），大小国相安无事，各得其欲，天下自然和平安定，百姓自然和谐安乐。当然，尽管小国处于弱势，如果受到大国欺凌，为了捍卫最后的尊严，很有可能会孤注一掷，最终落得两败俱伤。

在社会生活当中，贫而无怨难，富而无骄易。穷人易生不平之心，往往陷入自卑当中，所谓人穷志短；富人则易生骄横之心，往往飞扬跋扈，所谓为富常不仁。所以，社会是否和谐，往往取决于富人，倘若富人有谦下之德，则社会易于和谐安定。文子说："生而贵者骄，生而富者奢。故富贵不以明道自鉴，而能无为非者寡矣。"（《文子·上仁》）出身高贵的人，容易心生傲慢；生来富裕的人，容易骄奢淫逸。所以，富贵之人若不以"道"来明察自己的心性，不反省、提醒自己，却能行为无虞是很难的。儒家也主张："富贵而知好礼，则不骄不淫；贫贱而知好礼，则志不慑。"（《礼记·曲礼上》）既富且贵的人如果喜欢学礼，就不易陷入骄奢淫逸，既贫且贱的人如果喜欢学习礼，他们的志气就会奋发昂扬起来。当然，老子所说的谦下，并不是刻意摆出一副卑屈的姿态，而是长期遵循清静无为之道所呈现出的品质，这样的谦下，才是真实的、自然的、有价值的。

六十二章

道者，万物之奥，善人之宝，不善人之所保。美言可以市，尊行可以加人。人之不善，何弃之有？故立天子，置三公，虽有拱璧以先驷马，不如坐进此道。古之所以贵此道者何？不曰以求得，[①]有罪以免邪，故为天下贵。

【阐幽】

本章阐述大道何以尊贵，劝勉世人尊崇大道。

"道者，万物之奥，善人之宝，不善人之所保。美言可以市，尊行可以加人。人之不善，何弃之有？"大道虚空无穷，蕴藏着天地万物所有的奥秘，它被善于修道之人视作珍宝，而不善于修道之人，也同样受到它的庇护。美好的言辞只是为了取悦于世，尊贵的德行则可以施加于人。善于修道之人尊奉大道，意识清明，故而其言行得到世人的尊崇。不善于修道之人背离大道，意识昏沉，故而其言行受到世人的唾弃。但即便是那些不善于修道之人，大道也不会抛弃他们啊。正如老子所言："是以圣人常善救人，故无弃人；常善救物，故无弃物。"（二十七章）

---

① 河上公本作"古之所以贵此道者，何不日以求得"，现据王弼本。

在老子看来,"道"乃是一切事物之根源,它孕育出世间万物。河上公说:"奥,藏也,道为万物之藏,无所不容也。"(《老子道德经河上公章句》)故而,无论是"善人"还是"不善人",都是从此"道"衍生出来的,都同样地受它的庇护,根本无法将其舍弃,正所谓"日用而不知"(《周易·系辞上》),"不可须臾离也,可离非道也"(《礼记·中庸》)。《周易》说:"君子居其室,出其言善,则千里之外应之,况其迩者乎?居其室,出其言不善,则千里之外违之,况其迩者乎?言出乎身,加乎民,行发乎迩,见乎远。言行,君子之枢机,枢机之发,荣辱之主也。言行,君子之所动天地也,不可不慎乎!"(《周易·象辞上》)君子处在自家的庭院中,发出言论之后,如果言论是美好的,那么千里之外都能得到回应,何况是近处的呢?处在自己家中,发出言论之后,如果不是美好的,那么千里之外也会背弃它,何况那近处的呢?所以,作为君子,要对自己的言行时刻保持警觉。

"**故立天子,置三公,虽有拱璧以先驷马,不如坐进此道。**"因此古代在天子即位、三公就任的时候,虽然会奉上宝玉和良驹,但其实还不如静坐下来,保持安静,自然而然地进入大道。常言道:"贵为天子,富有四海"(韩婴:《周公诫子》),天子即便富有四海,仍然要遵循大道,若悖道而行,必不可长保。所谓"三公",即太师、太傅、太保,他们都是朝廷中最大的卿臣,仍然要以道佐人主,若失道离德,也不可长保。由此可见,天子之贵,三公之尊,拱璧驷马以先,都不如蓄精养神、修道建德重要。

"**古之所以贵此道者何?不曰以求得。有罪以免邪,故为天下贵。**"自古以来,有智慧的人无不尊崇这个"大道"。实际上,大道不在外边,而是在里面,因此,不必跋山涉水、向外求取,而是求之于内、得之于身。一旦遭逢乱世,修持大道还可避免灾难祸患,因此大道更是为天下之人所尊奉。范应元说:"此道求则得之,舍则失之。凡人未得道,则有妄作之罪;既得道,则昔虽有罪,亦可以免而自新,岂复有罪也。"(《老子道德经古本集注》)人非圣贤,孰能无过?问题在于:世俗之人意识昏沉,对于自己的过错不觉知,因此容易重蹈覆辙,不断延续自己的过错。有道之人意识清明，保持觉知，即便犯错，也能够及时警醒，通常不会延续自己的过错。与此同时，世俗之人对于自己犯下的过错，总是难以释怀，故而心怀罪咎；有道之人对于出现的过错，能够坦然接受，甚至心怀感恩，因为他知道，事情是自动发生的，并没有一个"做者"，因此也就没有什么罪咎感。佛家也有类似的说法。《坛经》说"一灯能除千年暗，一智能灭万年愚"（《坛经·忏悔品》）。《华严经》也说："譬如一灯入于暗室，百千年暗悉能破尽；菩提心灯亦复如此，一入众生心室之内，百千万亿不可说劫，诸业烦恼种种暗障，悉能除尽。"可见，一个人若能求道修道，涤除妄念，摒除妄为，一旦见性，则罪咎自然消除。

六十三章

为无为，事无事，味无味。大小多少，报怨以德。图难于其易，为大于其细。天下难事，必作于易；天下大事，必作于细。是以圣人终不为大，故能成其大。夫轻诺必寡信，多易必多难。是以圣人犹难之，故终无难矣。

【阐幽】

此章论述如何"无为"。

"为无为。" 就是以自然无为的态度去行动。在老子看来，积极有为、勇于争斗，是外在世界的制胜之道，能够帮助人们占有更多的外在之物，获得想要的功名富贵；清静无为、柔弱不争，是内在世界的成功之道，能够帮助人们进行内在世界的探索，体悟生命的最终真相。圣人"居无为之事，行不言之教"（二章），但最终的结果往往是，"无为而无不为"（四十八章）。世俗之人看上去忙碌不堪，实则是陷入了盲目的努力当中，等到生命终结之日，方知自己碌碌无为，错过了生而为人的真实目的。有道之人看上去无所作为，实则完成了一切事情。他保持清静无为、善做减法，将有限的生命用来探索真理、求道悟道，最终实现长生久视，死而不亡，这是生而为人最大的"有为"。

"事无事。" 就是以清静无事的态度去做事，亦即"以无事取天下"

（五十七章）。在老子看来，"取天下常以无事"（四十八章），最终，"我无为而民自化，我好静而民自正，我无事而民自富，我无欲而民自朴"（五十七章）。宋常星解释说："圣人之心迹，判然无所留碍，事之来也，因其来而应之，不起意必之念；事之过也，因其过而忘之，不存固我之想，终日应事，而实无事也。"（《道德经讲义》）有道之人心如明镜，事来则应，事去则静，恒顺众生，随顺世缘，看上去每天都在应对各种事物，但是心无挂碍，如同无事一般。佛家也有言，"犹如莲华不著水，亦如日月不住空"（《大方广佛华严经·普贤菩萨行愿品》）。

"味无味。" 就是将那恬淡无味当作美味。宋常星解释说："圣人以道味为味，常人以世味为味。道味者，世人不味之味，世人无味之味。不味之味，其味之妙，人不能知。无味之味，其味之理，人不能得，所以有益而无害。若世俗之味，皆是情欲之味也。趋之者众，好之者多，其味易失，其味易败，所以有害而无益。是故圣人舍其世俗所争之世味，味其世俗无味之道味。虽然口不能咀嚼，心中之领会自深，身内之涵养自妙。所以味之而天理自明，味之而人伦自著，味之而尽己尽物无所不融通，无所不一贯也。常人岂能味此无味之味乎？"（《道德经讲义》）可见，世俗之人追求感官享乐，沉迷于情欲之味，有道之人重视心灵解脱，追求无味之味，正如老子所言："乐与饵，过客止。道之出口，淡乎其无味，视之不足见，听之不足闻，用之不足既。"（三十五章）

实际上，无为、无事、无味的根本，就是"无心"。老子曾说："圣人无常心，以百姓心为心。"（四十九章）你若无心，就不会有执着；你若无执，就不会有烦恼；你若不争，就不会招致怨恨。

"大小多少。" 大源于小，多源于少，故而，智者视小为大，视少为多。当一个人保持警觉，他不会去区分什么是大事、什么是小事，什么是大量、什么是小量，他将小事当作大事一般，将少量当作大量一般。因为大事或者小事都是相对的，大量或者小量也是相对的，它们会在一定的条件下互相转化，正所谓"合抱之木，生于毫末；九层

六十三章

之台，起于垒土；千里之行，始于足下"（六十四章）。因此，区分大小或多少并没有太多的意义，更为重要的是，无论大小，不管多少，都保持警觉，保持觉知。

"**报怨以德**。"真正的智者，面对那些怨恨之人、怨恨之事，不仅坦然接受，而且以德相报。如果以怨报怨，一来一往，则无有止期，若能以德报怨，人必以德感之，最终化解其怨。在日常生活中，那些怨恨之人、怨恨之事，尽管它们不符合"我"的心意，而恰恰是这些人、这些事，逐渐摧毁了一个人的"自我"，最终，让我们的心灵变得越来越柔软、越来越成熟。"报怨以德"意味着，那些看上去的怨恨之人、怨恨之事，都是上天安排给我们的礼物，唯有真正的智者，才对它全然接受，并且心存感恩。

儒道在此问题上有不同的观点。孔子主张"以直报怨，以德报德"（《论语·宪问》），老子则提倡"报怨以德"。在孔子看来，要以正直来对待怨恨，用恩泽来回报恩泽，恩怨分明，区分对待。在老子看来，面对怨恨，要以德相报。其原因恐怕在于，他们所面对的受众不同。孔子给出的教导，针对的是"弟子三千"，他们的理解能力参差不齐，跟他们讲"以直报怨，以德报德"，比较符合常人的心态，也更易于被接受。老子给出的教导，针对的是小众的弟子，他们心灵通常较为成熟，跟他们讲"报怨以德"，他们也能够理解和接受。可见，老子强调无为、不必执着，孔子强调中行、不偏不倚，前者适合于智者，后者适合于常人。事实上，对于不同的受众，两种教导都是恰当的。

"**图难于其易，为大于其细**。"对于困难的事情，要在其还较为容易的时候开始处理；对于重大的问题，要趁其事态还小的时候便着手处理。天下困难的事情一定都是由容易处理的小事引起的，天下重大的事情也都是由小事件引起的。所以，"天下难事，须从易处着手；天下大事，须从细处起步"[①]。因此，真正的智者始终不会好大喜功，贪图做成大事，他总是在面对小事，处理小事，看上去平平常常，正因如

---

① 任法融：《道德经释义》，东方出版社2012年版，第147页。

此，反而能够成就一番度己度人的大事业。换言之，在事态还小、问题还小的时候，就预料到它最终会发展到严重的地步，从而以很小的力气、较小的代价将其处理掉，这显然是明智而稳妥的做法。

"**天下难事，必作于易；天下大事，必作于细。是以圣人终不为大，故能成其大。**"一旦事态发展到严重的地步，一旦问题变得复杂的时候，需要花费很大的力气，需要付出更大的代价。对于身心修养来说，也是如此。古代中医强调，"圣人不治已病治未病，不治已乱治未乱"（《黄帝内经·素问·四季调神大论篇第二》），有道之人，在疾病尚未出现之前便加以预防，防患于未然，在疾病处于萌芽之时便加以治疗，避免其恶化。《周易·系辞下》也讲："善不积不足以成名，恶不积不足以灭身。小人以小善为无益而弗为也，以小恶为无伤而弗去也，故恶积而不可掩，罪大而不可解。"只有重视小善，才能累积善行，成就大善；相反，只有防微杜渐，才能避免恶行积累，酿成大恶。无论是《易经》中的"勿以善小而不为，勿以恶小而为之"[①]，还是老子所说的"天下大事，必作于细"，都是提醒世人，要防微杜渐，保持觉知。

"**夫轻诺必寡信，多易必多难。是以圣人犹难之，故终无难矣。**"那些轻率的许诺，必定很少兑现其诺言，从而导致信用的缺失。如果将事情看得太容易，势必增加诸多的困难，从而导致更大的麻烦。所以，有道之人总是会将事情看作困难之事，因此对他来说反而没有什么困难可言了。在老子看来，轻率许诺和轻视困难都属于妄为，会给人带来麻烦乃至灾难。因此，圣人总是"慎终如始，则无败事"（六十四章），将易事看成难事，最终"功成事遂"（十七章），"没身不殆"（十六章）。

六十三章

---

① 此表述系刘备改编，见《三国志·蜀书·先主传》。

六十四章

其安易持，其未兆易谋。其脆易泮，其微易散。为之于未有，治之于未乱。合抱之木，生于毫末；九层之台，起于垒土；千里之行，始于足下。为者败之，执者失之。是以圣人无为，故无败；无执，故无失。民之从事，常于几成而败之，慎终如始，则无败事。是以圣人欲不欲，不贵难得之货。学不学，复众人之所过，以辅万物之自然，而不敢为。

【阐幽】

本章指出学道之方法和途径。

"**其安易持，其未兆易谋。其脆易泮，其微易散。为之于未有，治之于未乱。**"事情在安定平和的状态下，往往容易把持；在尚无明显征兆的情况下，通常易于谋划。事物在脆弱的情况下，往往容易破碎；在细微的时候，通常容易消散。所以，要在问题还没表现出来的时候就去处理，要在祸乱产生以前就开始去治理。求道者要懂得把握事物的变化规律，于其安而持之，于其未兆而谋之，于其脆而泮之，于其微而散之。如果懂得见微知著、乘势而为，那么做事就能够功少而易、事半功倍，为之于未有，治之于未乱。

"**合抱之木，生于毫末；九层之台，起于垒土；千里之行，始于足下。"合抱的大树是从细小的萌芽开始生长的,九层的高台是从一筐一筐的泥土堆积起来的,千里的远行也是一步一步走出来的。对此,荀子有精彩的论述:"积土成山,风雨兴焉;积水成渊,蛟龙生焉;积善成德,而神明自得,圣心备焉。故不积跬步,无以至千里;不积小流,无以成江海。骐骥一跃,不能十步;驽马十驾,功在不舍。锲而舍之,朽木不折;锲而不舍,金石可镂。"(《荀子·劝学》)在求道之路上,要懂得坚持不懈,不断累积能量、增长智慧,最终才能够取得进步。

"为者败之,执者失之。是以圣人无为,故无败;无执,故无失。民之从事,常于几成而败之,慎终如始,则无败事。" 那些恣意妄为的人注定了会失败,那些过于执着的人必定会失去。有道之人不妄为,故而不会遭受失败;有道之人不执着,故而也没有什么可以失去的。人们在做事情的时候,常常是在即将成功的时候因为贪婪或疏忽而遭受失败。因此,即便是在事情快要完成的时候,也要像刚刚开始着手时那样慎重,就不会功败垂成了。可见,真正的智者,懂得见微知著、防患于未然,做事如履薄冰、慎终如始,正如《周易·系辞下》所言:"危者,安其位者也。亡者,保其存者也。乱者,有其治者也。是故君子安而不忘危,存而不忘亡,治而不忘乱,是以身安而国家可保也。《易》曰:'其亡其亡,系于苞桑。'"君子懂得居安思危,保持警惕,故而能够安然长久,就像缔结在茂密丛生的桑树上那般牢不可摧。

"是以圣人欲不欲,不贵难得之货。学不学,复众人之所过,以辅万物之自然,而不敢为。" 由于以上的缘故,圣人渴求世人所不渴求的,他不看重难以得到的珍宝。圣人学习世人所不愿意学习的事物,重视世人经常忽略的东西,以帮助人们矫正自身的过失,重新回归于纯朴自然的状态①,但并不会妄加干涉。圣人所欲求的,"皆是道味之欲"(《道德经讲义》),亦即无欲之欲,而非世人所贪念的功名利禄、口腹之欲。圣人对于世人所欲求的这些东西没有兴趣,他所欲求的,

---

① 世人不能真正做到道法自然,因此有着无穷的过失,《周易》中有"大过"和"小过"两卦,就是描述两种不同的过失。

乃是"无为、无味、无事"的无欲之欲，那恰恰是世人所不欲且不能欲的，这个就叫做"欲无欲"。世人看重金银财宝等稀有之物，并由此生出贪求必得之心，殊不知这些难得之货，取之于崇山溟海，它能益于人，也能害于人。世人因贪图难得之货而陷入争纷当中，既得患得，既失患失，烦恼丛生。圣人对于这些"难得之货"没有兴趣，他以道为尊，以德为贵，那恰恰是世人所不看重的。圣人所学习的，是"参天地之微机，达阴阳之造化"（《道德经讲义》），而非执着于知识本身，这恰恰是世人所难知、难闻、难悟的。可见，圣人所学，是以世人之不知学、不能学而学之，是反世人之不学而学，这个就叫做"学不学"。总而言之，世人沉迷于各种世俗欲望当中，而圣人只是追求那个清静无为之道。对于求道者而言，"欲不欲""学不学"，就是要达到"无欲""无知"的境界，唯有如此，才能回到道本身，成为"万物之自然"。

六十五章

古之善为道者，非以明民，将以愚之。民之难治，以其智多。故以智治国，国之贼；不以智治国，国之福。知此两者，亦稽式，常知稽式，是谓玄德。玄德深矣远矣，与物反矣，然后乃至大顺。

【阐幽】

此章阐述善于修道之人真诚朴实，自然无为。

"古之善为道者，非以明民，将以愚之。" 古时候那些善于修道之人，不会教导人民怎样变得更加精明，而是教导人民如何变得更为"愚蠢"。[①] 所谓"明"，是指遇接外物，区分对象，"明民"就是让百姓懂得明察区分，使之好恶分明；所谓"愚"，是指遇（"禺"）到心，反观见心（性），"愚之"就是削除其对象性知识，令其明心见性。黄元吉说："天下凡事尚智，惟道不尚智而尚愚，愚则近乎道矣。圣门一贯薪传，惟愚鲁之曾子得之"，故而，"治国不尚智，而修道尤贵愚，诚以智为国之贼，愚为道之种也"。（《道德经注释》）可见，老子的"愚"涵括了大道的玄德境界，启示了修道与治国之要。在老子看来，修道之关键，在于深藏若虚，守"愚"藏拙，去妄存诚，归真返朴，以复

---

① 《阴符经》曰："迅雷烈风，莫不蠢然。"蠢动，萌蠢，指代纯净的能量。

其性，以存其真。① 治国之关键，在于绝圣弃智，自然无为，不炫机智，不尚狡诈，亦即"不尚贤，使民不争；不贵难得之货，使民不为盗；不见可欲，使民心不乱"（三章），进而使民众保持纯真质朴的本性。

"**民之难治，以其智多。故以智治国，国之贼；不以智治国，国之福。**"民众之所以难于治理，正是因为他们智巧太多，故而，以智巧来治理国家，只会给国家带来灾祸；不以智巧来治理国家，将会给国家带来福祉。在老子看来，"智慧出，有大伪"（十八章），以巧智治国，崇尚权谋，必然导致尔虞我诈，国家昏乱，故曰"国之贼"；反之，不以巧智治国，清静无为，顺应民心，上下皆不以心智相交，而是彼此真诚相待，必然国泰民安，社会清明，故曰"国之福"。在老子看来，头脑之所以难于对付，是因为它的智巧太多，故而，以头脑来主宰心灵，以有为来应对生命，只会给自己的人生带来灾祸；相反，以心灵来主宰头脑，以无为来应对生命，将会给整个人生带来福祉。

"**知此两者，亦稽式，常知稽式，是谓玄德。玄德深矣远矣，与物反矣，然后乃至大顺。**"能够认识这两种治理方式的差别和利弊，便是明白了治国教民之道的法则。不论何时，都能明白并掌握这个法则，便具有了精微玄妙之德。玄德是幽深的、广远的，和万物一起返回自性，然后达到顺任自然。治国者如何把握好"愚"与"知"的张力？关键在于懂得自然法则，即体悟"玄德"、运用"玄德"。任法融解释说：大道之用为德，德之用其量无穷，不可测度，故称"玄德"。"玄德"之妙用，就是长而不宰，为而不恃，功成不居。以此理民，民无不理；以此治国，国无不治。故称"大顺"。② 总之，"古之善为道者"，在治国当中，顺任自然之道，不以智巧来治国，此为"国之福"；在修道当中，懂得清静无为，让心灵来主宰头脑，即为"人之福"。

---

① 老子曾说："我愚人之心也哉！沌沌兮！俗人昭昭，我独昏昏。俗人察察，我独闷闷。淡兮其若海，飂兮若无止。众人皆有以，而我独顽似鄙；我独异于人，而贵食母。"（二十章）"非以明民"中的"明"，即是"昭昭"有心、"察察"有为，这种人看似精明，实则工于算计、聪明过头；"将以愚之"中的"愚"，即是"昏昏"无心、"闷闷"无为，这种人看似愚昧，实则大智若愚，内敛涵藏。

② 任法融：《道德经释义》，东方出版社2012年版，第152页。

六十六章

江海所以能为百谷王者，以其善下之，故能为百谷王。是以圣人欲上民，必以言下之；欲先民，必以身后之。是以圣人处上而民不重，处前而民不害，是以天下乐推而不厌。以其不争，故天下莫能与之争。

【阐幽】

此章阐述退、弱、柔、和之妙。

"**江海所以能为百谷王者，以其善下之，故能为百谷王。**"在老子看来："上善若水，水善利万物而不争，处众人之所恶，故几于道。"（八章）江海之所以能成为百川归往之处，乃是因为它处在低下的位置，故而成为百川之王。憨山大师曰："百川之水，不拘净秽，总归于江海，江海而能容纳之，以其善下也。"（《道德经解》）客观而言，水利万物，无心自然，不起执着，亦无分别计较，故而能长久地处在众人所厌恶的卑微之地，利益万物，生养万物，并成为"百谷王"。老子以此喻道，"譬道之在天下，犹川谷之于江海"（三十二章）。

"**是以圣人欲上民，必以言下之；欲先民，必以身后之。**"圣人要成为人民的领导，必须做到言语谦下；要成为人民的表率，必须懂得退让于后。《周易·谦卦》云："谦亨，君子有终。象曰：谦亨，天道下济而光明，地道卑而上行，天道亏盈而益谦，地道变盈而流谦，鬼神害盈而福谦，人道恶盈而好谦。谦尊而光，卑而不可逾，君子之终也。"可见，无论天之道、地之道、人之道、神鬼之道，均宜谦恭卑下，方可亨通永久。"欲先民，必以身后之"，就是先人后己，不与民争利，"食禄者不得与下民争利，受大者不得取小"（《史记·循吏列传第五十九》）。

"是以圣人处上而民不重，处前而民不害，是以天下乐推而不厌。"如此一来，圣人居于上位而人民不以之为沉重，居于前面而人民不觉得有妨害，正因如此，天下人皆乐于拥戴而不厌弃。老子说，"太上，下知有之"（十七章），面对有道的圣人，百姓既不会给他过多的重视，也不会感觉到不安和恐惧。这说明，一切都自然而然，那是合于大道的状态。

"以其不争，故天下莫能与之争。"在老子看来，"圣人之道，为而不争"（八十一章），正因为圣人没有争贪之心，所以天下没有人能够与他相争。憨山大师曰："此争非争斗之谓，盖言心不驰竞于物也。"（《道德经解》）世人心驰于外，争贪搅扰，其结果必然是"以其常争，故人人皆能与之争"；智者精神内守，谦下不争，其客观结果是"以其不争，天下莫能与之争"。

六十七章

天下皆谓我道大，似不肖。夫唯大，故似不肖，若肖，久矣其细也夫。我有三宝，持而保之。一曰慈，二曰俭，三曰不敢为天下先。慈，故能勇；俭，故能广；不敢为天下先，故能成器长。今舍慈且勇，舍俭且广，舍后且先，死矣！夫慈，以战则胜，以守则固。天将救之，以慈卫之。

【阐幽】

此章阐述道家三德：慈、俭、不敢为天下先。

"**天下皆谓我道大，似不肖。夫唯大，故似不肖。若肖，久矣其细也夫。**"天下之人都认为我的"道"太大了，似乎什么都不像；或许正是因为它太大了，所以似乎什么都不像。如果像什么东西，那么它早就变得渺小了。大道的特点就是"至大无外，至小无内"[1]，无形无相，无色无嗅，无所不在，无所不备，充塞宇宙，遍满十方，不增不减，永恒常存，它不等同于任何一样具体之物，因此也不能用具体之物（哪怕伟大之物）来比附。如果道类似于天下某一事物，那么它就是一个物，而不是道了。之所以"久矣其细也夫"，是因为大道的特点

---

[1] 庄子说："至大无外，谓之大一；至小无内，谓之小一。"（《庄子·天下》）

在于，日用而不知但须臾不可离。在生活当中，无论什么事物，如果天天见到，就会觉得没什么了不起。当我们远观圣人，"仰之弥高，钻之弥坚"（《论语·子罕》），往往觉得高不可攀、遥不可及，一旦他出现在身边，就会发现他是如此的平凡。

"**我有三宝，持而保之。一曰慈，二曰俭，三曰不敢为天下先。**"老子说：我有三件重要的法宝，一直掌握并保存着。一是慈爱，二是俭啬，三是不敢居于天下人之先。圣人持此三宝，能够顺道而行，无心无为，故而充满生命力；世人舍此三宝，常常背道而行，有心有为，故而容易趋于死亡。儒道佛皆有"三宝"之说，儒家指的是"土地、人民、政事"[1]；道家指的是"慈，俭，不敢为天下先"；佛家指的是"佛、法、僧"。

"**慈，故能勇。**"由于持守柔慈，心中有爱，故而展现出无比的勇气。《说文解字》云："慈，爱也。从心，兹声。"[2]比如"女子虽弱，为母则强"，许多柔弱女子当了母亲以后，为了自己的孩子会体现出超乎寻常的勇敢。从深层来讲，以慈为宝，心慈气柔，心慈气顺，心慈气和，心慈气祥，自然身体柔和，内心柔软，身心健康。有慈爱于内则必发于其外，是以心慈面善，容光焕发，和气可亲，和气致祥，自然有一种无形的向心力、凝聚力、亲和力，这本身就是一种无往而不摧的生命能量。

"**俭，故能广。**"由于持守俭啬，不贪外物，故而能够有所富余，得以悠闲度日。范应元说："俭约，故能不暴殄天物，而使天下不尚奢侈，家给人足，可谓广矣。"（《老子道德经古本集注》）白玉蟾说："世人当知俭之道，俭于目可以养神，俭于言可以养气，俭于事可以养心，俭于欲可以养精，俭于心可以出生死，是俭为万化之柄。"（《修道真言》）事实上，修身之道，俭于嗜欲，可以养精；俭于言语，可以养气；俭于思虑，可以养神；为政之道，"旨约而易操，事少而功多"

---

[1] 孟子说："诸侯之宝三：土地、人民、政事。宝珠玉者，殃必及身。"（《孟子·尽心下》）

[2] 许慎：《说文解字》，中华书局1963年影印版，第218页。

（《论六家要旨》）。

"不敢为天下先，故能成器长。" 正因不敢为天下之先，才能够真正成为众器之长。大道运行之规律，周行而不殆，"迎之不见其首，随之不见其后"（十四章），何者为先？何者为后？可见，大道无有形象，亦无所谓先后。之所以"不敢"为天下之先，并非出于内心惧怕，而是出于恰当的理解。真正的智者，并非不能为天下之先，不敢为天下之先，而是不愿为天下之先，也不必为天下之先。在现代社会，物欲横流、竞争激烈，推崇弱肉强食、成王败寇的理念，人们想方设法、挖空心思"为天下先"，可是真正"成器长"的究竟有多少？真正幸福的人又有多少呢？

"今舍慈且勇，舍俭且广，舍后且先，死矣！" 现在如果为了追求勇敢而舍弃慈爱，为了追求宽绰而舍弃俭啬，为了争取领先而舍弃退让，最终的结局只能是死路一条。世人舍本（"慈""俭""后"）逐末（"勇""广""先"），如同无源之水、无本之木，终将走向衰败、枯竭而亡。世人将一辈子的时间和精力都耗费在争贪搅扰当中，当死神不期而至，方知虚度了此生。既然最后的结果都是走向死亡，为什么就不能悠闲下来，好好地享受当下呢？

"夫慈，以战则胜，以守则固。天将救之，以慈卫之。" 得道之人，体恤百姓，慈爱万物，以此行于天下，则战必胜，守必固。上天若是要救助谁，那么就会让他领悟这个"慈"的道理。实际上，并没有一个外在的"天"或者"圣人"来拯救他，而是他自性所显现的"慈"心来帮助他自己。

老子行文，妙趣横生，慈心救世，跃然于纸上。

六十八章

善为士者不武，善战者不怒，善胜敌者不与，善用人者为之下，是谓不争之德，是谓用人之力，是谓配天，古之极。

【阐幽】

此章以用兵之道，喻不争之德。

"**善为士者不武。**"真正善于做将帅的人，不逞一时之勇武，而是尊道贵德，以柔自守，以弱自用，行于大道，重于积德，何需尚武逞强！反之，尚武逞强者，未有不是"强梁者不得其死"（四十二章）。吕祖指出，此处"士"字应作"道"字看，"善能固守道者，似天之虚、地之宁，山静水清而不武。不武者，静寂不动也，善为道之士，至清而不动"（《道德经心传》）。

"**善战者不怒。**"善于作战的人，不轻易被激怒。真正善于作战的人，不逞小勇，不闹情绪，攻城为下，攻心为上，以德服人，何怒之有？世人由于意识昏沉，往往是被情绪所控制而不自知，进而长期沦为情绪的奴隶。智者始终保持觉知，觉知到情绪的起起伏伏，"看着"它是如何升起的，如何失控的，自己如何被情绪抓住、变成了情绪的奴隶，他参与生活但不陷溺其中。真正的智者不关心表面的现象，更不在意别人的看法，他不因外在的环境而改变自己内在的情绪，在儒家，这就叫做"不改其乐"。相反，庸者强行管理自己的情绪，刻意保持和颜悦色，那是出于对"自我"的维护，实则毫无意义。当一个人保持觉知，变得更有意识，他才能够将"心"放在恰当的位置，那么，愤怒将不会滞留太长的时间，下次遇到相同的情景，也不会轻易被愤怒控制，这才是真正意义上的"不怒"。总之，真正的智者，并不在于是否生气，而在于是否保持觉知。

"善胜敌者不与。" 善于克敌制胜的人，不短兵相接，不孤注一掷，而是胜之以道，胜之以德，亦即"天之道，不争而善胜，不言而善应，不召而自来，繟然而善谋"（七十三章）。诸如，项羽在鸿门设宴，暗施埋伏，刀出鞘，弓上弦，武士林立，欲杀刘邦，却被手无寸铁的张良所挫败。刘邦心怀仁慈，入咸阳未动一刀一枪，而子婴自缚纳降。刘邦封府库、散宫女、封三秦，以此深得秦民之心。这些都是历史上的"善胜敌者"。

"善用人者为之下。" 善于用人的人，对人态度谦下。范应元说："谦下者，人心悦服，而愿为之用也。"（《老子道德经古本集注》）在历史上，刘备三顾茅庐，才得诸葛亮匡扶汉室，鞠躬尽瘁，死而后已，此即"善用人者"。

综前所述，将帅若能做到"不武、不怒、不与、为之下"，亦即不可逞强，不可暴戾，不可嗜杀，善于用人，则可以战无不胜，攻无不克。

"是谓不争之德，是谓用人之力，是谓配天，古之极。" 老子最终将用兵之道归结为"不争之德"。不争之德，乃是真正能够顺应天地自然的大道，也是自古以来最了不起的道理。老子多次强调"不争"。正如自然之道中的"水善利万物而不争"（八章），治理之道也应"不尚贤，使民不争"（三章）。老子反复强调，"夫唯不争，故无尤"（八章），"夫唯不争，故天下莫能与之争"（二十二章），"以其不争，故天下莫能与之争"（六十六章）。在他看来，"天之道，不争而善胜"（七十三章）；"人之道"也应当"为而不争"（八十一章）。可见，不争方合于大道，天道不争而万物自化，圣人不争而万民自归。吕祖曰："天以无为而治，道以无力而

六十八章

成,玄妙合天,谓之配天。古以淳化之风立,道以淳化而成。天乃高也、虚也、古之淳也、道之玄也,皆到至极精微之处,谓之配天。古之极皆从一善来,故能不武。善战不怒,胜敌不争,能用人之士为下者,故能配天。古之极!"(《道德经心传》)

六十九章

用兵有言："吾不敢为主而为客，不敢进寸而退尺。"是谓行无行，攘无臂，扔无敌，执无兵。祸莫大于轻敌，轻敌几丧吾宝。故抗兵相加，哀者胜矣。

【阐幽】

此章借兵以喻道，重点阐释"三宝"之"慈"。

"用兵有言：'吾不敢为主而为客，不敢进寸而退尺。'" 关于战争，有这样的说法：虽然有战争的实力，却不敢采取攻势，而是采取守势、以静待动；虽然有取胜的可能，却不敢妄进一寸，而是后退一尺，以退为进。浅言之，"为主"者看似握有主动进攻之优势，但是，轻举妄动容易落入对方巧设的埋伏陷阱当中，故而，不可恃勇妄进。深言之，此句并非以退为进的权谋，用以出奇制胜，而是以慈心面对战争，身进而心退，正如憨山大师所言："言身进而心不进，是以退心进也。"（《道德经解》）

"是谓行无行，攘无臂，扔无敌，执无兵。" 虽然有行军的阵势，却像没有阵势一样，不会轻易前行；虽然要奋然举臂，却像没有臂膀一样，不会贸然出手；虽然要对抗敌军，却像没有敌人一样，不会轻易树敌；虽然要持握兵器，却像没有兵器一样，不会持兵逞强。有道的圣明君主，怀仁慈之德于苍生，看不出行兵的行迹，尽管没有伸出打人的胳臂，但人人畏威，就算临敌也没有杀人之心，但敌人自然畏惧。

"祸莫大于轻敌，轻敌几丧吾宝。"没有比轻敌更大的祸患了，轻敌将会丧失我特别的宝物。智者有三件重要的法宝，一是慈爱，二是俭啬，三是不敢居于天下人之先。此处所言"吾宝"，乃是指其中的"慈"。在老子看来："兵者，不祥之器，非君子之器，不得已而用之。恬淡为上，胜而不美，而美之者，是乐杀人。"（三十一章）用兵虽出于不得已，仍若轻敌好杀，无故用兵，恃强妄进，必将丧失大道之"慈"，天道必降以灾祸，故而不可不慎。

"故抗兵相加，哀者胜矣。"如果两军对阵，在兵力相当、势均力敌的情况下，究竟谁胜谁负？在老子看来："夫慈，以战则胜，以守则固。天将救之，以慈卫之。"（六十七章）那么，其结果必然是，心怀仁慈、哀民痛命、体恤苍生的一方获胜。老子救世弘道之慈心悲怀，尽在此"哀"字之中矣！

七十章

吾言甚易知,甚易行,天下莫能知,莫能行。言有宗,事有君。夫唯无知,是以不我知。知我者希,则我者贵。是以圣人被褐怀玉。

【阐幽】

本章描述有道之人曲高和寡。

"吾言甚易知,甚易行,天下莫能知,莫能行。" 此章伊始,老子便发出感慨:尽管我的言论最易明晓、最易行持,然而天下之人莫能知、莫能行。老子一生提倡道法自然、无为不争。[1] 既然大道至简至易,为何天下人"莫能知,莫能行",原因在于,"大道甚夷,而民好径"(五十三章),世人多迷于荣利,惑于躁进,故而喜好小径,于是与大道相悖。更何况,大道"视之不见","听之不闻","搏之不得"(十四章),更是增加了世人知"道"与行"道"的难度。

"言有宗,事有君。夫唯无知,是以不我知。" 我的言论是有宗旨的,我的行事是有根据的。芸芸众生大多暗昧无知,浑浑噩噩,所以才没有人理解我。此句实则承接上文,表明自己的态度:从"知"来说,我是"言有宗";从"行"来说,我是"事有君"。可是,无论我

---

[1] 司马谈在《论六家要旨》中将其概括为:"道家无为,又曰无不为。"(《史记·太史公自序》)

怎么说，人们都无法理解，我感觉到莫名的悲伤，更多的是深深的无奈。实际上，他们理不理解我，对于我来说并不重要，只是我所说的这些，确实能够帮助到他们。如果他们错过了这些宝贵的言论，也许就错过了探索生命真相的绝佳机会。

"知我者希，则我者贵。"真正了解我的人十分罕见，能够效法我的人更是难得遇见。所谓"知我者希"，就是能够听懂我说的话语，能够读懂我写的文字，这样的人实在是太少了。因为，我所言说的，皆关乎大道，能够知我言说的人，必定也是知"道"者，他们在人群当中少之又少。进而，老子说"则我者贵"，听得懂我所说的话，看得懂我写下的文字，同时还能够遵循我给出的教导，这样的人更是凤毛麟角，因此也尤为可贵。在老子看来，"上士闻道，勤而行之"（四十一章），那些能够明白大道珍贵的人，能够践行大道的人，是这个世间真正可贵的、值得尊重的人。

"是以圣人被褐怀玉。"真正的智者（圣人）外面穿着粗布衣服，看上去极为普通甚至有些寒碜，但是怀中却揣着珍稀的美玉。"被褐"是外着粗布衣服，"怀玉"是内怀珍宝美玉，以粗服涵藏宝玉。一方面，"被褐怀玉"是指在粗重的身体背后，含藏着精微的意识。身体如同粗布做成的衣服，容易沾上污秽，但它也可以被洗干净，可以被更换。意识如同宝玉一般，它不会被弄脏，也不会有变化。这份意识体现为"我在"的感觉，它如同无价珍宝，真真实实藏在我们每个人的身体里，藏在我们充满污垢的衣服里。每一个人都是"被褐怀玉"者，相比于这具可见的身体，那个无形的意识更为宝贵。遗憾的是，罕有人能识此宝玉、护此宝玉。另一方面，"被褐怀玉"是指智者遮蔽自己，不彰显自己，大智若愚、大巧若拙。世人眼光浅薄，只看重外表，往往不识珍宝，所以，很容易错过智者。老子早就料到此种情况的发生，因此他说"下士闻道，大笑之"（四十一章）。事实上，老子的文字固然简朴，内涵却极为丰富，犹如褐衣粗布里面怀藏着美玉一般。①

---

① 与"被褐怀玉"类似的记载在佛教中也不少见。《顿悟入道要门论》载："大珠初参马祖。祖问从何处来？曰：越州大云寺来。祖曰：来此拟须何事？曰：来求（转下页）

实际上，人生于天地之间，一性浑然，万善皆备，未尝有不足。只因受到欲望的诱惑，私心萌生，私欲膨胀，于是认假为真，以妄为常，进而迷失自己的本性。不知心中之真贵，不识性中之真我，故而怀着不足之心向外驰求，"抛却自家无尽藏，沿门持钵效贫儿"（《菜根谭》），实在是愚痴之至！《道德经》五千言，就是引导世人探寻内在世界的宝藏，进而发现自己不朽的本性。

（接上页）佛法。祖曰：自家宝藏不顾，抛家散走作什么？我这里一物也无，求什么佛法。师遂礼拜问曰：阿那个是慧海自家宝藏？祖曰：即今问我者，是汝宝藏，一切具足，更无欠少，使用自在，何假向外求觅？师于言下大悟，识自本心，不由知觉。"慧海禅师听后，汗如雨下，如梦方醒。在那个瞬间，慧海禅师感觉有一道光芒蓦地把自己照得通体透亮，表里澄澈，由此而识其心，顿悟本性。

七十一章

知不知,上;不知知,病。夫唯病病,是以不病。圣人不病,以其病病,是以不病。

【阐幽】

本章指出"不知"之益。

"知不知,上;不知知,病。" 知道自己不知道,乃是上等的德行;不知道却自以为知道,那就是有毛病。当一个人认识到自己的无知,乃是智慧的开始;当一个人固守于自己的知识,就是愚蠢的标志。河上公说:"知道言不知,是乃德之上。不知道言知,是乃德之病。"(《老子道德经河上公章句》)据说,苏格拉底的学生去问阿波罗神:雅典谁最聪明?得到的答案是苏格拉底。苏格拉底认为一定是神弄错了,于是带着学生去拜访各界名人,包括政治领袖、文化名流、专家学者等。最后他终于明白了:"为什么神认为我最聪明呢?因为在所有的人里面,只有我知道一件事,那就是我一无所知。"换言之,人们连自己无知都不知道,只有苏格拉底知道自己无知,所以他最聪明,这恰恰是苏格拉底的自知之明。[1] 苏格拉底曾举例说:"怕死无非就是以不智慧为智

---

[1] 老子说"知人者智,自知者明"(三十三章),既知人,又自知,才称得上真正的明智。

慧，以不知为知。因为谁也不知道死是不是人的最大幸福，他们却怕死，好像知道死是最大的坏事似的。以不知为知，岂不是最糟糕的无知吗？"[1]

事实上，苏格拉底"自知无知"的命题有着更为深刻的涵义。[2]有道之人，处在纯粹的"知道性"当中，他保持"知道"但不执着于任何具体的对象，更不被外在的人、事、物所牵绊。"自知无知"意味着，求道者进入一种禅定状态，只是安住于"在"，注意力不聚焦[3]，这是"复归于婴儿"的状态。正如印度智者马哈拉吉所言："我全部的知识都是假（错误）的。我的'不知'本身才是真正的知识——一切知识都是无知，'我不知道'是头脑能做的唯一真实陈述。"[4]这意味着，唯有知道性本身，才是唯一的真知。

老子此章所言与苏格拉底所言义理相近。依老子之说，有"为学日益"与"为道日损"两种进路，前者乃是累积知识，增长才能，益其智力，故"日益"，后者则是克去情欲，隳形泯智，开启智慧，故"日损"。显然，"知不知"乃是"为道日损"的智慧之路；"不知知"则近于"为学日益"的知识之路。老子以前者为"上"，以后者为"病"，一正一反，观点鲜明，力透纸背。

"夫唯病病，是以不病。圣人不病，以其病病，是以不病。" 世人皆以"多识于鸟兽草木之名"（《论语·阳货》）为知，将妄见当真知，将知识当智慧，这些强妄知见，恰恰是老子所说的"不知知"（不知道而自以为知道）。在老子看来，唯有以病为病，方能避免再病。当一个

---

[1] 《苏格拉底的申辩》，见《柏拉图对话录》，王太庆译，商务印书馆2019年版，第42页。
[2] 按照哲学界通常的理解，真正的知识来自"我知道自己一无所知"，如此才会向未知的事物敞开，进而能认识未知的事物。一旦宣称"我知道"，就会画地自限，不能向未知的事物敞开，从而无法认识未知的事物。
[3] 这就是《金刚经》中所说的"应无所住，而生其心"。
[4] ［印］室利·尼萨伽达塔·马哈拉吉：《我就是那》，陶张欢译，中国青年出版社2016年版，第318页。

七十一章

人知道自己有病的时候，那并不是真的有病。[①]明明病了却没有认识到自己的病症，那才是真的病了。世俗之人千方百计地掩饰自己的缺点，否认自己的过失，因此通常会延续自己的错误。有道之人把缺点当作缺点，时时保持觉知，因而能够避免重蹈覆辙。以生病为例，若能把病当作病，就会谨慎面对，用心调理，甚至"久病成良医"。倘若讳病忌医，必致病入膏肓，最终回天乏力。老子借此告诉人们，不要自以为是，以妄为真，而是要如实观照，知道行道。[②]

那么，究竟何谓真知？吕祖解释说："圣人知道，实无所知，无所知，斯为真知。"（《道德经心传》）这意味着，我知道"我在"，知道我存在，那是唯一真实的知识（"真知"），也是我们生而为人最大的资本，而其他的世间知识，都只是运作性的，它们随时都在变化。从身体出生的那一刻，直到身体死亡的那一刻，"我在"的感觉都将始终伴随、不离不弃。唯有那个"我在"的知识，是真实不虚的，恒常不变的。没有人可以否定自己的存在性，因此没有人可以否定这个"知道性"的知识。真正的智者"知不知"，他保持"知道"的状态，安住于"我在"的状态，而不被外在世界纷繁复杂的知识所迷惑，这个是真知，是大智慧。

由此观之，一个人若自以为是，自恃聪明，固守于"不知知"（"强知"），终将与道无缘，只能沦为沉溺俗尘的下士，抱着一大堆不必要的烦恼，错过生而为人的真正使命。唯有深戒于此病（"不知知"），以"知不知"为入道要门，须臾不离于道，方能知人之所不知，进而体道悟道、与道合一。

[①]《庄子·让王》载：尧以天下让许由，许由不受。又让于子州支父，子州支父曰："以我为天子，犹之可也。虽然，我适有幽忧之病，方且治之，未暇治天下也。"陆西星解释说："幽忧，谓心有隐疾。此个隐疾，总在为物所累上。治之之方，虚静恬淡寂寞无为而已矣。"（《南华真经副墨》）

[②]《庄子·让王》曰："无财谓之贫，学而不能行谓之病。"

七十二章

民不畏威，则大威至。无狭其所居，无厌其所生。夫唯不厌，是以不厌。是以圣人自知不自见，自爱不自贵。故去彼取此。

【阐幽】

本章强调自知自爱。

"民不畏威，则大威至。" 当人民不再畏惧统治者施加的威压，便是天下大乱、天罚将至的时候了。老子借此来告诫求道者要保持觉知，如果不在意那些有损于己的细小之事，总以为无伤大雅，那么更大的灾难就在不知不觉中逼近了。[①] 河上公说："威，害也。人不畏小害则大害至，谓死亡也。畏之者当爱精神，承天顺地也。"（《老子道德经河上公章句》）严遵也说："昌衰吉凶，皆由己出，不畏于微，必畏于章，患大祸深，以至灭亡。"（《老子旨归》）人们若不注意那些细小的损害，不知不觉死亡之神就来了。为此，求道者要爱惜精神，防微杜渐，减少能量损耗，避免酿成大患。

"无狭其所居，无厌其所生。夫唯不厌，是以不厌。" 不要弄得老百姓没有安居之所，不要压制老百姓的谋生之路。只有不压榨老百姓，

---

① 《周易·系辞下》中说："善不积不足以成名，恶不积不足以灭身。小人以小善为无益而弗为也，故恶积而不可掩，罪大而不可解。"

才不会被老百姓所厌恶。老子借此来提醒求道者，不要忽略了自己的身体，它是精神的安居之所；也不要忽略了自己的精神，它是生命的根基所在。身心健康有助于求道悟道、探索真理；求道者若能不厌弃身心，就不会为身心所厌，得以舒泰自保、养性延年。河上公解释说："人之所以生者，为有精神，托空虚，喜清静。饮食不节，忽道念色，邪僻满腹，为伐本厌神。"(《老子道德经河上公章句》) 生命之所以能够延续，有赖于精神的存在。一个人节制饮食，清心寡欲，保持虚静盈满，喜欢清静无为，保持思想单纯，这就是养护精神了；如果不懂得节制欲望，暴饮暴食，贪淫好色，满脑子邪恶怪癖的思想，不断损耗自己的精气，那就是戕害本性而厌弃精神。"夫唯不厌，是以不厌"，求道者唯有淡泊无为，不恣情纵欲，精神才能常居于身内，不厌弃己身而离去。

"是以圣人自知不自见，自爱不自贵。故去彼取此。" 有道之人了解自己，但不显扬自己，更不哗众以取宠；有道之人懂得爱惜自己，但不抬高自己，更不望显达于世。为此，真正的智者，要舍弃后者（自贵、自见），保持前者（自爱、自知）。一个人若懂得"自知"，就会尊重自己，接受自己，进而去探索自己的真实本性；一个人若懂得"自爱"，就会珍爱生命，不会拿自己的生命当作追逐名利、奔竞权势的工具。反之，"自见"就是刻意炫耀自己的优势，以寻求他人的认可；"自贵"就是把自己看得太重，力图通过名利权势来抬高自己。[1] 毫无疑问，一个人"自见"和"自贵"，将会过度耗散自己的精气神（能量），与此同时，往往会招来忌恨，甚至自取灭亡。故而，有道之人不会如此。

---

[1] 老子曾说："跂者不立，跨者不行。自见者不明，自是者不彰，自伐者无功，自矜者不长。"（二十四章）

七十三章

勇于敢则杀,勇于不敢则活。此两者,或利或害。天之所恶,孰知其故?是以圣人犹难之。天之道,不争而善胜,不言而善应,不召而自来,繟然而善谋。天网恢恢,疏而不失。

【阐幽】

本章强调尊重天道,提倡"勇于不敢"。

"勇于敢则杀,勇于不敢则活。" 勇于有为,往往会招来杀身之祸;勇于无为,往往能保全身家性命。河上公说:"勇敢有为,则杀其身;勇于不敢有为,则活其身。"(《老子道德经河上公章句》)"敢"就是有为,当一个人的勇气、勇敢处在有为的状态,它就会带来伤害。"杀"也意味着走向衰败、趋于灭亡,故而,"勇于敢"就是走向衰败、趋于灭亡的标志。"不敢"就是无为,当一个人的勇气、勇敢处在无为的状态,它就会带来活力。"活"也意味着走向新生、走向繁荣,故而,"勇于不敢"就是走向新生、走向繁荣的标志。

"此两者,或利或害。天之所恶,孰知其故?是以圣人犹难之。" 这两种"勇",前者令人受害,后者让人获益。上天究竟选择什么?有谁知道其中的缘由?显然,上天选择无为。无为意味着让一切自行发生,允许一切如其所是,既不努力争取,也不刻意阻止。由于无为是顺应大道的，故而能够长盛不衰。"是以圣人犹难之"，就连圣人也很难做到百分之百的无为，丝毫不与天道相违背。当然，圣人即便偶尔出现无意识的行为（"有为"），也会立即加以调整，接下来继续保持有意识的状态（"无为"）。儒家强调"不贰过"，意思是说，出现过错本身没有问题，但如果对自己的过错完全不觉知，那么，错误将会延续下去。对于智者而言，当错误发生了，懂得透过错误去学习、去领悟，始终保持警觉、提起觉知，处在有意识的状态，那么，就不会重复犯错。

总体而言，老子主张顺应自然法则，反对刚强好斗。世人通常所说之勇，是指盲目的"勇"，亦即"勇于敢"，体现为逞强贪竞，无所畏惮，其归宿，不是招来杀身之祸，就是"强梁者不得其死"（四十二章）。故而，老子说"坚强者死之徒"（七十六章），一味以坚强自恃，岂知至刚易折，实乃取死之道。老子所说的"勇于不敢"，体现为柔弱哀慈，谦卑自守，小心翼翼，谨慎行事，其归趋，未有不是"慎终如始，则无败事"（六十四章），最终的结果，就是功成事遂，深根固柢，长生久视。可见，道家的"勇于不敢"，实乃简易而高明的人生智慧，它能够避免许多不必要的损耗和无谓的牺牲。

实际上，"不敢"也需要"勇"，或者说，"不敢"是另一种"勇"，而这种"勇"显然更为不易。有些时候，"不敢"并非胆小怕事，害怕惹来是非、招来灾祸；而是出于慈悲，因为他知道，"朝菌不知晦朔，蟪蛄不知春秋"（《庄子·逍遥游》），人与人之间智慧有别，争执毫无意义可言，何必陷入意气之争呢？

"**天之道，不争而善胜，不言而善应，不召而自来，繟然而善谋。**"天道渺然，无为不争，静默无言，安之若素，万物依此而各自存续生息，各得其养，各有所成，仿佛一切都提前安排好了，如同剧本早已写好，演员如期登场。可以说，一切都是自动发生的，并没有一个"做者"，即使有"做者"，那也是"道"，它不争、不言、不召与繟然，最终却善胜、善应、自来与善谋。在老子看来，个体生命也应顺应"不争"的法则。当一个人注意力向外驰骋，那么竞争就不可避免，患得患失、焦虑不安就会成为常态。当一个人注意力返回自身，他将发现，那些能够通过竞争得到的，最终将统统失去，唯有那个无须竞争的"道"，不来不去、恒常存在。在现实生活当中，以不争之心入世，则得失坦然，宠辱不惊，穷通皆乐。事实上，不争超越了一切竞争，你越是不去争夺，反而"天下莫能与之争"（二十二章）；无为超越了一切妄为，你越是保持无为，结果"无为而无不为"（四十八章）。换言之，一切都是自动发生的，无须去争，争也无益。

"天网恢恢，疏而不失。" 天网恢恢然宽广，无所不覆，无所不包；虽然疏若无物，但从来无所失漏。所谓"天网恢恢"，就是说大道如同天网一般，它宽广无边，看上去网眼宽疏，但不会遗漏一丝一毫。大道无形，运行天地，大道无情，运行日月，它看上去是随意的，但实际上是完美的，永远不会出错。即便表面上有所疏漏，实际上也没有疏漏。天道尽管无为，但不争而善胜，不言而善应，不召而自来，繟然而善谋。天下万事万物都包含在道的里面，是道照顾着这个世间的一切。换言之，事情乃是自动发生的，无为是天道的运作方式，那么，顺应天道只需保持接受、保持无为。事实上，人生最大的"得"是出生，亦即获得这个身体；人生最大的"失"是死亡，亦即失去这个身体。试问，出生是我争取到的吗？死亡是我能够决定的吗？显然不是，它有自己的剧本。既然如此，我们为何如此信心满满地认为，人生当中的那些得和失、荣和辱，是我们通过努力争取得来的呢？当我们保持接受，内心深知一切都是道在运作的结果，明白事情是自动发生的，那么任何时候都会很开心，每一个当下都是奇迹。一个人如果不接受事实，无论拥有多少，无论多么成功，无论看上去多么伟大，都是这个世界上最愚蠢、最糟糕、最痛苦的人。

七十四章

民不畏死，奈何以死惧之？若使民常畏死[①]，而为奇者，吾得执而杀之，孰敢？常有司杀者，夫代司杀者杀[②]，是谓代大匠斫。夫代大匠斫者，希有不伤其手矣。

【阐幽】

本章强调清静无为，反对严刑峻法。

在老子看来，严刑峻法不足取。老子用三句话来加以分析。

"民不畏死，奈何以死惧之？"当人民愿意放弃一切，不再畏惧死亡的时候，岂可用死亡来恐吓他们？如果执政者刚愎自用、横征暴敛，一味用生杀大权来恐吓百姓，让老百姓时时心怀恐惧，甚至感觉到生无可恋，到了这个时候，严刑峻法就没有任何威慑作用了。相反，如果执政者清静无为、治理得当，使国富而民强，百姓安居乐业，那么，人民自然不愿破坏自己安宁而幸福的生活，于是就会自觉遵守法令而不愿轻易赴死。

"若使民常畏死，而为奇者，吾得执而杀之，孰敢？"倘若人民生活安定，但内心深处时刻畏惧死亡，那是因为总有掌管死刑的人在

[①] 帛书本为"若使民恒畏死"。
[②] 帛书本作"若民恒且必畏死，则恒有司杀者杀"。

杀人。一旦有"奇者"亦即不走正路、故意捣乱之人，可以直接抓起来判处死刑，以儆效尤，那么谁还敢再以身试法、自寻麻烦？退一步讲，假如百姓都害怕死亡，也不需要依靠严刑峻法来恐吓老百姓，因为"天网恢恢，疏而不失"（七十三章），在自然法则中，随时随处都有"司杀者"，诸如"强梁者不得其死"（四十二章）、"坚强者死之徒"（七十六章）。上天派来的"司杀者"足以起到维持秩序的作用，根本不需要统治者去越俎代庖、"替天行道"。可见，"民不畏死"的背景是民不聊生，甚至生不如死，此时老百姓就无所顾忌了，如果统治者不加以反思，却只想以杀而止乱，无异于缘木求鱼，乱上添乱。

"常有司杀者，夫代司杀者杀，是谓代大匠斫。夫代大匠斫者，希有不伤其手矣。" 上天掌管着人的生死寿夭，它一直代表自然法则在执行死刑，如果有人代替老天这个行刑官去执行杀人任务，那无异于拙劣的工匠代替高明的木匠去砍伐树木，很少能够不伤及自己的手。"常有司杀者"中的"常"字，暗示自然法则。人的生死是由自然法则决定的，犹如自然的行刑官。每一个人都有天赋的寿命，命数尽时，自会退场，这就叫做"常"。一个人如果背道而行、恣意妄为，必定自寻死路、自取灭亡，根本无须"代司杀者"代替老天去"杀"他。否则，就会像拙劣的工匠代替大匠砍削木头那样弄巧成拙。真正的大匠砍伐木头，自有其专业素养与经验累积，外行人在技艺与经验两缺之下，试图取代大匠去砍树木，不仅难以完成任务，反而会惹来诸多麻烦，鲜能不伤及自身。

人们常说，损人不利己，乃愚者所为，实际上，损人利己，亦非明智之举。因为，一个人不可能通过破坏、伤害他人来给自己带来真正的快乐。事实上，所有对他人的伤害（"损人"），都是以伤害自己（"害己"）作为前提、作为代价的。在这个世间，没有任何伤害，只是伤害到他人，而不伤及自己的。有一些"损人"的行为，即便看上去"利己"，实则是以戕害自己的本性作为前提，以伤害自己的良知作为代价的，他所得到的利益只是外在的、表面的、暂时的，但是伤害是长久的、巨大的、深远的。所以，"损人"在本质上乃是有心而为、刻意妄为，它只是给了人们一个"利己"的错觉、幻觉，并没有一个所谓的受益者，也不可能有真正的受益者。没有任何人可以通过伤害他人而获得自己的幸福，损人不可能真正达到"利己"的目的，其结果只能是损人损己、两败俱伤。唯有保持自然无为，循道而行，"不争而善胜，不言而善应，不召而自来，繟然而善谋"（七十三章），一切都将完美展开，恰到好处。

七十五章

民之饥,以其上食税之多,是以饥。民之难治,以其上之有为,是以难治。民之轻死,以其求生之厚,是以轻死。夫唯无以生为者,是贤于贵生。

【阐幽】

本章谴责统治者欲望过多,借此告诫求道者要淡泊无欲。

"**民之饥,以其上食税之多,是以饥。民之难治,以其上之有为,是以难治。民之轻死,以其求生之厚,是以轻死。**"人民之所以要忍饥挨饿,是由于统治者征收太多的赋税,展开丧心病狂的各种收割,最终导致人民穷困饥饿。人民之所以难于治理,是由于统治者习惯于有为、热衷于折腾,人民不堪其扰、忍无可忍,于是揭竿而起、奋力抗争,最终导致社会难以治理。人民之所以轻易赴死,是由于统治者骄奢淫逸,过度奉养自己,最终导致人民生无可恋,以至于轻视死亡,犹如草芥蝼蚁一般。"民之饥""民之难治""民之轻死",一层比一层严重,每一层现象都是居于上位的统治者所造成的。王弼注说:"民之所以僻,治之所以乱,皆由上,不由其下也。"(《老子道德经注》)

孔子曾感慨地说，"苛政猛于虎也"[①]，柳宗元也讲"赋敛之毒，有甚是蛇者乎"（《捕蛇者说》）。在历史上，统治者横征暴敛，政令繁苛，恣意妄为，导致民不聊生、怨声载道，老百姓最终不惜铤而走险、冒死反抗。正因如此，老子告诫统治者"无狎其所居，无厌其所生"（七十二章），不要弄得老百姓没有安居之所，不要压制老百姓的谋生之路，否则的话，等待他们的，就是"民不畏威，则大威至"（七十二章）。

"夫唯无以生为者，是贤于贵生。" 那些不刻意求生的人，要比过分看重自己生命的人更高明。在老子看来，"甚爱必大费，多藏必厚亡"（四十四章），贪爱过头势必造成极大的耗费，储存丰富必定招致惨重的损失。对于身体的贪爱也是如此。世人怀着对死亡的恐惧，过度执着于身体，刻意追求长生，其结果往往适得其反。一个人求生欲越强，表明其恐惧就越深，为了延长自己的生命，以至于不择手段，伤害其他的生命。孙思邈曾说，"夫杀生求生，去生更远"（《大医精诚第二》）[②]，为了保全自己的生命，而去杀害动物的生命，只会让自己离"生"越来越远。老子曾说："天长地久。天地之所以能长且久者，以其不自生也，故能长生。"（七章）天地之所以能够既长且久，乃是因为它没有追求自身永存这样的念头，反而能够天长地久。在老子看来，"为者败之，执者失之"（二十九章），你越是贪恋身体，刻意求生，反而容易失去健康，甚至疾病缠身。相反，真正的"善摄生者"，尊道贵德，清静无为，根本不知养生为何事，他只是顺应生命本身的规律，整个身心托付于自然的流动当中，反而能够保持身心健康。在最终意义上，有形有相的身体终将损毁，无形无相的意识方能长存。在老子看来，真正的健康和长寿，是死而不亡、没身不殆。也就是说，了悟自己不是这个身体，发现自己的真实本性，最终实现生命的永恒。

[①] 《礼记》中记载了这样一个故事："孔子过泰山侧，有妇人哭于墓者而哀。夫子式而听之，使子路问之，曰：'子之哭也，壹似重有忧者。'而曰：'然！昔吾舅死于虎，吾夫又死焉，今吾子又死焉。'夫子曰：'何为不去也？'曰：'无苛政。'夫子曰：'小子识之，苛政猛于虎也。'"（《礼记·檀弓下》）

[②] 孙思邈：《备急千金要方校释》，李景荣等校释，人民卫生出版社2014年版，第4页。

七十六章

人之生也柔弱，其死也坚强。万物草木之生也柔脆，其死也枯槁。故坚强者死之徒，柔弱者生之徒。是以兵强则不胜，木强则折①，强大处下，柔弱处上。

【阐幽】

本章强调贵柔戒刚。

"人之生也柔弱，其死也坚强。" 人活着时，身体是柔弱的；死亡时，身体就变得僵硬了。老子早就洞察到了生命运行的规律：生命总是从柔软开始，以僵硬告终；从弱小开始，以坚强告终。刚出生的婴儿，心性纯朴，气血充盈，肢体柔弱，时时趋于生长。成年之后，恣情纵欲，气血枯竭，筋骨僵硬，逐渐趋于死亡。"人之生也柔弱"意味着，生命的自然状态是柔弱的，它是"负阴而抱阳，冲气以为和"（四十二章）的结果；"其死也坚强"意味着，生命的终结状态是僵硬

---

① 王弼本作"木强则折"，河上公本作"木强则共"。学者黄茂材说："《列子》载老聃之言曰：'兵强则灭，木强则折。'《列子》之书，大抵祖述老子之意，且其世相去不远。'木强则折'，其文为顺。今作'共'，又读为'拱'，其说不通，当以《列子》之书为正。因据《列子·黄帝篇》、《文子·道原篇》、《淮南子·原道训》改正。"转引自黄友敬《老子传真》，（香港）儒商出版社2003年版，第582页

的，它是气"聚则为生，散则为死"（《庄子·知北游》）的结果。

"**万物草木之生也柔脆，其死也枯槁。**"草木生长时，其形质是柔软的；死亡时，就变得干枯了。自然界的草木在生长的时候都是柔弱的，枝叶柔软，随风而动，在死后都是干枯的，枝叶枯萎，随风而落。动物在活着的时候都是肢体柔软，灵活好动，在死后都是肢体僵直，一动不动。宋常星说："万物之质不一，草木之形虽殊，然非柔脆不生。气至而滋息，故柔脆。柔脆者，生气也。凡物之初生，必柔弱，必脆嫩。枯槁者必死。气反游散，故枯槁。枯槁者，死气也。凡物之衰老者，必枯竭，必干槁。"（《道德经讲义》）

"**故坚强者死之徒，柔弱者生之徒。**"因此坚强刚直是属于死亡的一类，柔弱平和是属于生命的特征。老子从人类和万物草木的生存现象中得出"坚强者死之徒，柔弱者生之徒"的结论。草木生时水气充盈，故而柔弱；死后水气枯竭，故而干枯。人生时气血充足，故而柔弱，死后气血停滞，故而僵硬。高大的树木因为它的显露，往往容易遭受狂风吹刮甚至被摧折，柔弱的小草由于它的韧性反而可以迎风招展从而保持生机。柔弱平和的事物是趋于生长的，坚固强硬的事物则是趋于死亡的。坚强者之所以属于"死之徒"，乃是因为它的显露突出，当外力冲击时，往往首先受到损害。人类社会亦莫不然，在生活当中，若能柔软平和，往往易于适应各种生存境遇。倘若固执刚直，往往难以适应不断变化的境遇而遭受损害乃至趋于死地。生活经验也告诉我们，个性太强者往往会因锋芒毕露、棱角过明而易遭挫折，恰恰是那些外柔内刚、富有韧性者更具忍耐力，生命更强盛长久。老子讲"上善若水"（八章）、讲"复归于婴儿"（二十八章）等，都是强调要柔软，只有保持柔软的状态，才能保持勃勃之生机。

"**是以兵强则不胜，木强则折，强大处下，柔弱处上。**"正因如此，兵力强盛往往不会取胜，树木强硬往往易于折断。凡是强大的，反而处于下风；凡是柔弱的，反而占据上风。强大意味着抗争，柔弱意味着接受；强大意味着有为，柔弱意味着无为。事实上，试图抗争、逆流而上只会让人筋疲力尽，保持接受、顺势而为才能保存能量。在生活当中，柔顺意味着懂得接受，接受生命当中的喜怒哀乐，悲欢离合，成败得失，如此，则能量充盈，生命力旺盛。正是在此意义上，老子认定柔弱能够胜过刚强，柔弱是最终的胜利者。

七十七章

天之道,其犹张弓与?高者抑之,下者举之;有余者损之,不足者补之。天之道,损有余而补不足。人之道则不然,损不足以奉有余。孰能有余以奉天下,唯有道者。是以圣人为而不恃,功成而不处[①],其不欲见贤。

【阐幽】

此章言天道之妙,中正适宜。

"天之道,其犹张弓与?高者抑之,下者举之;有余者损之,不足者补之。"老子用拉弓射箭来比喻天道的特征。天之道,如同拉弓射箭,贵在圆满中和,不偏不倚,减少有余的力度,补充不足的力度,以保持力量的平衡。倘若过高了,就压低一些;倘若过低了,就抬高一些;倘若用力过大,就适当减少;倘若用力不足,就适当加大。拉弓射箭须掌握恰当的方法,方能强劲有力、有的放矢;求道悟道须掌握恰当的方法,方能契入大道、了生脱死。

"天之道,损有余而补不足。人之道则不然,损不足以奉有余。"天之道,亦即自然的法则,就是减少过多的事物,用来补充不足的事

[①] 帛书本作"功成而弗居也"。

物。人之道，亦即社会的法则，则是进一步减少那些本来就不足的，将其供奉给原本就有剩余之人。天地运行的自然规律乃是，减损多余的部分，补充不足的部分，以达到一种平衡状态。诸如，人体疾病的发生，从根本上来说就是阴阳失调。中医的本质，就是调和阴阳，或损其有余，或补其不足，或损益兼用，以恢复人体的阴阳相对平衡。在社会生活中，所谓的马太效应（Matthew Effect）就是指社会生活中贫者愈贫、富者愈富的现象。事实上，世人多为势利眼，大多数人热衷于锦上添花、依附权贵，很少有人会去雪中送炭、济贫救苦。可见，人之道与天之道完全相反。为何会如此？苏辙说："天无私，故均；人多私，故不均。"（《道德真经注》）人们多私欲，总想得到更多，故而难以做到平衡。

老子所说的"天之道"，颇为类似于儒家所说的"中者，不偏不倚，无过不及"（《中庸章句》）。《中庸》说："中也者，天下之大本也；和也者，天下之达道也。致中和，天地位焉，万物育焉。"然而，在现实生活中，"知者过之，愚者不及"，"贤者过之，不肖者不及"，聪明贤能之人容易将事情做过头，愚笨不肖之人做事则难以达到火候。在儒家看来，一个人出生之后，本来就处在中庸的状态，只是后来慢慢地出现了偏或倚。那些婴儿或儿童，处在中庸的状态而不自知，他们安住当下，活在当下，其言行举止、喜怒哀乐均合于自然并恰到好处。随着年龄的增长，人们的智力越来越发达，心灵却逐渐萎缩，于是走向了"两端"，最终导致"过犹不及"。儒家的教化，就是要通过学习和训练，让一个人时时保持觉知，进而回到那个本来就是的中庸状态。老子所说的"高者抑之，下者举之；有余者损之，不足者补之"，亦是此意。

"**孰能有余以奉天下，唯有道者。是以圣人为而不恃，功成而不处，其不欲见贤。**"谁能够把有余的奉献给天下？在老子看来，"唯有道者"，只有极少数有道之人，他们能够损一己之有余，补天下之不足。所以，圣人生育万物却不据为己有，成就万物却不自恃己能，他不愿显露自己的贤德。在老子看来，天之道就是"损有余而补不足"，那

七十七章

么，有道之人将有余的奉献给天下，补充万物的不足，这恰恰符合天道运行的法则。大道的运作方式就是"生而不有，为而不恃，长而不宰"（五十一章），故而，有道之人"不自见""不自是""不自伐""不自矜"（二十二章），亦即"为而不恃，功成而不处，其不欲见贤"。

总之，无论是"孔门传授心法"的"中庸"，还是"损有余而补不足"的"天道"，绝不是头脑的折衷之术，而是心灵的自然法则，绝不是某种具体的方法，而是至高至善的境界，它是中国文化最高的智慧。

七十八章

天下莫柔弱于水，而攻坚强者莫之能胜，以其无以易之。弱之胜强，柔之胜刚，天下莫不知，莫能行。是以圣人云：受国之垢，是谓社稷主；受国不祥，是谓天下王。正言若反。

【阐幽】

此章讲述以柔胜刚的道理。①

"天下莫柔弱于水，而攻坚强者莫之能胜，以其无以易之。"普天之下没有什么是比水更柔弱的，但没有什么能胜过它，因为没有什么可以替代它。上善而几于道的水，善利万物而不争，甘居众人之所恶，不辞藏垢纳污，不避卑贱臭秽。老子认为，正如阴阳之间互根互用及相互转化之关系，柔弱可能转化成坚强，坚强也可能转化成柔弱。吕祖曰："天下之至弱者莫过于水，水性至柔，体水之性，修道乃得。天下之至刚者，土也，万物不能强土，唯水能之。水之柔能克刚，故譬言水也。水者人之性，万情万欲，千心千意，性能治之。性若水则心地清净，性若

---

① 本章论述的内容在其他章节中都有涉及。诸如，八章中讲水"居众人之所恶"；四十三章中讲"天下之至柔，驰骋天下之至坚"；六十六章中讲"江海所以为百谷王，以其善下之，故能为百谷王"；七十章中讲"吾言甚易知，甚易行"。故而，可将此章视为总结。

水则形骸随之。水能常养万物，性能收伏身心；水能滋土，性能固道；无水土裂，无性道分。道者，心也，道不存，心外驰，故分也；心分，道安在！用心者非道也，离心者亦非道，故譬言天下柔弱莫若水。"他还指出："天下水之柔弱，如性之中和；水之川流，如性之气运；水之恬淡，如性定而气固；水之渊源，如性之默默。水静鱼潜，性定命伏。何水无鱼？何性离命？水聚鱼藏，性存命固。如此类推，性命之理毕矣。故柔弱莫若水，修命莫如性。"（《道德经心传》）

"**弱之胜强，柔之胜刚，天下莫不知，莫能行。**"老子曾指出："人之生也柔弱，其死也坚强。万物草木之生也柔脆，其死也枯槁。故坚强者死之徒，柔弱者生之徒。是以兵强则不胜，木强则折，强大处下，柔弱处上。"（七十六章）也就是说，柔弱象征着生命力，刚强则象征着死亡。表面上柔弱之物，由于它的含蓄内敛，往往富有韧性；而表面上刚强之物，由于它的彰显外溢，往往难以持久。在老子看来，柔可以胜过刚，弱可以胜过强，这是天下人都知晓的道理，然而，却无人依此实行。原因何在？就是由于世人欲望过多，容易被眼前利益所迷惑，明知以柔克刚、以弱胜强之道理，却不肯甘守柔弱、甘处卑下。更何况，社会崇尚竞争，鼓励坚强，导致人们逞强好胜，宁可倔强而亡，也不委曲求全。正因如此，老子感慨道："吾言甚易知，甚易行，天下莫能知，莫能行。"（七十章）

"**是以圣人云：受国之垢，是谓社稷主；受国不祥，是谓天下王。**"圣人由此而论：只有甘愿承受国家屈辱的人，才能够成为社稷（国家）的君主；只有甘愿承受国家灾祸的人，才能够成为天下的君王。作为一国之君，要真正治理好一个国家，必须甘于承受那些众人所厌恶的事情，甚至甘于承受一些不被理解的屈辱，这才是真正的"天下王"。老子借此来提醒求道者，要坦然接受外在世界的各种屈辱和不被理解，甘于承受人生旅程中的种种祸患与不幸之事，既不为之所惑，也不为之所动，而是专心修道悟道，唯道是从，最终才有可能认识自己、了悟大道，成为真正意义上的"天下王"。[①]

[①] 庄子曾说："老聃曰：'知其雄，守其雌，为天下溪；知其白，守其辱，为天下谷。'人皆取先，己独取后。曰：'受天下之垢。'"（《庄子·天下》）

"正言若反。" 正面的话如同反面的话，或者反面的话如同正面的话。这是悖论。所谓"正"言若"反"，就是从反面来表述正面，从否定来表述肯定。在《道德经》中有不少这样的表述，诸如："明道若昧，进道若退，夷道若颣，上德若谷，大白若辱，广德若不足，建德若偷，质真若渝"（四十一章），其中明道、进道、夷道、上德、大白、广德、建德、质真等是"正"，但是却说成如昧、退、颣、谷、辱、不足、偷、渝等"反"。老子讲述"大成若缺""大盈若冲""大直若屈""大巧若拙""大辩若讷"（四十五章），也是以缺、冲、屈、拙、讷等"反"来言大成、大盈、大直、大巧、大辩等"正"，即从否定的方面来表述肯定。此外，如"曲则全""枉则直""洼则盈""敝则新"（二十二章）等，都是如此。本章讲到的柔弱胜刚强，能受屈辱者反而得天下，都是"正言若反"。

七十九章

和大怨，必有余怨；安可以为善？是以圣人执左契，而不责于人。有德司契，无德司彻。天道无亲，常与善人。

【阐幽】

本章强调以德报怨，和怨于人。

关于"怨"，儒家的态度是"以直报怨，以德报德"[①]。孔子还说，"放于利而行，多怨"（《论语·里仁》），可见，"怨"与利益有关，人若利欲熏心，争权夺利，尔虞我诈，互相攻伐，必至结怨。关于"怨"，道家的态度是"报怨以德"（六十三章），和怨于人。

"和大怨，必有余怨；安可以为善？"若是想要和解深重的怨恨，必然会留下残余的怨恨。这怎么能算作好事、善事呢？老子所说的"大怨"究竟是指什么？河上公解释说："杀人者死，伤人者刑，以相和报。"（《老子道德经河上公章句》）就是在处理国家大事，主宰人的生死等问题上行为失当而酿成大错，即便事后反省并努力补救，也难以平复人们的怨气。憨山大师解释说："恩生于怨，怨生于恩。当时诸侯两相构怨，霸者主盟而为和之。大怨既和，而必责报，报之不至，而

---

① 《论语》记载，有弟子问："以德报怨，何如？"孔子答曰："何以报德？以直报怨，以德报德。"（《论语·宪问》）

怨亦随之，是有余怨也。"（《道德经解》）即便埋怨或怨恨经过协调、妥协而得到和解，最终"化干戈为玉帛"，心中仍有可能留下芥蒂，如同伤口，即便愈合，疤痕仍在。先种怨，再和解，这怎能算作最根本、最妥善的办法呢？在老子看来，最好是不产生误会、埋怨以及怨恨。所以，做事要客观公正，从源头上避免怨恨。

"**是以圣人执左契，而不责于人。有德司契，无德司彻。**"因此，人若能去掉私欲和分别心，则不求和怨而怨自和。何为"圣人执左契"？这里的"契"类似于今天的书面合同，这个合同一式两份，古人称之为"左契"和"右契"，交易双方各执一份，兑现时验证左右两份契约是否吻合，公平处理，避免纠纷。在老子看来，有德者好比债权者持左契一样，虽有若无，施惠于人，待人宽厚，对方自然心生感恩，不求和而自和。河上公说，"无德之君，背其契信，司人所失"（《老子道德经河上公章句》），无德的统治者行事不守信义，专门挑人毛病，一心盘剥老百姓，本来并未施恩于人，却一味横征暴敛，长此以往，必致万民恨之在心，怨之在口。

"**天道无亲，常与善人。**"天道公正无私，无所偏爱，总是帮助那些善于修道之人。老子说："天地不仁，以万物为刍狗；圣人不仁，以百姓为刍狗。"（五章）天地无所偏爱，任凭万物自然生长；圣人无所偏爱，任凭百姓自己发展。在老子看来，天道（圣人）不分亲疏，不会偏袒任何人，也不会疏远任何人，"故不可得而亲，不可得而疏"（五十六章）。既然"不仁""无亲"，为何又言"常与善人"？自然界的运作终究是无情之物，无论"善人"还是"不善人"，都有遭遇挫折、经历苦难的时候，天道（圣人）并不会特别地去眷顾"善人"，也不会有意地去厌弃"不善人"，而是"常善救人，故无弃人；常善救物，故无弃物"（二十七章）。

尽管"天道无亲"，它平等对待每个人，可是给人的感觉却是，天道一直在帮助那些"善人"。原因在于，世俗之人意识昏沉、头脑纷杂、内心纠结，做事容易出错，而且出于无意识（不觉知），常常会重复犯错，延续自己的过错。修道之人意识清明、头脑明晰、内心平和，

七十九章

做事即便出错,也能够透过错误来学习,就算经历苦难,也能够透过苦难来成长。可见,"天道无亲,常与善人",并不是"天道"帮助了"善人",而是"善人"顺应了天道,他使自身符合于天道,从而自然而然地得到了帮助,是他自己帮助到了自己。这意味着,善于修道之人保持清静无为,将一切事情交委于自然,那么,事情将会自动发生,该来的会来,该走的会走,最终"不争而善胜,不言而善应,不召而自来,繟然而善谋"(七十三章)。

八十章

小国寡民，使有什伯之器而不用，使民重死而不远徙。虽有舟舆，无所乘之；虽有甲兵，无所陈之。使民复结绳而用之。甘其食，美其服，安其居，乐其俗。邻国相望，鸡犬之声相闻，民至老死不相往来。

【阐幽】

本章论述有道之人安住当下的状态。

"**小国寡民，使有什伯之器而不用，使民重死而不远徙。虽有舟舆，无所乘之；虽有甲兵，无所陈之。使民复结绳而用之。**"国家要小，民众要少，尽管有十倍百倍于人工的器械却并不使用；人民重视死亡而不远离自己的家乡。尽管拥有铠甲和武器，但并不去卖弄、夸示它们。文字书契亦不流通，大家用结绳来记事，过着最简朴最原始的生活。关于"小国寡民"，河上公解释道："圣人虽治大国，犹以为小，俭约而不奢泰。民虽众，犹若寡小，不敢劳之。"（《老子道德经河上公章句》）圣人治理大国也像治理小国那样以俭啬为本，人民虽然众多也要以为少，不可多事以劳烦百姓。历史表明，要建立大国，开创霸业，必然会发动战争，互相兼并，互相残杀，给天下人民带来灾难。天下若有道，各安本分，国小就小，民少就少，各国之间，互不侵犯，和谐相处，则不会有战争。如果天下太平、没有战争，刀枪铠甲便失去用场。使老百姓各安本分，不贪求身外之物，保重自己的生命。不因分外贪求领土以交争，虽有战车和战船，亦无处用，虽有甲兵，亦无所陈。老百姓过着淳厚素朴、优哉游哉的生活，类似于上古结绳记事时代的淳朴之风。

老子所描绘的"小国寡民"强调的是营造一种适宜的生存之境。在这种生存之境中，人们顺天任势，自然无为，不谋于占有，无相互攀比之念，无彼此侵扰之行。民众知足知止，无须为人为的欲求而远走他乡、四处奔波，所以"虽有舟舆，无所乘之"。没有因贪得而产生的角逐，没有为名利而发生的争夺，彼此和谐共处、相安无事，所以"有甲兵无所陈之"。事实上，人的生存本来是简单的，只是由于企图获得"最大幸福"，所以不断地扩张欲望和需要，人为地添设出许多复杂的内容，从而无谓地增添了许多焦虑和烦恼。所以老子主张要"损"，通过"损之又损，以至于无为"（四十八章），恢复人的本然天真和简单淳朴。

"甘其食，美其服，安其居，乐其俗。邻国相望，鸡犬之声相闻，民至老死不相往来。" 老子描绘"小国寡民"的理想图景：人们顺天任势，自然无为，无相互攀比之念，无彼此侵扰之行，过着简朴自然、悠然自得的生活。他们吃什么都甘甜，穿什么都得体，住在哪里都感觉到安逸，去到哪里都能享受当地的风俗。即使邻国彼此相望，鸡犬之声相闻，民众从生到死，也不相互往来。"甘其食，美其服，安其居，乐其俗"与《黄帝内经·素问·上古天真论篇》中所说的"美其食，任其服，乐其俗，高下不相慕，其民故曰朴"是相通的。"邻国相望，鸡犬之声相闻，民至老死不相往来"则类似于庄子所描述的"日出而作，日入而息，逍遥于天地之间，而心意自得。"（《庄子·让王》）

显然，"甘其食，美其服，安其居，乐其俗"乃是对于"有道"之人安住当下状态的描述。在老子理想的"小国寡民"社会中，没有贫富之分，没有贵贱之别，各尽所能，各得其所，邻国之间可以互相望见，鸡犬之声可以互相听闻，但彼此之间从出生到老死，也不刻意往来。所谓"民至老死，不相往来"，描述的是一种"相濡以沫，不如相忘于江湖"的理想境界，它是人际关系当中超越功利、至简至美的一种状态。对于道家来说，"无为"就是顺应自然，保持觉知，安住当下，享受当下；"不争"，就是不争不贪，除了不贪恋、不执着于外在之物，更重要的是，不与当下抗争。庄子也曾感慨时光荏苒，生命易逝，"人生天地之间，若白驹之过隙，忽然而已"（《庄子·知北游》），在他看来，"来世不可待，往世不可追"（《庄子·人间世》），为此，要重视此世，珍惜当下。此外，《逍遥游》中所描述的"逍遥"之境，就是内心突破重重的樊篱，放下种种的挂碍，真正做到无己、无功、无名，全然地安住于此时此刻，从而达致精神上真正的自由。

八十一章

信言不美，美言不信。善者不辩，辩者不善。知者不博，博者不知。圣人不积，既以为人己愈有，既以与人己愈多。天之道，利而不害；圣人之道，为而不争。①

【阐幽】

此章讲述为而不争之道。

"信言不美，美言不信。"真实可信的言辞往往不华美，华美的言辞往往不真实、不可信。孔子曾说"巧言令色鲜矣仁"(《论语·学而》)，那些花言巧语之人，通常缺少仁德。在老子看来，"美言可以市，尊行可以加人"(六十二章)，美好的言辞只是为了取悦于世，尊贵的德行则可以施加于人。老子还强调"多言数穷，不如守中"(五章)，言语过多，耗气劳神，还不如持守虚静，归于自己的中心。有道之人，内心真诚，外行庄重，其言辞不雕不琢、不粉不饰，尽管不悦耳动听，但朴实可信；无道之人，内心狡诈，外行轻躁，其言华美艳丽，却未必真实可信。正因为大道朴实无华，世人认为其"不美"，实

---

① 帛书本作"天之道，利而不害；人之道，为而弗争"。

乃天地之"大美"①。

"**善者不辩，辩者不善。**"善于修道之人往往不喜争辩，那些好辩之人往往并不善于修道。有道之人，德充其内，含光内敛，谦逊低调，不求人知；世俗之人，自恃聪明，口巧舌辩，自矜自傲，哗众取宠。故而，真正的智者，通常不尚辩论，而是"大辩若讷"（四十五章）。一方面，"道可道，非常道；名可名，非常名"（一章），大道静默不言，有道之人，笃于亲证，心领神会，何必辩论？另一方面，有道之人，"微妙玄通，深不可识"（十五章），世人根本无法理解。既然"夏虫不可以语冰"（《庄子·秋水》），辩之何益？反之，能言善辩者，徒逞口舌之能，恰恰表明其不善于修道。

"**知者不博，博者不知。**"智慧之人或许知识并不广博，博学之士不见得有智慧。吕祖云："至道少言，至玄寡语，少言寡语，至道立基。""知者聪明过人，博览世事，而不为知道之善者，精神全用于外，不能笃慎固守，与道相离，谓之博者不知。"（《道德经心传》）那些追逐外在之学的人，即便博学多识，通常也是知其末而不知其本，知其徼而不知其妙，他们纵然学富五车，广博多闻，但内心漂泊，心无定所。在老子看来，"为道日损，为学日益"（四十八章），"博者"乃为学日益者，"知者"乃为道日损者。为学日益之人，"其出弥远，其知弥少"（四十七章），往往并不了解大道之玄妙精微；为道日损之人，"损之又损，以至于无为"（四十八章），根本无须靠博学去增益或撑持。真正的智者，不务外求，而求之内；不务他求，而求之于己；不务远求，而求之于心。事实上，大道取法于自然，至简又至易，正如老子所言，"吾言甚易知，甚易行"（七十章），既然如此，博之何益？

另外，信、善、知与道原本不可分离，道中即含有信、善、知，故而老子说："信言不美，美言不信。善者不辩，辩者不善。知者不博，博者不知。"

"**圣人不积，既以为人己愈有，既以与人己愈多。**"有道之人从来

---

① 庄子说："天地有大美而不言，四时有明法而不议，万物有成理而不说。"（《庄子·知北游》）

不把任何东西当作自己的，因此，他也不会想着去积累、占有什么；他总是无所保留、竭尽所能去帮助别人，自己反而更加充足；他总是慷慨大方、倾其所有来给予别人，自身反而愈加丰富。当一个人内心感觉到不满足，他将会进一步陷入"不足"的境地，因为他的能量通道是阻塞的，这就是"人之道"；当一个人保持内在的满足，感觉到自己是"有余"的，他将会吸引越来越多的财富①，因为他的能量通道是畅通的，这就是"天之道"。当你保持知足的状态，那些富足的东西、富足的方式，将会源源不断地来到你的身边，正如庄子所言："财用有余而不知其所自来，饮食取足而不知其所从。"（《庄子·天地》）一个人越是慷慨、越是给予，那么，更多的将会到来。外在世界的种子，播撒得越多，它就生长繁衍得越多，如果一直藏着它、捂着它，最终它将凋萎直至枯死。内在世界的智慧，分享得越多，你将领悟到更多，如果有所领悟但不愿分享，内在的领悟也将停止。所以，"圣人不积，既以为人己愈有，既以与人己愈多"，有道之人内心敞开、乐于分享，他的智慧不断在增长。在老子看来，求道者若是品尝了真理的滋味，最好是试着去分享它、传播它，而不要把它局限于自己的心内。

"**天之道，利而不害；圣人之道，为而不争。**"天之道，利益万物而不予以伤害；圣人之道，完成任务而无争贪之心。老子曾说"天之道，损有余而补不足。人之道则不然，损不足以奉有余"（七十七章），本章又说"天之道，利而不害；圣人之道，为而不争"，其意涵是相通的。实际上，"为而不争"，是对无为的另一种表达，亦即从不争的角度来说无为。无为，是大道的存在状态，不争，是圣人的基本特征。无为不争，是大道运行的法则，也是老子教导的核心。在老子看来，"道常无为而无不为"（三十七章），"夫唯不争，故天下莫能与之争"（二十二章）。宋常星说："有为必有争。为在我，争必在物。"（《道德经讲义》）一个人汲汲有为，必然陷入争贪当中。换言之，正是对外在之物或事情结果的过度执着，导致了争贪的发生。从根本意义

---

① 这里所说的财富，不仅仅包括金钱，而且包括喜爱之人、渴求之物、追求之事。

上说，有为是"自我"的运作模式，争贪是头脑的根本惯性；无为是"无我"的存在方式，不争是心灵的基本法则。故而，汲汲有为意味着"有我"，清静无为则意味着"无我"。"为而不争"意味着，事情是自动发生的，并没有一个"做者"。真正的智者，只是注重过程，不去关心结果，但管耕耘，莫问收获；他全然地接受事实，始终保持觉知，享受每一个当下。

憨山大师说："老子学问工夫，真实直捷处，尽在于此。故结全书立言之旨，妙尽于是矣。"（《道德经解》）这是全书最后一章，其中所蕴含的微言大义，确实值得我们细细体会！

主要参考文献

(一)《道德经》古代注本

1. 陈景元:《道德真经藏室纂微篇》,张永路校注,华夏出版社2016年版。
2. 杜光庭:《道德真经广圣义》,翟日国点校,凤凰出版社2017年版。
3. 冯振:《老子通证》,刘桂秋点校,华东师范大学出版社2012年版。
4. 顾欢:《道德真经注疏》,董建国点校,凤凰出版社2016年版。
5. 河上公:《老子道德经河上公章句》,王卡点校,中华书局1993年版。
6. 河上公:《宋刊老子道德经》(影印本),福建人民出版社2008年版。
7. 黄元吉:《道德经注释》,蒋门马校注,中华书局2012年版。
8. 寇才质:《道德真经四子古道集解》,高中华校注,华夏出版社2016年版。
9. 李涵虚:《李涵虚先生全集》,蔡聪哲点校,宗教文化出版社2013年版。
10. 林希逸:《老子鬳斋口义》,黄曙辉点校,华东师范大学出版社2010年版。
11. 吕惠卿:《道德真经传》,林胜利点校,商务印书馆2019年版。
12. 吕岩:《道德经心传》,韩起编校,广西师范大学出版社2014年版。
13. 彭耜:《道德真经集注》(上下册),闻中点校,浙江人民美术出版社2021年版。
14. 释德清:《道德经解》,尚之煜校释,中华书局2021年版。
15. 宋常星:《道德经讲义》,(台湾)东大图书公司2006年版。
16. 苏辙:《道德真经注》,黄曙辉点校,华东师范大学出版社2010年版。
17. 王弼:《老子道德经注》,楼宇烈校释,中华书局2011年版。
18. 吴澄:《道德真经吴澄注》,黄曙辉点校,华东师范大学出版社2010年版。

19. 熊铁基、陈红星主编:《老子集成》(1—15卷),宗教文化出版社2011年版。
20. 严遵:《老子旨归》,王德有点校,中华书局1994年版。

(二)《道德经》现代论著

1. [印]奥修:《生命的真义》,金晖、王建伟译,东方出版中心1996年版。
2. 陈鼓应:《老子今注今译》,商务印书馆2003年版。
3. [日]池田知久:《问道——老子思想细读》,王启发、曹峰等译,广西师范大学出版社2019年版。
4. 傅佩荣:《傅佩荣译解老子》,东方出版社2012年版。
5. 高亨:《老子正诂》(影印本),中国书店1988年版。
6. 高明:《帛书老子校注》,中华书局1996年版。
7. 郭长生:《老子白话释秘》,中国工人出版社1991年版。
8. 黄友敬:《老子传真》,(香港)儒商出版社2003年版。
9. [日]金谷治:《老子读本》,陈雨桥译,北京联合出版公司2020年版。
10. 兰喜井:《老子解读》,中华书局2005年版。
11. 刘笑敢:《老子古今——五种对勘与析评引论》(修订版,上下卷),中国社会科学出版社2006年版。
12. 南怀瑾:《老子他说》(上下册),东方出版社2014年版。
13. 彭富春:《论老子》,人民出版社2014年版。
14. 彭浩:《郭店楚简老子校读》,湖北人民出版社2001年版。
15. 任法融:《道德经释义》,东方出版社2012年版。
16. 王邦雄:《老子道德经的现代解读》,吉林出版集团有限责任公司2011年版。
17. 王德有:《老子旨归译注》,商务印书馆2004年版。
18. 萧天石:《道德经圣解》,华夏出版社2007年版。
19. 徐梵澄:《老子臆解》,崇文书局2018年版。
20. 徐志钧:《老子帛书校注》,凤凰出版社2013年版。
21. 余培林:《老子读本》,(台湾)三民书局2020年版。

22. 朱谦之:《老子校释》,中华书局 1984 年版。

(三) 其他相关文献

1. 白玉蟾:《白玉蟾全集》(上下册),周全彬、盛克琦编校,宗教文化出版社 2013 年版。
2. [古希腊] 柏拉图:《柏拉图对话录》,王太庆译,商务印书馆 2019 年版。
3. 曹雪芹:《红楼梦》(上下册),人民文学出版社 2008 年版。
4. 曾慥集纂:《道枢》,林胜利点校,商务印书馆 2020 年版。
5. 程颢、程颐:《二程集》(上下册),王孝鱼点校,中华书局 1981 年版。
6. 道原:《景德传灯录》(上中下册),尚之煜校,中华书局 2022 年版。
7. 丁福保:《金刚经笺注》,会闲点校,华东师范大学出版社 2013 年版。
8. 丁福保:《六祖坛经笺注》,能进点校,华东师范大学出版社 2014 年版。
9. 丁福保编纂:《道藏精华录》(全五册),北京图书馆出版社 2005 年版。
10. 葛洪:《抱朴子内外篇校注》(上中下册),金毅校注,上海古籍出版社 2018 年版。
11. 郭庆藩:《庄子集释》,王孝鱼点校,中华书局 2013 年版。
12. 郭象注、成玄英疏:《庄子注疏》,曹础基、黄兰发点校,中华书局 2011 年版。
13. 国学整理社纂辑:《诸子集成》(八册),中华书局 1954 年版。
14. 《黄帝内经素问校释》(上下册),山东中医学院、河北医学院校释,人民卫生出版社 1982 年版。
15. 嵇康:《嵇康集校注》,戴明扬校注,中华书局 2015 年版。
16. 陆西星:《南华真经副墨》,蒋门马校注,中华书局 2012 年版。
17. 吕不韦:《吕氏春秋》,高诱注,毕沅校,上海古籍出版社 2014 年版。
18. 吕洞宾:《新编吕洞宾真人丹道全书》(上中下册),陈全林编校,团结出版社 2009 年版。
19. 普济:《五灯会元》(上下册),苏渊雷校,中华书局 1984 年版。
20. [古罗马] 塞涅卡:《论生命之短暂》,仝欣译,湖南人民出版社 2021 年版

21. 扫叶山房辑:《百子全书》(影印版),浙江人民出版社2013年版。
22. [印]室利·拉玛那·马哈希:《走向静默,如你本来》,石宏译,中国青年出版社2017年版。
23. [印]室利·尼萨伽达塔·马哈拉吉:《我就是那》,陶张欢译,中国青年出版社2016年版。
24. [印]室利·尼萨伽达塔·马哈拉吉:《我在》,鹏展译,中国青年出版社2016年版。
25. 司马迁:《史记》(全四册),上海古籍出版社2016年版。
26. 唐彪:《读书作文谱》,白莉文等点校,岳麓书社1989年版。
27. 陶渊明:《陶渊明集笺注》,袁行霈撰,中华书局2011年版。
28. 王弼:《王弼集校释》,楼宇烈校释,中华书局1980年版。
29. 王弼:《周易注校释》,楼宇烈校释,中华书局2012年版。
30. 王守仁:《传习录注疏》,邓艾民注,上海古籍出版社2015年版。
31. 王守仁:《王阳明全集》(上中下册),吴光、钱明、董平、姚延福编校,上海古籍出版社2012年版。
32. 魏徵、虞世南、褚亮、萧德言等:《群书治要》(上下册),团结出版社2012年版。
33. 许慎:《说文解字》(影印版),中华书局1963年版,
34. 张君房编:《云笈七签》(全五册),李永晟点校,中华书局2003年版。
35. 张三丰:《张三丰全集》,李西月重编,盛克琦、芮国华点校,华夏出版社2017年版。
36. 张载:《张载集》,章锡琛校,中华书局1978年版。
37. 郑玄:《礼记注》(上下册),王锷点校,中华书局社2021年版。
38. 《中阿含经》(上中下册),恒强校注,线装书局2012年版。
39. 朱熹:《四书章句集注》,中华书局2011年版。

后 记

　　这是我迄今为止写得最慢的一本书，也是写得最为任性的一本书。在我的学术生涯当中，只有这本书的写作动机最为单纯，它不是为了完成某项课题或推出学术成果，而是完全出于自己内心的真实兴趣。

　　2010年，我博士毕业后回到云南省社科院工作。自那一年起，我和几位热爱古代经典的同事发起了一个读书会，主要是研读中国古代儒家经典。2015年起，重点转向读《道德经》和《庄子》，每一次读书分享之前，我都将自己要讲的内容大体写出来，讲完之后又加以修改。同时，这些年来一直在云南大学担任"诸子研究""老庄导读""哲学与人生"等课程的教学，尽管课程名称不同，但实际所讲的内容，都没有离开过老子，这些讲义积累下来，居然有了十余万字。在好友王颢的多次鼓动下，我决定将其修改后出版。尽管2021年就跟出版社签订了出版合同，但我迟迟未能交稿，主要是自己过于懒散，同时总觉得不够满意。于是，最近一年又反复加以修改，终于成了今天这个样子。尽管我用心修改书稿，但同时内心深知，对于《道德经》的理解是没有止境的，故而，本书只能代表自己在现阶段读老子的些许心得。

　　需要说明的是，由于《道德经》的版本颇为复杂，在参酌多种版本之后，我挑选了河上公本作为底本，重点参照王弼本，个别地方参考了帛书本和郭店楚简本。至于解读部分，重点参考的是河上公、吕洞宾、宋常星、憨山大师等古圣先贤的著作，故而，此书实际上相当于我阅读《道德经》及古代注释的读书札记。

　　在此，要特别感谢王颢博士、谢增虎教授对我的指导和鼓励，感谢他们为此书精心撰写的序言。尽管在生活中我们是朋友，但无论是学术还是静心上，他们都是我的老师，他们的任何只言片语，都胜过我的长篇累牍，故而，这两篇由智者所撰写的文字，才是这本书真正的亮点。在修改书稿的过程中，我也时常向他们求教，有一些文字，甚至是直接根据录音整理而来的。如果读者在书中读到启人心智的文字，那一定是他们两位所贡献的智慧。感谢韩国茹博士的精心编校，她较真的学术态度，常常令我汗颜不已；感谢道友牟尼校正书稿中的各种错误；感谢我的学生田云慧、徐正银细心校改书稿，张洁、张珊、王芳琦等通读了整部书稿；感谢听过我课的学生，这几年，从本科生到博士生，无论课程名称是什么，讲课内容都是围绕老子《道德经》，从来没有考虑过学生的感受，要感谢他们对我的忍受和宽容。

最后，要感谢自己，这一本书，见证了我这些年来的精神旅程。

谢青松
2023 年 6 月 1 日于云大熙苑